Gunther Maier
Franz Tödling

Regional- und Stadtökonomik
1

Standorttheorie und
Raumstruktur

Dritte, aktualisierte Auflage

Springers Kurzlehrbücher der
Wirtschaftswissenschaften

SpringerWienNewYork

Univ.-Doz. Dr. Gunther Maier
Univ.-Doz. Dr. Franz Tödtling
Abteilung für Stadt- und Regionalentwicklung
Wirtschaftsuniversität Wien
Wien, Österreich

Das Werk ist urheberrechtlich geschützt.
Die dadurch begründeten Rechte, insbesondere die der Übersetzung, des Nachdruckes, der Entnahme von Abbildungen, der Funksendung, der Wiedergabe auf photomechanischem oder ähnlichem Wege und der Speicherung in Datenverarbeitungsanlagen, bleiben, auch bei nur auszugsweiser Verwertung, vorbehalten.
Produkthaftung: Sämtliche Angaben in diesem Fachbuch (wissenschaftlichen Werk) erfolgen trotz sorgfältiger Bearbeitung und Kontrolle ohne Gewähr. Insbesondere Angaben über Dosierungsanweisungen und Applikationsformen müssen vom jeweiligen Anwender im Einzelfall anhand anderer Literaturstellen auf ihre Richtigkeit überprüft werden. Eine Haftung des Autors oder des Verlages aus dem Inhalt dieses Werkes ist ausgeschlossen.
Die Wiedergabe von Gebrauchsnamen, Handelsnamen, Warenbezeichnungen usw. in diesem Buch berechtigt auch ohne besondere Kennzeichnung nicht zu der Annahme, dass solche Namen im Sinne der Warenzeichen- und Markenschutz-Gesetzgebung als frei zu betrachten wären und daher von jedermann benutzt werden dürfen.
© 2001 Springer-Verlag/Wien
Printed in Austria

Reproduktionsfertige Vorlage von den Autoren
Druck: Ferdinand Berger & Söhne Gesellschaft m.b.H., A-3580 Horn
Gedruckt auf säurefreiem, chlorfrei gebleichtem Papier – TCF
SPIN 10849553

Mit 58 Abbildungen

Die Deutsche Bibliothek – CIP-Einheitsaufnahme
Ein Titeldatensatz für diese Publikation ist bei Der Deutschen Bibliothek erhältlich.

ISSN 0937-6836
ISBN 3-211-83715-9 Springer-Verlag Wien New York
ISBN 3-211-82683-1 2. Aufl. Springer-Verlag Wien New York

Inhaltsverzeichnis

1	**Einleitung**	**1**
1.1	Problemstellung und Aufbau des Buches	1
1.2	Die wichtigsten Akteure	9
	1.2.1 Unternehmen	10
	1.2.2 Private Haushalte	11
	1.2.3 Öffentliche Hand	12
	1.2.4 Überschneidungen und Klassifikationsprobleme	13
1.3	Theoretische Zugänge	15
1.4	Zusammenfassung	18
1.5	Übungsaufgaben und Kontrollfragen	19
2	**Unternehmerische Standortwahl**	**21**
2.1	Standort und Unternehmenserfolg	21
	2.1.1 Unternehmen als offenes System	21
	2.1.2 Langfristigkeit und Unsicherheit der Standortentscheidung	25
2.2	Grundansätze der Standortanalyse	26
	2.2.1 Der neoklassische (normative) Ansatz	26
	2.2.2 Behaviouristische Konzeption	28
	2.2.3 Struktureller Ansatz	37
2.3	Faktoren der Standortwahl im Überblick	39
	2.3.1 Zur Standortrelevanz von Faktoren	39
	2.3.2 Die Standortfaktoren im historischen Entwicklungsprozeß	43
2.4	Zusammenfassung	44
2.5	Übungsaufgaben und Kontrollfragen	46
3	**Neoklassische Standorttheorie: Die Rolle der Transportkosten**	**47**
3.1	Transportkosten und Preise	47
	3.1.1 Preistrichter, Preiskegel und Isotimen	48
3.2	Der transportkostenminimale Standort	49
3.3	Transportkosten, Produktionsmenge, Produktionstechnik . .	55
3.4	Transportkosten und räumliches Monopol	60
	3.4.1 Einheitlicher Ab-Werk-Preis	61
	3.4.2 Einheitlicher Konsumentenpreis	64

		3.4.3 Preisdiskriminierung 65

        3.4.3 Preisdiskriminierung 65
        3.4.4 Die Stabilität räumlicher Monopole 67
  3.5 Verallgemeinerungen 69
  3.6 Zusammenfassung 70
  3.7 Übungsaufgaben und Kontrollfragen 72

4 Behaviouristische Konzeptionen der Standorttheorie: Organisation und Technologie 73

  4.1 Unternehmensorganisation und Standortverhalten 74
        4.1.1 Räumliche Arbeitsteilung in Großunternehmen 75
        4.1.2 Kleinunternehmen und Standort 82
        4.1.3 Räumliche Aspekte von Unternehmensnetzwerken . . 85
  4.2 Technologie und Standortverhalten 87
        4.2.1 Produktzyklustheorie 87
        4.2.2 Neue Industrien und neue regionale Wachstumszentren 94
        4.2.3 „Innovative Milieux" 96
  4.3 Zusammenfassung 99
  4.4 Übungsaufgaben und Kontrollfragen 101

5 Interaktion von Standorten: Attraktion und Konkurrenz 103

  5.1 Disperse und konzentrierte Standortmuster 104
  5.2 Agglomerationseffekte 108
        5.2.1 Interne Effekte 110
        5.2.2 Externe Effekte 111
  5.3 Die wirtschaftspolitische Bedeutung externer Effekte 114
        5.3.1 Externe Effekte und gesamtwirtschaftliche Effizienz . . 115
        5.3.2 Wirtschaftspolitische Konsequenzen 118
  5.4 Die optimale Stadtgröße 120
  5.5 Zusammenfassung 122
  5.6 Übungsaufgaben und Kontrollfragen 124

6 Strukturen der Bodennutzung 125

  6.1 Die Bodennutzungstheorie von Thünens 125
        6.1.1 Die Annahmen 126
        6.1.2 Die Lagerente 127
        6.1.3 Lagerente und räumliche Produktionsstruktur 129
        6.1.4 Die Bedeutung von Thünens aus heutiger Sicht 132
  6.2 Theorie der Stadtstruktur 133
        6.2.1 Die Optimierung des Haushaltes 133
        6.2.2 Das Rentengebot des Haushaltes 136
        6.2.3 Das Rentengebot als Auswahlmechanismus 138
        6.2.4 Die Wirkung von Parameteränderungen 140
        6.2.5 Kritik und Alternativen 140
  6.3 Zusammenfassung 142

6.4 Übungsaufgaben und Kontrollfragen 143

7 Siedlungsstrukturen und Stadtsysteme 145
  7.1 Die Theorie der zentralen Orte 145
    7.1.1 Die Reichweiten von Gütern 145
    7.1.2 Die Entstehung optimaler Marktgebiete 147
    7.1.3 Marktgebiete bei mehreren Gütern 148
    7.1.4 Ein System zentraler Orte 150
    7.1.5 Veränderungen der Zentrale-Orte-Struktur 151
    7.1.6 Die Version von August Lösch 153
    7.1.7 Kritik der Theorie der zentralen Orte 154
    7.1.8 Der konzeptuelle Wert der Theorie der zentralen Orte 155
  7.2 Städtesysteme und Stadtentwicklung 157
    7.2.1 Die „Rank Size Rule" 157
    7.2.2 Theorien der Stadtsysteme 160
  7.3 Zusammenfassung 163
  7.4 Übungsaufgaben und Kontrollfragen 165

8 Phasenmodelle der Stadtentwicklung 167
  8.1 Die räumliche Struktur des Phasenmodells 167
  8.2 Die Entwicklungsphasen 169
    8.2.1 Die Urbanisierungsphase 169
    8.2.2 Die Suburbanisierungsphase 171
    8.2.3 Die Desurbanisierungsphase 173
    8.2.4 Verfall oder Reurbanisierung? 174
  8.3 Die Verschiebung der Entwicklungsphasen 175
  8.4 Zusammenfassung 176
  8.5 Übungsaufgaben und Kontrollfragen 177

Literatur 179

Namen- und Sachverzeichnis 191

Kapitel 1
Einleitung

1.1 Problemstellung und Aufbau des Buches

Täglich begegnen wir unterschiedlichen räumlichen Strukturen. Vielfach sind sie uns so vertraut, daß wir sie gar nicht mehr bewußt wahrnehmen. Daß wir beispielsweise in der Stadt wohnen und zum Wochenende aufs Land fahren, daß bestimmte Produkte nur in größeren Städten angeboten werden, andere überhaupt nur in den Zentren der Großstädte, ist uns so selbstverständlich geworden, daß wir uns die Frage nach den Ursachen derartiger Unterschiede nur selten stellen.

Die Unterschiede in der räumlichen Struktur sind markant. So liegt etwa die Bevölkerungsdichte in Wien bei 3.711 Personen pro Quadratkilometer, im direkt angrenzenden Bezirk „Wien Umgebung" erreicht sie mit 194 Personen pro Quadratmeter nur etwa ein Zwanzigstel dieses Wertes. Dabei verdeckt der Durchschnittswert für Wien gewaltige Unterschiede zwischen den Wiener Gemeindebezirken (siehe Abb. 1.1a und 1.2). Die höchste Bevölkerungsdichte erreicht der 5. Bezirk, „Margareten", mit 25.342, die niedrigste der Randbezirk „Donaustadt" (22. Bezirk) mit bloß 1.042 Einwohnern pro Quadratkilometer. Im historischen Zentrum von Wien (1. Bezirk, „Innere Stadt") wohnen auf einem Quadratkilometer nur etwa 6.000 Personen, was einem Viertel der Dichte des 5. Bezirks entspricht.

Betrachtet man die Arbeitsplätze[1], so zeigt sich ein wesentlich anderes Bild (Abb. 1.1b und 1.2). Im 1. Bezirk („Innere Stadt") sind über 110.000 Arbeitsplätze konzentriert, die meisten davon (über 88%) im Dienstleistungssektor. Dies ergibt die mit Abstand höchste Arbeitsplatzdichte in ganz Österreich. Damit kommen auf jeden Einwohner gut sechs, auf jeden wohnhaft Beschäftigten[2] gar über 14 Arbeitsplätze. In anderen Wiener Bezirken, so etwa im 20. („Brigittenau") oder im 22. („Donaustadt"), kommen auf einen wohnhaft Beschäftigten nur rund 2/3 eines Arbeitsplatzes.

Im allgemeinen zeigt sich, daß Wien Arbeitskräfte bis weit in die umliegenden Bundesländer hinein anzieht. In weiten Teilen Niederösterreichs und des Burgenlandes liegt die Zahl der wohnhaft Beschäftigten über jener

---

[1] Genauer gesagt betrachten wir die besetzten Arbeitsplätze. Gezählt werden die beschäftigten Personen am Ort ihrer Beschäftigung.

[2] Als wohnhaft Beschäftigte werden die im Bezirk wohnenden Personen bezeichnet, die – wo auch immer – einer Beschäftigung nachgehen.

der Arbeitsplätze. Darin drückt sich die räumliche Spezialisierung zwischen der Stadt und ihrem Umland aus. Wie wir gesehen haben, läßt sich diese Spezialisierung auch zwischen verschiedenen Teilen der Stadt feststellen.

Die Tendenz, daß die Stadt mehr Arbeitsplätze bietet als sie wohnhaft Beschäftigte hat, läßt sich übrigens auch für praktisch alle anderen größeren und mittleren Städte Österreichs und vieler anderer Länder nachweisen (Abb. 1.3). Die Strukturen, die wir hier für Wien darstellen, wiederholen sich dort auf etwas anderem Niveau.

Mit der Konzentration der Arbeitsplätze im Stadtzentrum Wiens geht auch eine ausgeprägte *Spezialisierung der Produktionsstruktur* einher. Abbildung 1.4 zeigt den Anteil des Dienstleistungssektors an den Arbeitsplätzen eines Bezirks. Da der Landwirtschaftsanteil in Wien naturgemäß sehr gering ist (0,7%), läßt sich aus Abb. 1.4 der Industrieanteil als Komplement ablesen (siehe auch Abb. 1.5). Dabei zeigt sich deutlich, daß ein Überhang der Industriearbeitsplätze nur in den Randbezirken (11., 21., 23.) auftritt. Alle zentraler gelegenen Gemeindebezirke sind stark auf Dienstleistungen spezialisiert. Der höchste Dienstleistungsanteil wird im 1. Bezirk („Innere Stadt") mit 88% erreicht. Einen Ausreißer stellt der 13. Bezirk („Hietzing") dar, der mit über 80% einen fast ebenso hohen Dienstleistungsanteil erreicht wie das Zentrum. Der Grund dafür liegt im hohen Durchschnittseinkommen in diesem Bezirk, der für Industrie ungünstigen Topographie und seiner Funktion als Versorgungszentrum für westlich davon gelegene Wohngebiete des Wiener Umlandes. Dies wird auch aus Abb. 1.5 deutlich, die für den 13. Bezirk eine extrem niedrige Industriedichte aufweist.

Aus Abb. 1.5 wird auch klar, daß sich Dienstleistungsarbeitsplätze räumlich wesentlich stärker ballen können als Arbeitsplätze in der Industrie. Die höchste Industriedichte liegt bei knapp 3.900 Arbeitsplätzen pro Quadratkilometer, ein Wert, der im Dienstleistungssektor von neun Wiener Gemeindebezirken übertroffen wird[3].

Der Landwirtschaftsanteil ist in einer Stadt wie Wien sehr gering. Nur 0,7 Prozent der Arbeitsplätze sind diesem Sektor zuzurechnen. Mit 2,9% bzw. 2,4% erreichen die beiden Randbezirke „Simmering" (11. Bezirk) und „Donaustadt" (22. Bezirk) allerdings deutlich überdurchschnittliche Werte. Diese beiden Gemeindebezirke Wiens grenzen an Gebiete, die sich für landwirtschaftliche Nutzung besonders gut eignen. Gehen wir vom Bezirk „Donaustadt" nach Osten, so gelangen wir in deutlich landwirtschaftlich dominierte Dörfer, die stark auf die Gemüseproduktion ausgerichtet sind. Während am Stadtrand dabei Glashauskulturen stark vertreten sind, nimmt bei zunehmender Entfernung von Wien der Feldgemüseanbau überhand.

---

[3]Dies obwohl die Unterschiede durch die Erhebungsmethode – die Klassifikation der Arbeitsplätze setzt an der Typisierung des Unternehmens bzw. Betriebs an, sodaß Personen, die in Industriebetrieben Dienstleistungsfunktionen erfüllen, dem Industriesektor zugerechnet werden – tendenziell eher verwischt werden.

1.1 Problemstellung und Aufbau des Buches

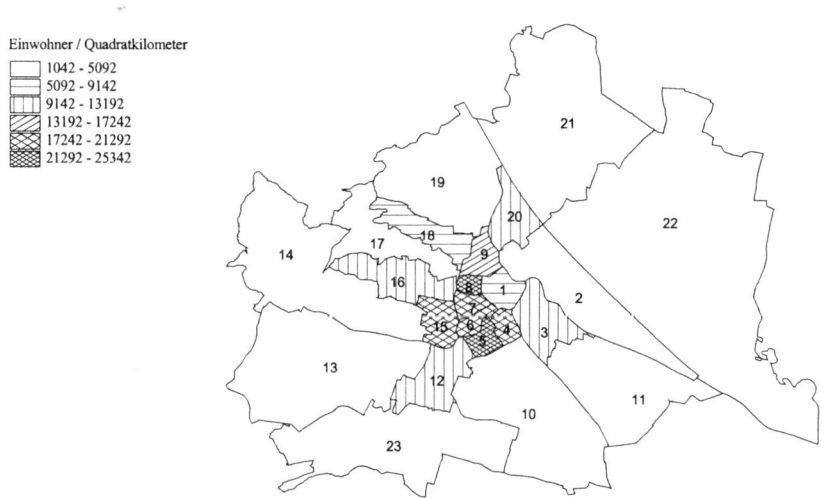

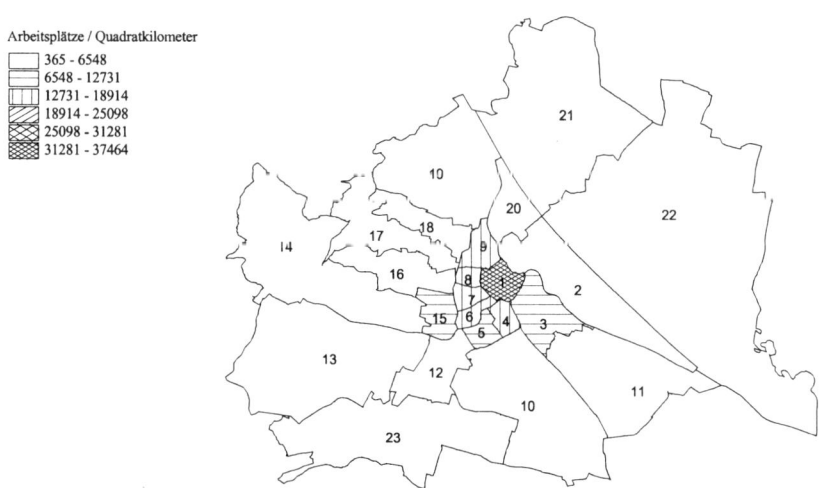

Abbildung 1.1: Bevölkerungs- und Arbeitsplatzdichten in Wien.

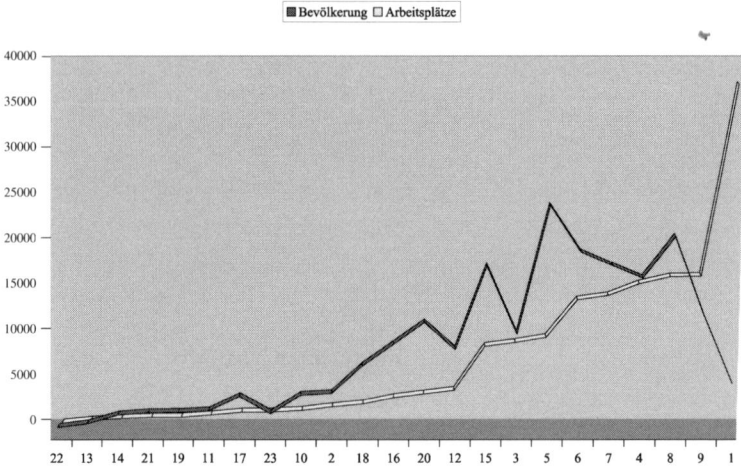

Abbildung 1.2: Bevölkerungs- und Arbeitsplatzdichten in Wiener Bezirken im Vergleich: Einwohner bzw. Arbeitsplätze pro Quadratkilomenter.

Viele kleine Gemeinden erreichen Landwirtschaftsanteile an den Arbeitsplätzen von über 50%, in einer Gemeinde sind sogar ausschießlich landwirtschaftliche Arbeitsplätze ausgewiesen.

Betrachten wir die Arbeitsplatzstruktur dieser Gebiete etwas genauer, so zeigen auch sie eine deutliche interne Differenzierung. Der Landwirtschaftsanteil der Gemeinden im Bezirk „Gänserndorf" schwankt zwischen 1,5% und 100%. Während vor allem die kleinen Gemeinden sehr stark landwirtschaftlich dominiert sind, weisen die größeren wesentlich höhere Anteile an Industrie- und Dienstleistungsarbeitsplätzen auf. Ähnlich wie Wien erfüllen die größeren Gemeinden – auf einem anderen Niveau – eine Versorgungsfunktion für ihr Umland. Darauf werden wir in Kap. 7 noch ausführlicher zurückkommen.

Für Österreich ergibt sich das in Abb. 1.6 dargestellte Bild. Deutlich zu erkennen ist, daß sowohl die Industrie als auch der Fremdenverkehr räumlich stark konzentriert sind. Die Dienstleistungsfunktion wird in erster Linie von den als Zentren bezeichneten Gebieten ausgeübt. Abbildung 1.6 zeigt auch deutlich, daß die politischen Bezirke keineswegs homogene Räume sind. Viele von ihnen weisen eine erhebliche interne Differenzierung auf.

Diese Unterschiede in der räumlichen Struktur haben natürlich vielfältige Auswirkungen. Die Spezialisierung einzelner Gebiete auf verschiedene Nutzungsarten führt beispielsweise zu umfangreichen Strömen von Perso-

1.1 Problemstellung und Aufbau des Buches 5

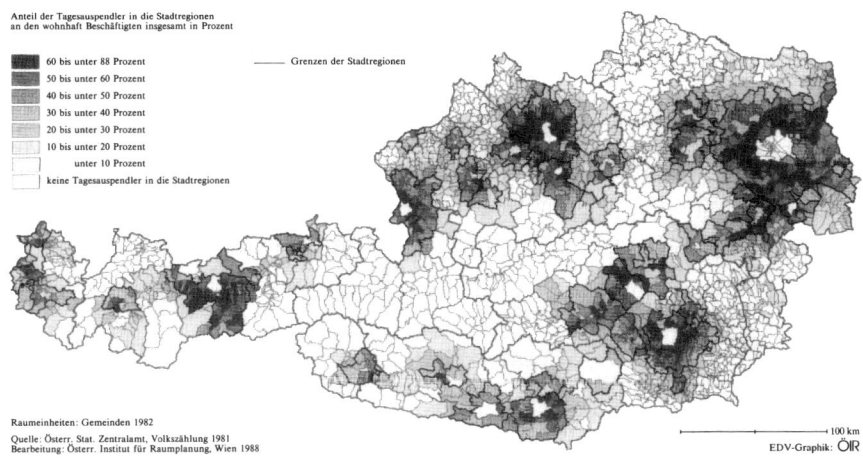

Abbildung 1.3: Pendlereinzugsbereiche der österreichischen Städte (Österreichische Raumordnungskonferenz 1990, S. 111).

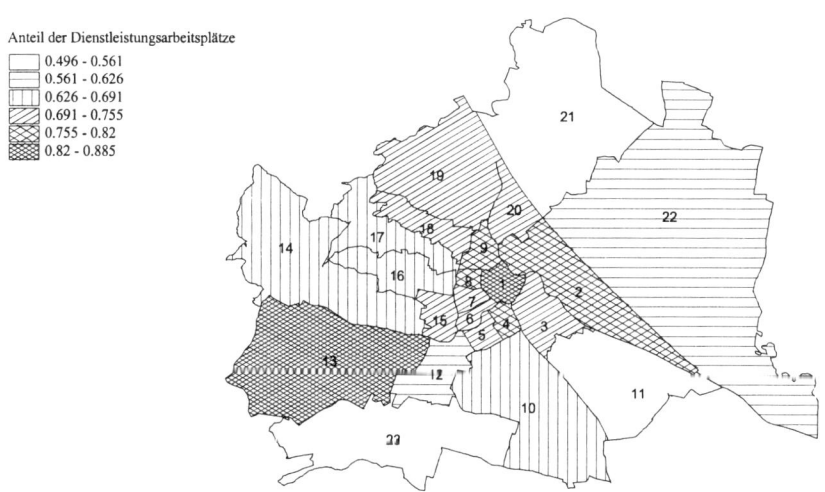

Abbildung 1.4: Anteil des Dienstleistungssektors an den Arbeitsplätzen in Wien.

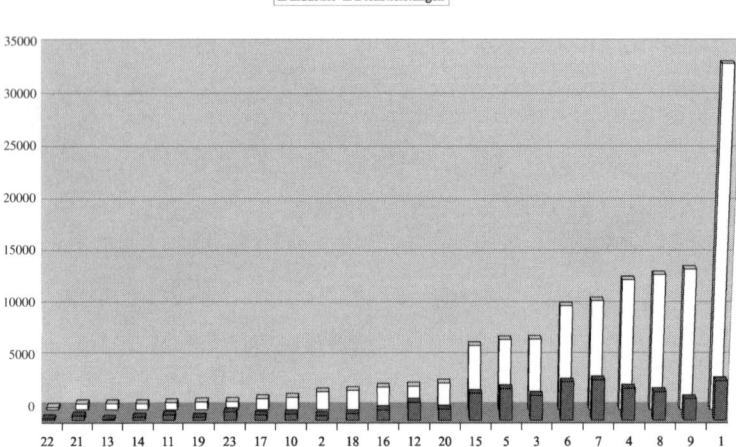

Abbildung 1.5: Industrie- und Dienstleistungsdichten in Wiener Bezirken im Vergleich: Arbeitsplätze pro Quadratkilometer

nen und Gütern, die ihrerseits sich wiederum auf die Lebensbedingungen der Menschen an den Verkehrslinien, auf die Umwelt und auf die Politik auswirken. Auch die Einkommenschancen verteilen sich räumlich recht ungleich. Abbildung 1.7 stellt die Wertschöpfung der Industrie je Beschäftigtem der österreichischen politischen Bezirke dar (Österreichische Raumordnungskonferenz 1996). Den höchsten Wert, nämlich einen, der um gut 23 Prozent über dem Österreichdurchschnitt liegt, erreicht der Bezirk Gänserndorf, den niedrigsten (nur 49% des Durchschnittswertes) der Bezirk Güssing. Auffallend an Abb. 1.7 ist die Konzentration hoher Werte auf die städtischen Agglomerationen (Großraum Wien, Linz-Wels, Salzburg, Graz etc.) und auf die westlichen Teile Österreichs (v.a. Vorarlberg und Tirol). Die niedrigen Werte konzentrieren sich in den Grenz- und grenznahen Gebieten Ostösterreichs und in alpinen Regionen Südösterreichs.

Ähnliche Argumente, wie wir sie hier anhand von österreichischen Beispielen dargelegt haben, lassen sich wohl für jeden entwickelten Industriestaat vorbringen. Beispiele finden sich in White (1984), Friedrichs (1985), Whitehand (1987), Medvedkov (1990).

Haben wir bisher vor allem die *Unterschiede* zwischen verschiedenen räumlichen Einheiten herausgearbeitet, so sind andererseits auch viele *Gemeinsamkeiten* zwischen Räumen in ähnlicher Lage zu beobachten. Die Stadtzentren von London, Frankfurt und New York erfüllen ähnliche Funk-

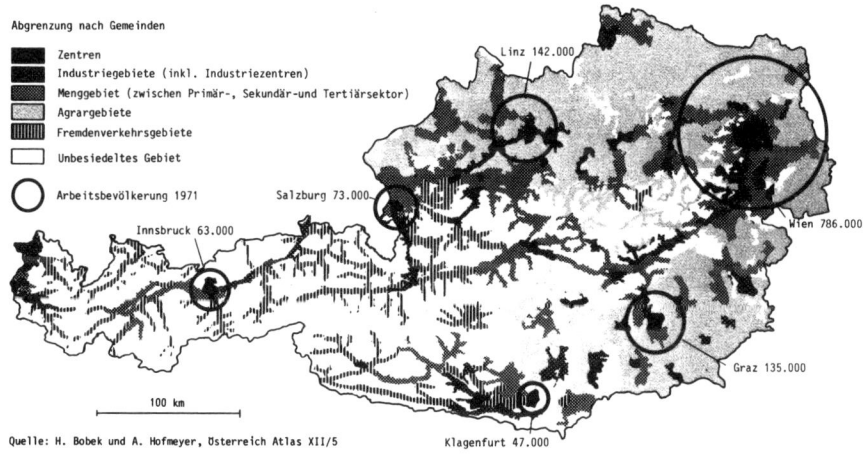

Abbildung 1.6: Regionalwirtschaftliche Spezialisierung in Österreich (Stiglbauer 1985, S. 186).

tionen und haben untereinander mehr gemeinsam als mit ihren jeweiligen Randbezirken. Verschlägt es uns als Touristen in das Zentrum einer fremden Stadt, so sehen wir hinter den einzigartigen Gebäuden und lokalen Besonderheiten bald vertraute Strukturen: kleine, spezialisierte Geschäfte, Bürogebäude, Verkehrsprobleme, soziale Differenzierung. Aber nicht nur die großen Städte ähneln einander. Auch ländliche Regionen und Industriegebiete in den verschiedenen Ländern weisen untereinander viele Gemeinsamkeiten auf. Das deutsche Ruhrgebiet ist den englischen Midlands strukturverwandter als der Lüneburger Heide. Die Grenzregionen vieler Staaten, insbesondere wenn sie an einer geschlossenen oder wenig durchlässigen Grenze liegen, kämpfen mit sehr ähnlichen Problemen: Abwanderung, Arbeitslosigkeit, niedrigem Einkommen und einer wenig attraktiven Wirtschaftsstruktur.

Warum diese Unterschiede? Warum diese Gemeinsamkeiten? Mit diesen Fragen beschäftigt sich dieser erste Band, Standorttheorie und Raumstruktur, unseres Lehrbuchs der Regional- und Stadtökonomik. Im Gegensatz zum zweiten Band – Regionalentwicklung und Regionalpolitik –, der sich mit der Entwicklung von Regionen beschäftigt, also bestimmte Gebiete über die Zeit hinweg betrachtet, stehen in diesem Band die räumlichen Strukturen im Vordergrund. Dabei nimmt die statische Betrachtung, also

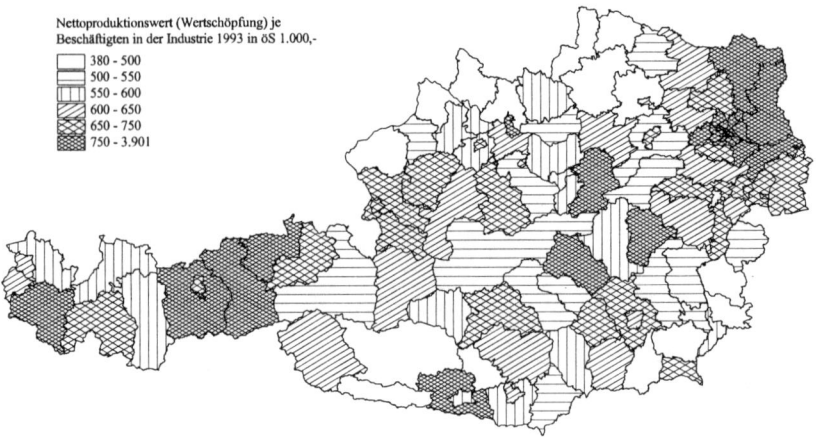

Abbildung 1.7: Nettoproduktionswert in der Industrie nach Bezirken (Österreichische Raumordnungskonferenz 1996, S. 49).

die Betrachtung der Struktur zu einem bestimmten Zeitpunkt, einen größeren Stellenwert ein als im zweiten Band. Dafür können wir räumlich stärker differenzieren und beginnen unsere Darstellung auch mit einer ausführlichen Diskussion der Standortentscheidungen von Wirtschaftssubjekten in den Kapiteln 2 bis 4. In Kap. 2 beginnen wir mit einer allgemeinen Diskussion des Standortproblems von Unternehmen. Das Augenmerk liegt dabei auf der Beziehung zwischen dem Standort und dem Unternehmenserfolg und welche Standortfaktoren sich auf die Gewinnsituation des Unternehmens sowie seine längerfristige Entwicklung auswirken können. Außerdem stellen wir in Kap. 2 einige Grundansätze der Standorttheorie und -analyse kurz vor.

Auf zwei dieser Ansätze gehen wir in den Kapiteln 3 und 4 etwas ausführlicher ein. Die neoklassische Variante der Standorttheorie (Kap. 3) baut auf den Transportkosten auf. Sie beschäftigt sich mit Preisen und Stückerlösen und untersucht, wie sich Konsumenten und Produzenten an verschiedenen Standorten verhalten werden. Wie wir sehen, erlauben es die Transportkosten den Unternehmen, räumliche Monopolpositionen einzunehmen und Preisdiskriminierung zu betreiben. In Kap. 4 besprechen wir behavioristische Konzeptionen der Standorttheorie. Dabei stehen einerseits die Unterschiede zwischen Groß- und Kleinunternehmen, andererseits technologische Faktoren im Mittelpunkt der Betrachtung. Wir untersuchen diese Aspekte jeweils im Hinblick auf typische standörtliche Verhaltensmuster der Unternehmen.

Kapitel 5 verläßt die Ebene des einzelnen Betriebs bzw. Unternehmens.

In diesem Kapitel konzentrieren wir uns auf die Frage, in welcher Form die Standortentscheidungen von Unternehmen untereinander zusammenhängen. Wir beginnen mit einer Beobachtung, die wir oben bereits gemacht haben, nämlich daß manche Aktivitäten gleichmäßiger im Raum verteilt sind als andere. Diese Beobachtung führt uns zum Konzept der Agglomerationseffekte, die wir in der Folge typisieren und in ihrer wirtschaftspolitischen Bedeutung diskutieren. Außerdem schneiden wir kurz die Frage der optimalen Stadtgröße an, die eng mit dem Problem der Agglomerationseffekte verbunden ist.

Die Interaktion von Standorten, mit der sich Kap. 5 beschäftigt, führt uns von der einzelwirtschaftlichen Standortentscheidung zu den Fragen der Strukturen der Bodennutzung. Wir gehen diesen Fragen auf zwei Ebenen nach. In Kap. 6 konzentrieren wir uns auf ein Zentrum und untersuchen seine Auswirkungen auf die Nutzung des umliegenden Gebietes. Dieses eine Zentrum kann entweder eine Stadt sein, wie in der Bodennutzungstheorie von Thünens (Abschnitt 6.1), oder ein Stadtzentrum (Abschnitt 6.2), woraus sich eine Theorie der internen Struktur der Stadt herleitet. Die zweite Ebene, auf der wir uns mit der Struktur der Bodennutzung beschäftigen, ist jene der Siedlungsstrukturen und Stadtsysteme (Kap. 7), die die räumliche Verteilung mehrerer Städte in einem Städtesystem untersucht. Dabei zeigt sich, daß wirtschaftliche Zusammenhänge und Prozesse das Siedlungssystem strukturieren und zu einem räumlichen Muster von Städten unterschiedlicher Größe und Bedeutung führen.

Städtische Entwicklungsprozesse wirken sich damit nicht nur in einer bestimmten Stadt und ihren Teilgebieten aus, sondern sie greifen über die das Städtesystem bestimmenden Verbindungen auch auf andere Städte über. Zugleich sind die funktionalen Teilbereiche der Stadt (Wohnungswesen, Verkehr, Industrie, Dienstleistungen, städtische Finanzen etc.) derart eng miteinander verbunden, daß Entwicklungsimpulse auch hierüber starke Gemeinsamkeiten zeigen. Aus diesen Interdependenzen ergeben sich typische Entwicklungsphasen des städtischen Systems, mit denen wir uns in Kap. 8 auseinandersetzen werden.

Am Ende jedes Kapitels fassen wir die wichtigsten Punkte der Darstellung kurz zusammen und stellen eine Reihe von Übungsaufgaben und Kontrollfragen. Damit wollen wir der Leserin und dem Leser helfen, den roten Faden durch die Thematik des Buches zu verfolgen, und die Möglichkeit zur Selbstkontrolle geben.

1.2 Die wichtigsten Akteure

Die beobachtbare räumliche Struktur eines Wirtschaftsraumes ist das Ergebnis der Entscheidungen vieler Akteure. Drei wichtige Gruppen können dabei unterschieden werden:

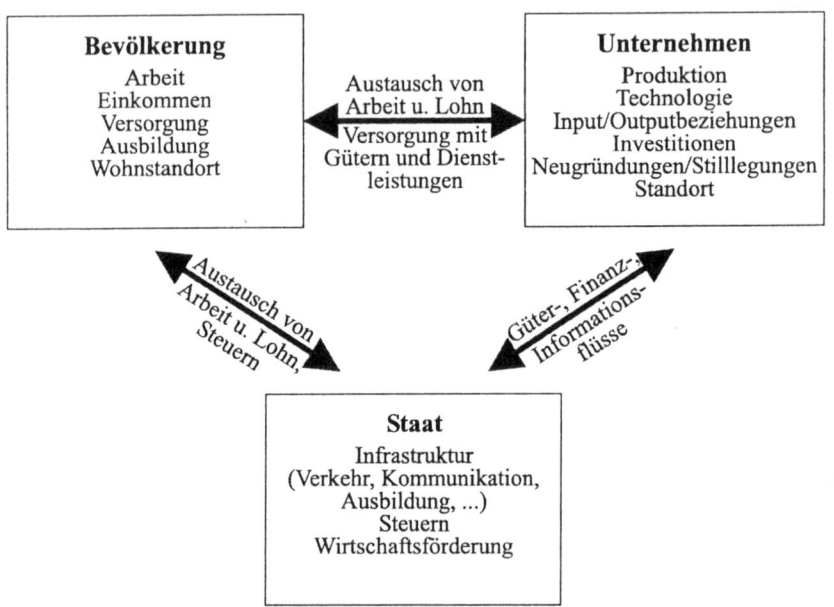

Abbildung 1.8: Die wichtigsten Akteure und ihre Beziehungen.

- Unternehmen,
- Haushalte,
- öffentliche Hand (Staat).

Die wichtigsten Beziehungen zwischen diesen Akteuren sind in Abb. 1.8 zusammengefaßt.

1.2.1 Unternehmen

Eindeutig raumwirksame Entscheidungen, die von Unternehmen getroffen werden, sind deren Standortentscheidungen. Dabei legen die Unternehmen fest, wo im Raum sie Produktions-, Handels-, Forschungs- oder Verwaltungsaktivitäten durchführen. Ein Unternehmen kann alle seine Aktivitäten an einem Standort durchführen oder auf mehrere Standorte verteilen. Im ersten Fall sprechen wir von *Einbetriebsunternehmen*, im zweiten von *Mehrbetriebsunternehmen*. Die Mehrbetriebsunternehmen können an den verschiedenen Betriebsstandorten verschiedene Unternehmensfunktionen – Produktion, Forschung, Verwaltung, Vertrieb etc. – ansiedeln oder auch jeden einzelnen Betrieb mit allen Funktionen ausstatten. Das Zusammenwirken der einzelnen Betriebe zur Realisierung des Unternehmensziels muß durch Liefer-,

Informations- und Kontrollbeziehungen zwischen den Betrieben bewerkstelligt werden.

Doch nicht nur die Standortentscheidungen sind raumwirksame Entscheidungen von Unternehmen. Mit vielen anderen Entscheidungen strukturieren die Unternehmen den Raum und gestalten so die Rahmenbedingungen für die Entscheidungen anderer Unternehmen oder anderer Akteure mit. Beispielsweise beeinflußt die Entscheidung über das Vertriebsnetz wesentlich die räumliche Struktur des Absatzmarktes des Unternehmens, oder die Lagerhaltungspolitik (Lager an Vorprodukten oder „just in time"-Zulieferung) die räumliche Ausdehnung des Beschaffungsmarktes. Die Lohnpolitik wirkt auf das regionale Einkommen zurück und bestimmt auch den Umkreis, in dem Arbeitskräfte für das Unternehmen mobilisiert werden können. Die regionalen Einkommen wiederum beeinflussen die Nachfrage nach anderen Produkten, die entweder aus der Region selbst, oder aber aus einer anderen Region stammen.

1.2.2 Private Haushalte

Die privaten Haushalte treten im regionalen Wirtschaftsgefüge einerseits als Endnachfrager von Gütern und Dienstleistungen, andererseits als Anbieter von Ressourcen, also als Arbeitskräfte, Unternehmer und Kapitalgeber, in Erscheinung. Ähnlich wie Unternehmen, so treffen auch private Haushalte Standortentscheidungen. Verlagert ein Haushalt seinen Wohnort, so spricht man von „Wanderung" oder „Migration". In der Regionalökonomik existiert dazu eine umfangreiche und spezialisierte Literatur (siehe etwa Brown und Neuberger 1977, Greenwood 1975, 1985, Johnson und Salt 1990, Stillwell und Congdon 1991), auf die wir in diesem Zusammenhang nicht eingehen wollen. Allerdings liegen die grundlegenden Strukturen der Standortentscheidung von Unternehmen auch jenen von privaten Haushalten zugrunde, sodaß die wesentlichen Aspekte unserer Diskussion auf den Haushaltsbereich übertragbar sind.

Ähnlich wie Unternehmen, die mit ihren Lieferanten und Kunden auf vielfältige Art verbunden sind, so sind auch die privaten Haushalte üblicherweise in ein komplexes Netz räumlicher Beziehungen eingebunden. Sie haben einen bestimmten Arbeitsplatz, kaufen verschiedene Produkte in verschiedenen Geschäften ein, fahren zum Wochenende aufs Land, treffen Freunde, Verwandte und Bekannte, besuchen Kultur- und Unterhaltungsveranstaltungen etc.

Eine der wichtigsten Beziehungen eines Menschen ist jene zur Arbeit. Da die Erwerbstätigen nur in den seltensten Fällen direkt am Standort ihrer Wohnung auch arbeiten, sind sie üblicherweise gezwungen, die Diskrepanz zwischen Wohnstandort und Arbeitsstandort zu überbrücken. Dabei spricht man von *Pendelwanderung*. Sie ergibt sich direkt aus dem Spannungsverhältnis der Standortentscheidungen der privaten Haushalte (Wohnort) und der Unternehmen (Arbeitsort). Nur dadurch, daß Menschen bereit sind zu pendeln[4], können größere Unternehmen überhaupt jene Zahl an Arbeitskräften an einem Standort versammeln, die sie für die Produktion benötigen (vgl. Abb. 1.3)

Ähnliches gilt auch für die Absatzseite von größeren Handelsbetrieben und Einkaufszentren. Auch sie können nur dadurch, daß die privaten Haushalte bereit sind, größere Entfernungen für Einkaufsfahrten zurückzulegen, genügend Nachfrage an einem Standort konzentrieren. In der Folge ermöglicht dies die Spezialisierung von Betrieben und die Realisierung von (internen und externen) Agglomerationsvorteilen (siehe Kap. 5).

1.2.3 Öffentliche Hand

Die öffentliche Hand – der Staat – trifft auf mehrfache Weise raumwirksame Entscheidungen. Sie bestimmt einerseits die Qualität verschiedener Standorte wesentlich mit und trifft andererseits selbst Standortentscheidungen bei der Ansiedlung öffentlicher Einrichtungen. Der Staat strukturiert die politischen und sozialen Rahmenbedingungen für das Zusammenleben von Menschen und für deren wirtschaftliche Tätigkeiten. Er erhebt Steuern und Abgaben, die in manchen Staaten lokal und regional beträchtlich differieren können, erläßt eine Rechtsordnung, unterhält Einrichtungen zur Durchsetzung dieser Rechtsordnung (Justiz, Polizei) und stellt eine Reihe von öffentlichen Einrichtungen zur Verfügung.

Eine wichtige Aufgabe der öffentlichen Hand ist die Bereitstellung verschiedener Infrastruktureinrichtungen. Von diesen kann eine beträchtliche raumdifferenzierende Wirkung ausgehen. Die Ausgestaltung des Straßen-, Eisenbahn- und Kommunikationsnetzes bewirkt, daß manche Standorte für bestimmte Funktionen besser geeignet sind als andere. Art und Qualität von Schulen und Universitäten bestimmen das Bildungsniveau von Arbeitskräften, die wiederum als Standortvor- und -nachteile wirken können.

Dabei ist zu beachten, daß der Staat weder ein homogener Akteur ist noch außerhalb der wirtschaftlichen Tätigkeit steht. Die verschiedenen Ebenen der Verwaltung, seien sie nun territorialer (Gemeinde, Land, Bund) oder funktionaler Art (verschiedene Ministerien, Abteilungen, Sektionen), verfolgen oft unterschiedliche Ziele und konkurrieren miteinander um Ressourcen und Kompetenzen. Über eigene wirtschaftliche Tätigkeit, Steuereinnahmen, Interessensvertretungen und sonstigen politischen Druck ist der Staat von seinen eigenen wirtschaftssteuernden Maßnahmen selbst betroffen und in das Wirtschaftsgefüge eingebunden. Bei der Ansiedlung öffentlicher Ein-

---

[4]Wir verstehen Pendeln hier sehr allgemein als jede Ortsverlagerung zwischen Wohnung und Arbeitsplatz. Die dafür täglich aufgewendete Zeit kann wenige Minuten betragen, aber auch mehrere Stunden.

richtungen (Schulen, Spitäler etc.) unterliegt der Staat ähnlichen Restriktionen und Erfordernissen wie private Unternehmen. Der Staat muß daher als einer von mehreren Akteuren betrachtet werden, der raumwirksame Entscheidungen trifft und der mit den anderen Akteuren eng verflochten ist. Wegen dieser Verflechtungen kann er die ihm manchmal zugedachte Rolle der übergeordneten Steuerungsinstanz, die dem „Gemeinwohl" zum Durchbruch verhilft, nur sehr unvollkommen erfüllen.

1.2.4 Überschneidungen und Klassifikationsprobleme

Obwohl unsere Klassifikation der Akteure – Unternehmen, Haushalte, öffentliche Hand – auf den ersten Blick recht einleuchtend und logisch erscheinen mag, wirft sie bei genauerer Betrachtung doch einige Probleme auf. Einerseits existieren Überschneidungen zwischen den drei Typen, andererseits ist es oft schwierig, die einzelne Entscheidungseinheit zu identifizieren. Wir haben bereits angeführt, daß der Staat in manchen Bereichen ähnlich agiert wie ein privates Unternehmen. Dies ist vor allem dann der Fall, wenn der Staat Eigentümer von Unternehmen ist, die mit privaten in Konkurrenz stehen. Andererseits sind private Unternehmen manchmal gezwungen, auch gemeinnützige Ziele zu verfolgen, also staatliche Aufgaben zu erfüllen. Dies ist vor allem dann der Fall, wenn Private Infrastrukturleistungen erfüllen (z.B. Telefongesellschaften, Busunternehmen im Liniendienst, Elektrizitätsgesellschaften). Sie unterliegen normalerweise einem vertraglich vereinbarten Versorgungszwang. Manchmal gründet der Staat ein Unternehmen, um ihm Aufgaben zu übertragen, die er bisher im Rahmen der Verwaltung erfüllt hat. Beispiele dafür sind die diversen Sondergesellschaften in Österreich, die beispielsweise Autobahnen bauen und erhalten. Aus einem funktionalen Blickwinkel ist es manchmal schwierig zu sehen, ob diese Unternehmen nun als Unternehmen oder als öffentliche Hand einzustufen sind.

Ähnliche Probleme ergeben sich manchmal bei der Abgrenzung zwischen Unternehmen und Haushalten. Vor allem bei kleinen Familienbetrieben und besonders in der Landwirtschaft kann ein Trennstrich zwischen Unternehmen und Haushalt oft nur willkürlich gezogen werden.

Wie wir sehen werden, stellt sich das Standortproblem nicht für alle Unternehmen gleich. Oft treten sogar innerhalb eines Unternehmens Unterschiede auf, wenn es über mehrere Teile (*Betriebe*) verfügt, deren Standortanforderungen differieren. Auch sind die Standortkriterien für einen Industriebetrieb andere als für einen Dienstleistungsbetrieb. Allerdings ist es oft schwer, einen Betrieb selbst diesen sehr groben Kategorien eindeutig zuzuordnen. Viele Industriebetriebe erfüllen auch Dienstleistungsfunktionen, wenn sie beispielsweise ihr Produkt auch selbst vermarkten, oder im Bereich des Service. Viele Verwaltungsabteilungen größerer Industrieunternehmen erfüllen Tätigkeiten, die auch von externen Dienstleistungsunternehmen im Bereich der „Produzentendienstleistungen" zugekauft werden könnten (z.B. Marketing, Werbung, Rechtsbetreuung, Betriebsberatung). Es existieren nur wenige Erhebungen, bei denen Unternehmensteile nach ihrer Funktion zugeordnet werden. Normalerweise werden Unternehmen und Betriebe als Einheit klassifiziert, sodaß also viele Dienstleistungstätigkeiten als Industrieleistungen gezählt werden.

Die Klassifikationsprobleme werden natürlich umso gravierender, je detaillierter wir gliedern wollen. Zwar existiert mit der von den Vereinten Nationen entwickelten „International Standard Industrial Classification" ein international abgestimmtes Schema der Branchengliederung, doch produzieren einerseits viele Betriebe mehrere Produkte, wären also mehreren Branchen zuzuordnen, und entstehen andererseits laufend neue Produkte, die vom Schema naturgemäß nicht erfaßt werden können.

Wir haben bereits deutlich gemacht, daß viele Unternehmen über mehrere Betriebsstätten verfügen, also sogenannte *Mehrbetriebsunternehmen* sind. Die Betriebe eines solchen Unternehmens können auf mehrere Regionen eines Landes verteilt sein (*multiregionale Unternehmen*), oder aber auf mehrere Länder (*multinationale Unternehmen*). Für räumliche Fragen ist dies insofern von Bedeutung, weil ein Mehrbetriebsunternehmen natürlich versuchen wird, seine Standortanforderungen über alle seine Betriebsstätten hinweg zu optimieren. Allerdings sind viele Unternehmen nur formal eigenständig und damit in ihren Entscheidungen wesentlich eingeschränkt. Abhängigkeiten können etwa in Form von Kapitalverflechtungen, langfristigen Verträgen, Mutter-Tochter-Beziehungen u. dgl. bestehen. Auf welcher Ebene bei derartigen Unternehmen Standortentscheidungen getroffen werden, ist selbst im Einzelfall schwer nachvollziehbar.

Daß die öffentliche Hand keineswegs als homogener Akteur betrachtet werden kann, haben wir bereits erwähnt. In räumlicher Hinsicht sind vor allem die verschiedenen Ebenen, auf denen der Staat aktiv wird, von Bedeutung. In Österreich sind dies Gemeinden, Bundesländer und Bund. Daneben existieren noch Einrichtungen wie die „Österreichische Raumordnungskonferenz" (ÖROK) oder die „Planungsgemeinschaft Ost" (PGO), deren Aufgabe darin besteht, die Tätigkeit der einzelnen staatlichen Organe im Bereich der Regionalpolitik zu koordinieren. Neben den direkt mit raumordnungs- und regionalpolitischen Aufgaben betrauten Stellen treffen noch eine Reihe anderer staatlicher Einrichtungen Entscheidungen, die sich räumlich auswirken (Stöhr 1982). Augenfällige Beispiele sind etwa Verkehrsinvestitionen oder branchenspezifische Förderungsprogramme, wenn sie eine räumlich stark konzentrierte Branche betreffen. Aber selbst klassische Bereiche der nationalen Wirtschaftspolitik, wie die Geld- und Währungspolitik oder die Außenhandelspolitik, können sich regional unterschiedlich auswirken.

Die Definition der privaten Haushalte als Akteure im regionalökonomischen System scheint auf den ersten Blick kaum mit Problemen verbunden zu sein. Bei genauerer Betrachtung treten allerdings auch hier Schwierigkeiten auf. Sie ergeben sich einerseits dadurch, daß ein Haushalt normalerweise mehrere Personen umfaßt, seine Entscheidungen daher das Ergebnis eines internen Abstimmungsprozesses darstellen. Je nachdem wie diese Abstimmung abläuft – Dominanz eines Haushaltsmitglieds, Verhandlungslösung, Konflikt etc. –, wird sich der Haushalt unterschiedlich verhalten. Andererseits ist aber auch die Frage, was einen Haushalt konstituiert und wie Haushalte voneinander abzugrenzen sind, kaum allgemein befriedigend zu beantworten. Heute sind Wohngemeinschaften unterschiedlichster Form, getrennt lebende Ehepaare, Lebensgemeinschaften etc. signifikante soziale Phänomene. Manche dieser Gemeinschaften sind sehr stabil, andere wiederum ändern sich häufig. Manche Personen gehören mehreren derartigen Haushalten an, beispielsweise Kinder, die teilweise noch im elterlichen Haushalt leben, teilweise mit einem Partner, oder Kinder geschiedener Eltern, die zum Teil im väterlichen, zum Teil im mütterlichen Haushalt wohnen. Aufgrund der sozialen Veränderungen der letzten Jahrzehnte hat gerade die Zahl derartiger Formen der zwischenmenschlichen Beziehungen deutlich zugenommen, die am Rande der klassischen Definition eines privaten Haushalts liegen.

1.3 Theoretische Zugänge

Eines der Ziele der Stadt- und Regionalökonomie als Teildisziplin der Sozial- und Wirtschaftswissenschaften ist die Erarbeitung von allgemeinen Aussagen und Erkenntnissen zur sozioökonomischen Raumstruktur. Dies sind solche Aussagen, die über die einfache Auflistung und Beschreibung von Einzelphänomenen des Raumes hinausgehen. Derartige Verallgemeinerungen, die es erlauben, das Auftreten von bestimmten Phänomenen zu erklären, zu verstehen oder zu prognostizieren, werden wissenschaftliche Zusammenhänge oder Gesetzmäßigkeiten genannt. Werden solche Zusammenhänge zu einem komplexeren und konsistenten (widerspruchsfreien) System von Aussagen zusammengefügt, spricht man von einer *Theorie*. Üblicherweise wird unter Theorie eine „systematisch geordnete Menge von Aussagen bzw. Aussagesätzen über einen Bereich der objektiven Realität oder des Bewußtseins" (Klaus und Buhr 1975, S. 1219; siehe auch Schwarz 1979) verstanden. In den Wirtschafts- und Sozialwissenschaften wird „Theorie" häufig synonym mit „Modell" verwendet[5], wobei letzteres als „vereinfachte Abbildung eines Stückes Wirklichkeit" (Hinder 1979) aufgefaßt wird. Wesentliches Element beider Definitionen ist die Vereinfachung bzw. Einschränkung der Realität auf ein handhabbares Maß. Einzelne Theorien unterscheiden sich u.a. darin, welche Bereiche der Wirklichkeit sie ausklammern. Zu einem bestimmten Themenbereich können damit unterschiedliche, konkurrierende Theorien

---
[5]Trotz der begrifflichen Unschärfe, die damit einher geht, verwenden auch wir in der weiteren Darstellung diese beiden Begriffe synonym.

existieren, die verschiedene Teile der Wirklichkeit betonen, andere ausklammern.

Die Erarbeitung von wissenschaftlichen Theorien unterliegt gewissen methodischen Spielregeln, die in umfassender Weise in Arbeiten zur Erkenntnis- und Wissenschaftstheorie dargelegt und diskutiert werden. Im folgenden sollen nur in knapper Form jene Ansätze dargestellt werden, die für unsere Ausführungen relevant sind.

Je nach zugrundeliegender Erkenntnisphilosophie kann die Erarbeitung einer Theorie auf unterschiedliche Weisen erfolgen. Zwei wichtige, in der Vorgangsweise stark unterschiedliche Grundpositionen sind die deduktive und die induktive Methode. Auf diese beiden wollen wir im folgenden näher eingehen.[6]

Die *deduktive Vorgangsweise* entspricht der rationalistischen erkenntnistheoretischen Grundposition (Leinfellner 1965). Der Rationalismus stellt die Forderungen der Widerspruchslosigkeit, der größtmöglichen Präzision, Berechenbarkeit und der Beweisbarkeit der Resultate in den Vordergrund. Diesen Forderungen entspricht die Vorgangsweise: Es wird versucht, auf der Basis von bestimmten Annahmen, etwa über das Verhalten der Akteure, über die vorgegebene Raumstruktur oder die Art der zugrundeliegenden Produktionsfunktionen, Aussagen zu verknüpfen und, entsprechend den Gesetzen der Logik, Gesetzmäßigkeiten sowie eine Theorie abzuleiten. Dabei werden aus allgemeinen Sätzen immer speziellere sowie aus einfachen Sätzen komplexere abgeleitet[7].

Im Rahmen der gewählten Annahmen und Axiome werden Sätze im Sinne von „wenn – dann"-Aussagen abgeleitet. Wenn bestimmte Anfangsbedingungen vorliegen (ein singuläres Ereignis), so hat dies aufgrund einer in der Theorie enthaltenen Gesetzmäßigkeit ein anderes singuläres Ereignis zur Folge. Dieses Vorgehen erlaubt es einerseits, singuläre Tatbestände zu erklären, also mit Hilfe einer Gesetzesaussage auf andere Ereignisse (die Anfangsbedingung) zurückzuführen. Andererseits können aus der Anfangsbedingung und dem Gesetz auch folgende Ereignisse prognostiziert werden (siehe Opp 1973, S. 29).

Wir wollen diese Vorgangsweise an einem Beispiel verdeutlichen, das sich an einer in diesem Lehrbuch enthaltenen Theorie orientiert. Eine in der Thünenschen Theorie (Kap. 6) enthaltene Gesetzmäßigkeit besagt, daß jene Aktivitäten sich in der Bodennutzung durchsetzen, die an einem Standort die höchsten Lagerenten erzielen (Gesetzmäßigkeit). Nun hat ein Standort

---

[6]Weitere wichtige sozialwissenschaftliche Methoden sind die Phänomenologie und die Hermeneutik. Die Phänomenologie ist eine Methode, die die Lebenswelt des Menschen und deren ganzheitliche Interpretation in das Zentrum der Betrachtung stellt. Dabei wird die verstehende Interpretation als Hermeneutik bezeichnet (Seiffert 1972, S. 26.).

[7]Das lateinische Wort „deducere" bedeutet „ableiten" im Sinne von „von einem zentralen Ausgangspunkt hinunterführen" oder „wegführen".

am Rand einer Stadt eine neue Autobahnanbindung erhalten, die impliziert, daß nun die höchsten Lagerenten von kommerziellen Dienstleistungen anstatt wie bisher von Industriebetrieben erzielt werden (singuläres Ereignis als Anfangsbedingung). Wir können nun aufgrund der Thünenschen Gesetzmäßigkeit prognostizieren, daß die bisherige Industrienutzung von der kommerziellen Nutzung verdrängt werden wird (singuläres Ereignis). Eine derartige, aus der Theorie abgeleitete Vorhersage stellt eine *Hypothese* dar, die wir anhand der empirischen Beobachtung überprüfen können. Das Ergebnis dieser Überprüfung erlaubt Rückschlüsse auf die Qualität der Theorie.

Das Problem des deduktiven Ansatzes liegt im allgemeinen in den stark vereinfachenden Annahmen, die zur Reduktion von Komplexität notwendig sind, und daher in der geringen Möglichkeit der Differenzierung von Aussagen im Rahmen eines konsistenten Theoriegebäudes. Die meisten dieser Ansätze sind somit durch eine mehr oder weniger stark ausgeprägte Realitätsferne gekennzeichnet. Als Stärke ist andererseits die Notwendigkeit einer gewissen Disziplinierung bei der Erarbeitung von Konzeptionen und Modellen der Realität zu sehen. Man muß sich auf wenige wichtige Einflußgrößen und Zusammenhänge konzentrieren, um noch in der Lage zu sein, widerspruchsfreie Aussagen zu erarbeiten.

Beispiele eines solchen deduktiven Vorgehens sind in den folgenden Ausführungen im Kap. 3 (neoklassische Standorttheorie), im von-Thünen-Alonso-Ansatz zur Bodennutzung (Kap. 6) sowie in der Christallerschen Zentrale-Orte-Theorie (Kap. 7) zu finden.

Die *induktive Vorgangsweise* entspricht der empirischen erkenntnistheoretischen Grundposition. Dabei werden theoretische Aussagen aus der empirischen Analyse von Phänomenen, also aus der Erfahrung, gewonnen. Dabei sind allerdings zur Gewährleistung einer intersubjektiven Überprüfbarkeit der Erkenntnisse bestimmte Anforderungen und Regeln einzuhalten. Diese betreffen die systematische Operationalisierung (Indikatorenauswahl) und Messung von Phänomenen (etwa in Form von Nominal-, Ordinal- oder Verhältnisskalen) sowie die Berücksichtigung statistischer Regeln bei der Beschreibung von Phänomenen und bei der Ableitung von Zusammenhängen. Aus den abgeleiteten Zusammenhängen lassen sich wiederum Hypothesen gewinnen, die eine empirische Überprüfung erlauben. Die abgeleiteten Gesetzmäßigkeiten gelten immer „probabilistisch", also nur mit einer gewissen Wahrscheinlichkeit, da sie in der Regel nicht in jedem Fall gültig sind und da nie auszuschließen ist, daß sie in Zukunft widerlegt werden.

Vorteile dieses Ansatzes sind im Vergleich zum deduktiven Modell insbesondere die mögliche größere Detailliertheit und Realitätsnähe und damit im allgemeinen auch eine größere Relevanz für die Wirtschafts- und Regionalpolitik. Nachteile sind die stärkere Gebundenheit der Aussagen an Zeit und Raum. Empirische Erkenntnisse gelten also immer nur für ein bestimmtes Gebiet und für eine bestimmte historische Periode, haben somit eine geringere Allgemeingültigkeit. Weiters ist festzustellen, daß viele wichtige Phänomene einer intersubjektiven empirischen Überprüfung nicht zugänglich sind, da sie nicht ausreichend gemessen werden können (subjektive Bedeutungen, Empfindungen und Gefühle, Werthaltungen, ästhetische Empfindungen etc.). Als weitere Nachteile sind die häufig großen Probleme der Operationalisierung, Datenbeschaffung und Messung zu nennen.

Als Beispiele für ein grundsätzlich induktives Vorgehen sind aus dem Bereich der folgenden Ausführungen die behaviouristischen Ansätze der Standorttheorie (Kap. 4), die „Rank Size Rule" der Stadtsysteme (Abschnitt 7.2) sowie das Phasenmodell der Stadtentwicklung (Kap. 8) zu nennen.

Beide hier vogestellten erkenntnistheoretischen Methoden (Deduktion und Induktion) beruhen letztlich in hohem Maße auf objektiven, also intersubjektiv überprüfbaren und im Grunde wertfreien Aussagen. Diese Einschränkung auf objektive Aussagen wird von einem Teil der Sozialwissenschaftler nicht akzeptiert. Die Phänomenologie und Hermeneutik versucht die Lebenswelt des Menschen ganzheitlich und durch verstehende Interpretation stärker aus einer subjektiven Perspektive zu untersuchen. Dieser Ansatz hat allerdings gravierende Probleme der Verallgemeinerung von Aussagen, er wird in der Standorttheorie auch kaum verwendet und daher im folgenden nicht berücksichtigt.

Die „kritischen" und marxistischen Sozialwissenschaftler stellen insbesondere die Möglichkeit der wertfreien wissenschaftliche Analyse in Frage und sie betonen weiters die dominierende Rolle der unternehmerischen Interessen. Ihre Grundposition wird im „strukturellen" Ansatz zur Standorttheorie dargestellt (Abschnitt 2.2), darüber hinaus sind einzelne Ansätze zur räumlichen Arbeitsteilung (Abschnitt 4.1) einem solchen kritischen Ansatz zuzuzählen.

1.4 Zusammenfassung

In diesem Kapitel haben wir vor allem versucht, das Thema des Buches zu verdeutlichen und einige wichtige Grundlagen für die weitere Darstellung zu legen. In Abschnitt 1.1 haben wir mit der Betrachtung wichtiger Unterschiede und Gemeinsamkeiten in der räumlichen Struktur begonnen. Wir erkennen, daß Nutzungsdichten und -strukturen, gemessen etwa an der Bevölkerungsdichte oder am Anteil des Landwirtschaftssektors an den Beschäftigten, selbst auf kurze Entfernungen sehr stark variieren können. Allerdings sind diese Unterschiede keinesfalls rein zufällig, sondern weisen eine ausgeprägte Systematik auf. Dies zeigt sich an den Ähnlichkeiten zwischen Gebieten in ähnlicher räumlicher Lage. Wir verwenden diesen problemorientierten Einstieg auch gleich dazu, die Systematik des vorliegenden Buches zu erläutern, indem wir die Schwerpunkte der einzelnen Kapitel kurz darstellen.

In Abschnitt 1.2 haben wir kurz die wichtigsten Akteure im raumwirtschaftlichen System dargestellt und erläutert, wie sie einerseits von den räumlichen Strukturen beeinflußt werden, durch welche Entscheidungen sie andererseits aber auch die räumlichen Strukturen mitbestimmen. Drei Gruppen von Akteuren haben wir gesondert vorgestellt, nämlich Unternehmen, Haushalte und den Staat. Allerdings zeigt sich bei genauerer Betrachtung, daß die einzelnen Akteure oft schwer zu identifizieren und voneinander abzugrenzen sind. Auf einige dieser Überschneidungen und Klassifikationsprobleme sind wir in Abschnitt 1.2 kurz eingegangen.

In Abschnitt 1.3 haben wir schließlich einige wissenschaftstheoretische Fragen angeschnitten, die für unsere Diskussion von Bedeutung sind. Dies sind insbesondere Fragen nach der Art der wissenschaftlichen Erkenntnisgewinnung, vor allem die Unterscheidung zwischen Deduktion und Induktion.

1.5 Übungsaufgaben und Kontrollfragen

1. *Skizzieren Sie einige wichtige strukturelle Unterschiede zwischen den österreichischen politischen Bezirken. Charakterisieren Sie kurz die Funktionen, die die Bezirke*

   - *Bludenz (Vorarlberg),*
   - *Linz (Oberösterreich) und*
   - *Wien-Umgebung (Niederösterreich)*

   Ihrer Meinung nach erfüllen. Welche Rolle spielt Ihr Heimatbezirk im räumlichen Gefüge der Wirtschaft? Versuchen Sie, einen anderen Bezirk zu finden, der eine ähnliche Rolle spielt.
2. *Was versteht man unter „Migration"? Beschreiben Sie Ähnlichkeiten und Unterschiede zwischen Migration und der Standortentscheidung von Unternehmen.*
3. *Auf welchen räumlichen Ebenen tritt der Staat in Erscheinung und welche raumwirksamen Entscheidungen werden von ihm auf diesen Ebenen typischerweise getroffen?*
4. *Skizzieren Sie die Probleme bei der Abgrenzung zwischen Industrie und Dienstleistungen.*
5. *Welche Methode der Erkenntnisgewinnung verwendet die neoklassische, mikroökonomische Konsumtheorie (siehe etwa Gravelle und Rees 1981, Kap. 3)?*

Kapitel 2
Unternehmerische Standortwahl

2.1 Standort und Unternehmenserfolg

In der Standortlehre geht es zum einen um die Frage, inwieweit die Lokalisierung des Unternehmens oder des Betriebes einen Einfluß auf den Betriebserfolg hat, etwa auf seine Kosten, Erträge, den Gewinn oder die Innovationsfähigkeit. Zum anderen sind auch Wirkungen des Unternehmens auf seine Standortumgebung von Interesse, etwa die Arbeitsplatz- und Einkommenswirkungen oder die Verflechtung zu anderen Betrieben.

2.1.1 Unternehmen als offenes System

Der Hintergrund für diese Fragen ist, daß Unternehmen offene Systeme sind, die mit ihrer ökonomischen, gesellschaftlichen und natürlichen Umwelt in vielfältiger Form in Beziehung stehen. Abbildung 2.1 skizziert die wichtigsten dieser Beziehungen. Von besonderer Bedeutung sind dabei die Beziehungen zum *Beschaffungsmarkt* (Inputseite) und jene zum *Absatzmarkt* (Outputseite). Das Unternehmen bzw. der Betrieb als produktionsbezogene Einheit bezieht vom Beschaffungsmarkt die Produktionsfaktoren, Vorprodukte, Roh-, Hilfs- und Betriebsstoffe und verschiedene Dienstleistungen, die es zur Erstellung seiner Güter oder Dienste benötigt. Diese verkauft es am Absatzmarkt je nach Produkt oder Dienstleistung an andere Betriebe, öffentliche oder private Haushalte. Wie Abb. 2.1 zeigt, ist das Unternehmen dabei in ein vielfältiges Netz an Beziehungen eingebunden. Mit seinen Partnern am Beschaffungs- und Absatzmarkt tauscht das Unternehmen nicht nur Güter und Dienstleistungen gegen entsprechendes Entgelt, es tauscht im Zuge dieser Geschäftsvorgänge auch häufig und meist implizit Informationen aus – über die Marktlage, technologische Neuerungen, neue Produkte, Marketingstrategien etc. Mit wichtigen Geschäftspartnern geht das Unternehmen vielleicht eine engere Beziehung ein, was von informellen Übereinkommen und Absprachen über vertragliche Verpflichtungen bis zu Eigentumsverflechtungen reichen kann.

Außerdem hat das Unternehmen in seiner Tätigkeit die Rahmenbedingungen des sozioökonomischen Umfeldes zu beachten, also Rechtsvorschriften, Steuergesetze, aber auch soziale und politische Gepflogenheiten, Normen und gesellschaftlich akzeptierte Werte. Es muß sich gegebenenfalls an

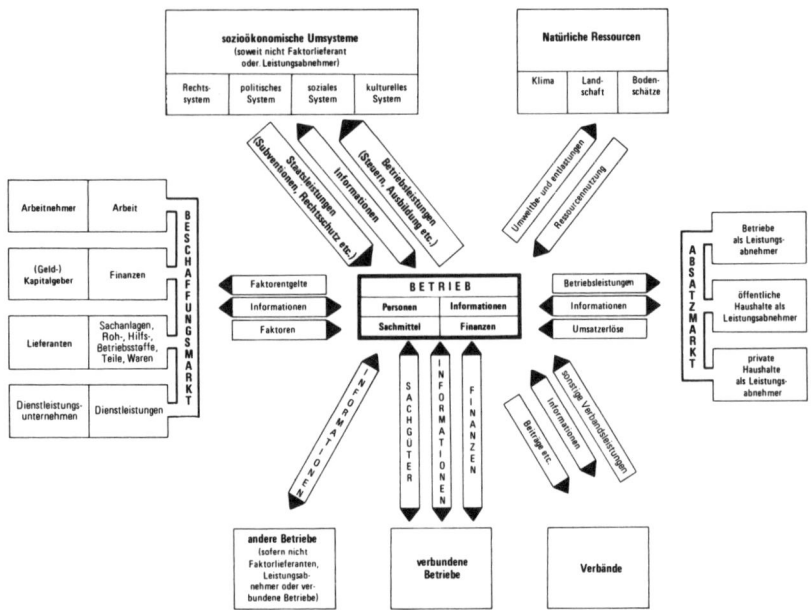

Abbildung 2.1: Die Beziehungen des Unternehmens mit seiner Umwelt (Gabler Wirtschafts-Lexikon, 12. Auflage, Band 1, Sp. 711/712).

die natürliche Umwelt anpassen, bezieht von dieser aber auch Ressourcen und beeinträchtigt sie vielleicht durch die Abgabe von Schadstoffen.

Ein erheblicher Teil dieser Beziehungen ist standortabhängig und beeinflußt damit potentiell die Standortwahl des Unternehmens. Allerdings müssen dafür, daß ein bestimmter Faktor für die Standortwahl eines Unternehmens von Bedeutung ist, zwei Bedingungen erfüllt sein.

1. Der entsprechende Faktor muß sich in den Kosten oder Erlösen des Unternehmens auswirken, wobei einerseits auch nicht-monetäre Kosten wie Zeitkosten, Unannehmlichkeit etc. gemeint sind, andererseits auch mittel- und langfristige Auswirkungen etwa aufgrund beeinträchtigter Innovationsfähigkeit.

2. Der Faktor muß in Verfügbarkeit, Qualität oder Preis räumlich differieren.

Nur wenn beide Voraussetzungen zutreffen, ergeben sich für das Unternehmen an verschiedenen Standorten unterschiedliche Bedingungen und muß es diese in der Standortwahl berücksichtigen.

Für die meisten Unternehmen sind die Beziehungen zu Beschaffungs- und Absatzmarkt die wichtigsten Verbindungen zur Umwelt. In diesen beiden

Bereichen sind vor allem die folgenden Faktoren räumlich unterschiedlich verfügbar:

- Inputs
    - natürliche Ressourcen (vom Vorkommen bzw. von der Umweltsituation abhängig),
    - Arbeitskräfte (variieren nach Qualifikation, gewerkschaflichem Organisationsgrad und Lohnhöhe),
    - Lieferanten von Gütern und Diensten (abhängig von Betriebsdichte und Branchenstruktur),
    - Informationsdichte und -zugang für Innovationen (Möglichkeiten für Kontakte zu Forschungseinrichtungen, zu relevanten Diensten und zu Transfereinrichtungen).
- Outputs
    - Der Marktzugang variiert stark nach Standorten. Dies sowohl in bezug auf Transportkosten und Marktpotential als auch auf Information und Kontakte zur Geschäftsanbahnung.

Da sowohl der Marktzugang als auch die Verfügbarkeit und der Preis von Inputs normalerweise nach Standorten variieren, bilden sie eine wichtige Grundlage für die Standortentscheidung. Ähnliches gilt auch für Informationen, die vor allem für die Innovationsfähigkeit von Betrieben und damit für ihre mittelfristige Konkurrenzfähigkeit von Bedeutung sind.

Die räumliche Struktur des Marktes hängt von der Reichweite der Güter und Dienste ab, also davon, in welchem Umkreis der Produzent Nachfrage befriedigen kann (genauer siehe Kap. 3). Wir können Güter mit lokalen, nationalen und internationalen Märkten unterscheiden. Die Möglichkeit des Zuganges zu diesen Märkten ist räumlich sehr unterschiedlich. Abbildung 2.2 illustriert dies anhand der Erreichbarkeit von regionalen, nationalen und internationalen Märkten in den österreichischen Bezirken.

Ein anderer Teil der in Abb. 2.1 gezeigten Beziehungen ist bei kleinräumiger Betrachtung weitgehend standortunabhängig. Der Einfluß des Rechtssystems, des politischen Systems oder der Verbände variiert normalerweise kaum über die Regionen eines Staates. Auf internationaler Ebene sind diese Faktoren allerdings stark differenziert. Wirtschaftliche und politische Stabilität, Stärke der Gewerkschaften, Arbeitsfrieden, Ausgestaltung des Rechtssystems etc. sind wichtige Standortkriterien für multinationale Unternehmungen, die Standortentscheidungen im globalen Maßstab treffen.

Nicht nur hängt der Erfolg eines Unternehmens von seinem Standort ab, auch die Entwicklung einer Stadt oder einer Region wird in hohem Maße von

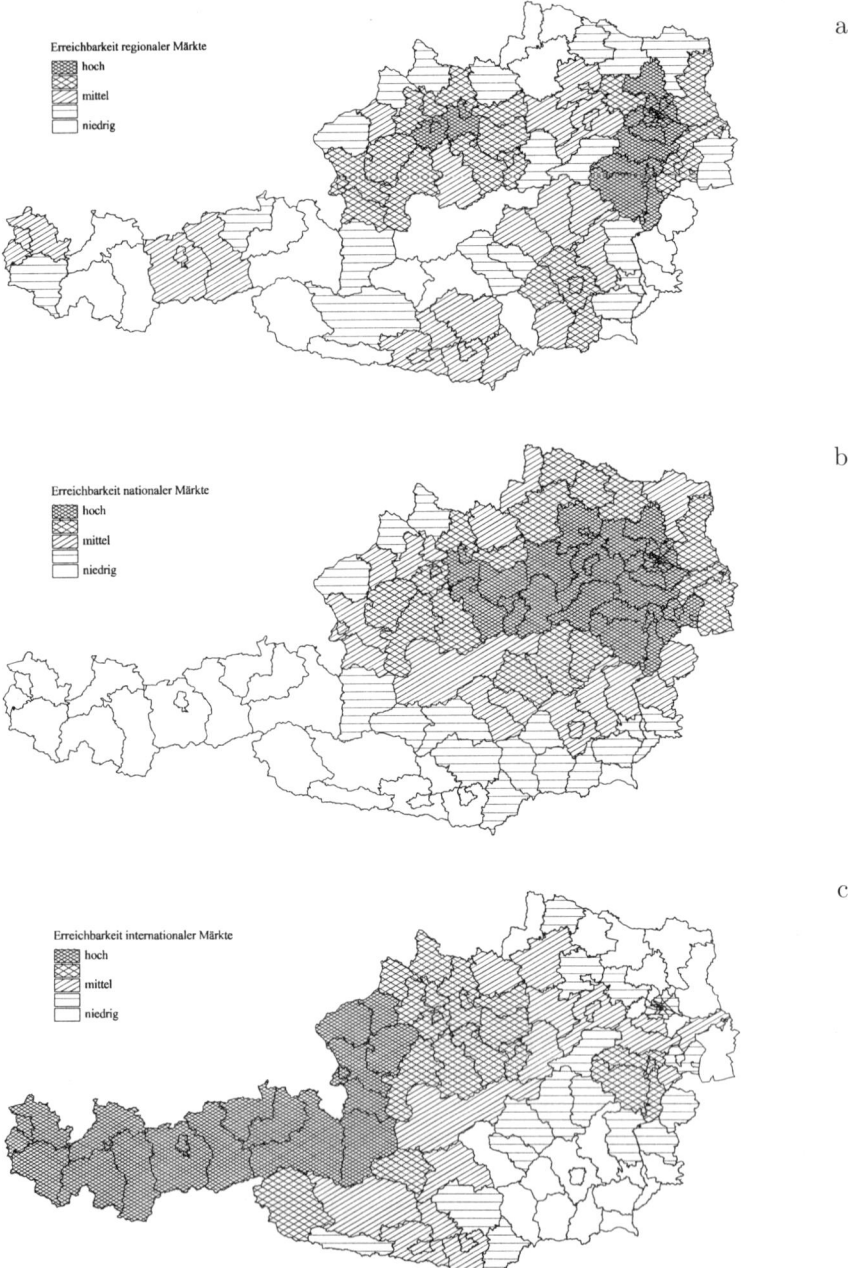

Abbildung 2.2: Die Erreichbarkeit regionaler (a), nationaler (b) und internationaler (c) Märkte in Österreich.

den dort angesiedelten Unternehmen beeinflußt. Über die Nachfrage nach Produktionsfaktoren fließen Faktorentgelte und Einkommen in die Region. Durch die Nachfrage nach Produkten (Inputs) werden Märkte für andere Unternehmungen geschaffen und schließlich erhöht das Angebot an Produkten und Leistungen des Betriebes die Versorgungsqualität in der Region.

2.1.2 Langfristigkeit und Unsicherheit der Standortentscheidung

Die Standortentscheidung ist aus mehreren Gründen komplex und schwierig. Zum einen kann ein einmal eingenommener Standort nur unter hohen Kosten verändert werden, die Standortentscheidung ist also quasi irreversibel. Einmal errichtete Gebäude und installierte Anlagen (Kapital), eingeschulte Arbeitskräfte wie auch der mühsam aufgebaute lokale Kundenstock sind praktisch immobil. Die Standortentscheidung hat somit sehr langfristige Implikationen. Standortplanungen, also die Abschätzung von Kosten- und Erlösströmen an einem Standort, müssen daher auf die ökonomische Lebensdauer des Betriebes angelegt sein. In der Regel sind das mindestens 10 bis 15 Jahre.

Dieser lange Planungshorizont impliziert jedoch eine hohe Unsicherheit. Preise für Inputs und Outputs, Marktchancen, das Auftauchen neuer Konkurrenten etc. sind längerfristig schwer abzuschätzen. Die räumliche Verteilung der Zulieferer, Abnehmer und Konkurrenten kann sich in diesem Zeitraum wesentlich ändern (Marktunsicherheit). Darüber hinaus können neue Produktionsverfahren, Transport- und Kommunikationstechniken die Bedeutung der Faktoren im Produktionsprozeß verändern, den derzeit optimal scheinenden Standort suboptimal werden lassen und damit den Betrieb in die Verlustzone drängen (technologische Unsicherheit).

Schließlich sind Standortentscheidungen aufgrund der Vielzahl der zu berücksichtigenden Faktoren (vgl. Kap. 4) auch sehr komplex. Selbst wenn die vielen verschiedenen Informationen, die in der Standortentscheidung zu berücksichtigen sind, vollständig vorliegen, bleibt noch immer das Problem, für eine große Zahl möglicher Standorte diese Informationen adäquat zu verknüpfen und mit anderen Unternehmensentscheidungen abzustimmen. Standortentscheidungen stellen damit hohe Anforderungen an die Such-, Analyse- und Planungstechniken des Unternehmens.

Daraus resultieren widersprüchliche Anforderungen an die Standortplanung: Einerseits macht die Langfristigkeit und die Tragweite der Entscheidung eine gründliche Analyse erforderlich. Ein falsch gewählter Standort kann die Überlebenschancen eines neugegründeten Betriebs erheblich schmälern. Andererseits sind Betriebe kaum in der Lage Optimierungskalküle anzuwenden, sondern sie sehen sich aufgrund der Unsicherheit und Komplexität des Problems und der großen Zahl an möglichen Standorten veranlaßt, eher heuristisch vorzugehen (vgl. die Diskussion in Kap. 4).

2.2 Grundansätze der Standortanalyse

Es lassen sich in der Literatur drei unterschiedliche Grundansätze der Standortanalyse ausmachen: neoklassische oder normative, behaviouristische und strukturelle. Diese Ansätze unterscheiden sich

- in den Vorstellungen und Annahmen über das Verhalten von Akteuren in Unternehmungen, ihre Motivationen und Ziele, die „Rationalität" ihrer Entscheidungen, ihren Informationsstand und ihre Mobilität,
- in den Vorstellungen und Annahmen über das allgemeine Funktionieren und die Struktur des Wirtschaftssystems; ob ihm eine Tendenz zum Gleichgewicht oder zum Ungleichgewicht innewohnt, ob das Wirtschaftssystem homogen oder segmentiert ist,
- in der Frage, wie die Standortentscheidung in übergeordnete Entscheidungen und Prozesse des Unternehmens (strategische Unternehmensplanung, Produktions- und Arbeitsprozeß) integriert ist.

2.2.1 Der neoklassische (normative) Ansatz

Neoklassisch heißen die hier zugeordneten Ansätze, weil sie sich an einigen der in der Neoklassik üblichen Annahmen orientieren. Vor allem die Annahme vollkommener Konkurrenz (atomistische Märkte, vollkommene Information, keine Mobilitätshemmnisse) und die Tendenz zu Gleichgewichtslösungen sind hier zu nennen. In diesen Ansätzen wird also nach dem optimalen Unternehmensstandort gesucht und unterstellt, daß sich die Akteure in den Unternehmungen entsprechend dem theoretischen Idealbild verhalten. Die Unternehmer versuchen, eine Zielfunktion zu maximieren und verhalten sich auf dieses Ziel hin rational („Homo oeconomicus").

Als „normativ" werden diese Ansätze von einzelnen Autoren auch deshalb bezeichnet, weil sich aus ihnen ableiten läßt, wie sich ein Unternehmen verhalten *soll*, damit es den optimalen Standort einnimmt. Außerdem sind Ansätze dieser Tradition durch ein deduktives Vorgehen gekennzeichnet. Schlußfolgerungen werden aus axiomatischen Annahmen und theoretisch erarbeiteten Gesetzmäßigkeiten abgeleitet (vgl. Kap. 1).

Wir werden in Kap. 3 und in Kap. 6 relativ ausführlich auf die wichtigsten in der neoklassischen Tradition stehenden Ansätze der Raumwirtschaftslehre eingehen. An dieser Stelle können wir uns daher kurz fassen.

2.2.1.1 Verschiedene Zielfunktionen

Im allgemeinen variieren für die meisten Betriebe sowohl Kosten als auch Erlöse nach Standorten, und es gilt – entsprechend der Tradition der neoklassischen Ökonomie – den gewinnmaximalen Standort zu suchen. Dies ist jener, an dem die Differenz zwischen Erlösen und Kosten am größten ist. Für jeden möglichen Standort muß das Unternehmen die dort erzielbaren Erlöse und die anfallenden Kosten errechnen. Räumlich differenzierte Kosten sind gegeben, wenn wesentliche Einsatzfaktoren immobil oder wenig mobil sind oder hohe Transportkosten verursachen. Immobile Einsatzfaktoren sind etwa Grund und Boden, eine spezifische Infrastruktur oder Agglomerationsvorteile (siehe Kap. 5). Wenig mobil ist der Faktor Arbeit. Hohe Transportkosten können durch Gewicht, Volumen, Sperrigkeit oder Verderblichkeit der Produkte verursacht werden. Eine räumliche Differenzierung des Marktzuganges und damit des Erlöses ist, aufgrund der relativ hohen Bedeutung der Transportkosten, insbesondere bei lokalen und regionalen Gütern gegeben.

Für Betriebe, deren Wettbewerbsstrategie auf niedrigen Kosten beruht und bei denen wichtige Kostenfaktoren räumlich differenziert sind, kann die Suche nach dem kostenminimalen Standort eine nützliche Alternative darstellen. Da beispielsweise der Marktzugang für diese Betriebe räumlich nicht oder kaum variiert, spielt er als Standortkriterium eine geringe oder keine Rolle. Dies ist dann der Fall, wenn der Markt z.B. sehr großräumig ist oder das Endprodukt leicht und billig zu transportieren ist. Einen Spezialfall des kostenminimalen Standortes, den transportkostenminimalen Standort, werden wir in Abschnitt 3.2 kennenlernen. Betriebe, für die in erster Linie die Marktnähe wichtig ist, deren Inputkosten hingegen weitgehend standortunabhängig sind, können sich am Erlösmaximum orientieren. Dies sind vielfach Dienstleistungsunternehmen (Einzelhandel, persönliche und soziale Dienste).

Die in der neoklassischen Tradition stehenden Ansätze wurden aus mehreren Gründen kritisiert. Es wurde eingewendet:

- Motivation und Ziel von Unternehmen ist vielfach nicht Optimierung, sondern die Suche nach zufriedenstellenden Lösungen – von March und Simon (1958) wurde dafür der Begriff des „satisficing behaviour" geprägt;
- das Standortproblem stellt sich für viele Betriebe nur in reduzierter Form – aufgrund der starken Bedeutung persönlicher Faktoren etwa gibt es einen starken Zusammenhang mit der Wohnstandortentscheidung des Unternehmers;
- durch die Annahme vollkommener Information werden die Kosten der Informationssuche und die unterschiedlichen Fähigkeiten der Entscheidungsträger zur Informationsverarbeitung vernachlässigt;
- Unternehmungen und Betriebe unterscheiden sich in ihrer Fähigkeit, neue Standorte in größerer Distanz zum bisherigen Standort einzunehmen.

Darüber hinaus legen sich die neoklassischen Ansätze durch ihr deduktives Vorgehen enge formale Grenzen auf. Viele der in der Realität zu beobachtenden Verhaltensmuster von Betrieben können nur sehr unvollständig in der von den neoklassischen Konzepten bevorzugten formalen Sprache erfaßt werden. Oft zeigt sich auch, daß realitätsnähere Modelle rasch an die Grenzen der mathematischen Handhabbarkeit stoßen. Einige dieser Probleme versuchen die induktiven Ansätze, wie etwa die im folgenden dargestellte behaviouristische Konzeption, zu berücksichtigen.

2.2.2 Behaviouristische Konzeption

Behaviouristische Ansätze untersuchen nicht, wie sich Unternehmungen verhalten *sollten*, sondern wie sie *tatsächlich* bei der Standortentscheidung vorgehen und wie sie sich in der Realität verhalten. In diese Kategorie fallen etwa die Arbeiten von Pred (1972) und von Schmenner (1982).

Im Gegensatz zu den neoklassischen Ansätzen wird hier induktiv vorgegangen. Schlußfolgerungen werden aus der Generalisierung empirischer Beobachtung gezogen. Die Autoren der behaviouristischen Richtung der Standorttheorie versuchen, das Standortverhalten von Betrieben zu beschreiben und ihre Beobachtungen sodann zu Erklärungsfaktoren, überwiegend Unternehmenscharakteristika, in Beziehung zu setzen.

Behaviouristische Ansätze unterscheiden sich von den neoklassischen in einigen weiteren wesentlichen Aspekten, nämlich dadurch, daß sie

- heuristische Verfahren der Standortentscheidung berücksichtigen,
- Unterschiede in der Fähigkeit zur rationalen Planung und
- Unterschiede in der Ressourcenverfügbarkeit und Organisation von Unternehmen und Betrieben berücksichtigen,
- die Standortentscheidung als Prozeß auffassen und die Abhängigkeit dieses Prozesses von anderen strategischen Unternehmensentscheidungen in den Vordergrund rücken.

2.2.2.1 Heuristisches Vorgehen

Wir haben bereits festgestellt, daß Standortentscheidungen aufgrund ihrer langfristigen Konsequenzen mit hoher Unsicherheit behaftet und komplex sind. Hohe Unsicherheit und Komplexität haben zur Folge, daß Unternehmen selten in der Lage sind, Optimierungskalküle anzuwenden. Oft verwenden sie vereinfachte Verfahren, Routinen, Erfahrungsregeln u. dgl. Derartige Verfahren werden unter dem Begriff *Heuristiken* zusammengefaßt.

Heuristiken sind Lösungsmuster, die bewußt nicht nach einer optimalen Lösung suchen, sondern danach trachten, mit *vertretbarem Aufwand* eine *akzeptable Lösung* zu finden (vgl. etwa Nelson und Winter 1982). Eine gute Heuristik reduziert die Komplexität des Entscheidungsproblems und liefert eine zufriedenstellende Lösung. Dabei kann die Anwendung einer Heuristik

2.2 Grundansätze der Standortanalyse

ihrerseits durchaus ökonomisch sinnvoll sein. Erfordert nämlich die Anwendung eines Optimierungskalküls einen hohen Aufwand an Information, Zeit und Ressourcen, so kann die Kostenersparnis bei der Anwendung einer Heuristik den Verlust, der durch die Abweichung vom Optimum eintritt, kompensieren.

Im Fall der Standortentscheidung sind folgende Heuristiken zu nennen:

- *Stufenweise Standortentscheidung*: Dabei wird die räumliche Dimension der Standortentscheidung in Ebenen (z.B. Land, Region, Gemeinde, Standort) zerlegt und auf jeder Ebene eine abgeschlossene Standortentscheidung getroffen. Obwohl die Entscheidungen auf diesen Ebenen in Wirklichkeit verbunden sind, werden sie unabhängig voneinander getroffen. Es wird also zuerst aufgrund nationaler Kenngrößen ein Land gewählt, anschließend innerhalb dieses Landes aufgrund regionaler Merkmale eine Region usw., bis der endgültige Standort gefunden ist.

- *Konzentration auf besonders wichtige Faktoren*: Bei dieser Strategie wird die Komplexität des Standortproblems dadurch reduziert, daß nur jene Faktoren berücksichtigt werden, die als besonders wichtig angesehen werden.

- *Suche nach einem zufriedenstellenden Standort*: Hier wird in bezug auf die Zahl der analysierten potentiellen Standorte vereinfacht. Anstatt daß jeder mögliche Standort analysiert und anschließend der optimale gewählt wird, bestimmt man ein Kriterium für die Akzeptabilität eines Standortes und untersucht dann einen möglichen Standort nach dem anderen, bis ein akzeptabler gefunden ist. Diese Strategie hat große Ähnlichkeit mit den Strategien der ökonomischen Suchtheorie, die zeigt, daß eine Suche nach einer zufriedenstellenden Lösung unter gewissen Annahmen über die verfügbare Information optimal ist (siehe etwa Lippman und McCall 1979, Hey und Lambert 1987).

- *Mindestanforderungen für die Standortfaktoren*: Dabei wird die Wechselwirkung der Standortfaktoren und ihr komplexer Einfluß auf das Betriebsergebnis vernachlässigt. Statt dessen wird an den möglichen Standorten jeder Standortfaktor einzeln betrachtet und ein Standort nur dann weiter berücksichtigt, wenn er für alle Faktoren die Mindestanforderung erfüllt.

- *Nachahmung*: Bei dieser Strategie wird ein ähnlicher Standort ausgewählt, wie ihn andere erfolgreiche Unternehmen bereits gewählt haben. Sie baut darauf auf, daß die (Standort-)Entscheidungen von Unternehmen ständig durch den Auslesemechanismus des Marktes überprüft werden und jene Unternehmen, die im Konkurrenzprozeß erfolgreich sind, besonders gute Entscheidungen getroffen haben müssen.

Vernachlässigt wird dabei das Faktum, daß sich die Standortvoraussetzungen ständig ändern, sowie auch der Einfluß anderer strategischer Entscheidungen auf den Erfolg eines Unternehmens.

2.2.2.2 Unterschiede in der Fähigkeit zur rationalen Planung

Es wird davon ausgegangen, daß sich Unternehmungen stark in bezug auf ihre Fähigkeit zur rationalen Analyse und Planung und somit auch in bezug auf die Qualität der Standortwahl unterscheiden. Insbesondere die Quantität und Qualität wahrgenommener Informationen und die Fähigkeit, diese Informationen zu verarbeiten und zu nutzen, spielen hier eine Rolle. Nach Pred (1972) lassen sich Unternehmen diesbezüglich in eine Verhaltensmatrix einordnen (Abb. 2.3): Eine geringe Informationsverfügbarkeit und -nutzung impliziert eine wenig rationale Standortentscheidung, wohingegen eine hohe Informationsverfügbarkeit und -nutzung den Typ des rationalen Entscheiders darstellt. Während bei den ersteren die Wahrscheinlichkeit der Wahl eines Standortes außerhalb der räumlichen Gewinnzone relativ groß ist und damit auch die Gefahr einer zukünftigen Stillegung, so ist die Chance für einen Standort nahe dem Optimum bei den letzteren weitaus höher.

Informationsverfügbarkeit und -nutzung in einem Unternehmen hängen insbesondere von der Ausprägung seiner *Schnittstellen zur Unternehmensumwelt* ab („boundary spanning structures": Aldrich 1979). Dazu zählen in unserem Zusammenhang vor allem Aktivitäten der Unternehmensplanung, im weiteren Sinn aber auch Forschung und Entwicklung (F&E) und Marketingaktivitäten. Größere Unternehmen und insbesondere Mehrbetriebsunternehmen sind diesbezüglich zumeist wesentlich besser ausgestattet. Für sie ist daher eine höhere Rationalität der Standortentscheidung zu erwarten als für kleinere Einbetriebsunternehmen (siehe auch Kap. 4). Diese Hypothese wird von empirischen Untersuchungen weitgehend bestätigt (etwa Schmenner 1982).

2.2.2.3 Unterschiede in der Ressourcenverfügbarkeit und Organisation

Das Standortverhalten von Unternehmen wird jedoch nicht nur von der Verfügbarkeit von Information und ihrer Nutzung bestimmt, sondern auch von der Menge der verfügbaren Ressourcen und den organisatorischen Voraussetzungen des Unternehmens. Eine bessere Ressourcenausstattung erlaubt nicht nur einen aufwendigeren Such- und Entscheidungsprozeß, sondern erleichtert es dem Unternehmen auch, die Mobilitätskosten etwa im Fall der Verlagerung eines Standortes oder der Gründung eines Zweigwerks zu tragen. Insbesondere internationale und globale Standortunterschiede können daher praktisch nur von größeren Mehrbetriebsunternehmen genutzt

2.2 Grundansätze der Standortanalyse

Fähigkeit, wahrgenommene
Information zu nutzen →

Quantität und Qualität der
wahrgenommenen Informationen ↓

Verhaltens-
matrix

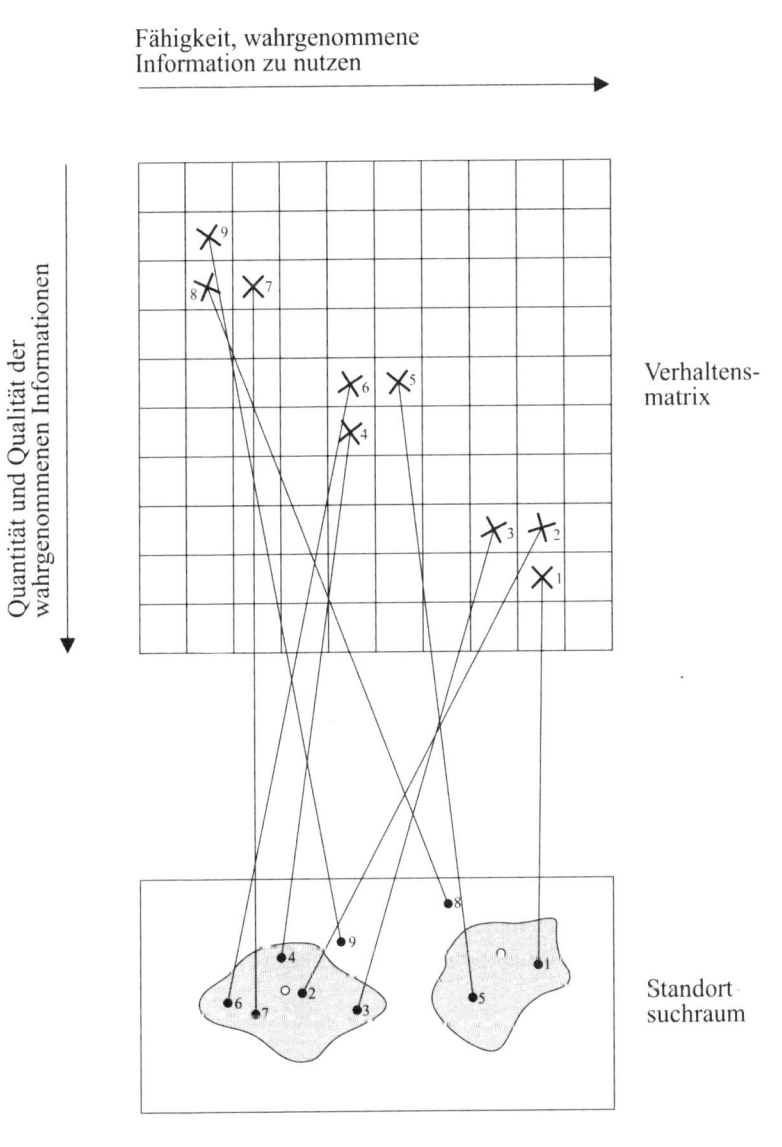

Standort-
suchraum

○ optimaler Standort
• tatsächlicher Standort
   räumliche Gewinnzone

Abbildung 2.3: Verhaltensmatrix nach Pred (1972, S. 92).

werden.

Mehrbetriebsunternehmen haben darüber hinaus auch die Möglichkeiten einer standörtlichen Spezialisierung. Einzelne Teile (Betriebe) des Unternehmens können sich an die jeweiligen Standortbedingungen optimal anpassen. So können etwa kontakt- und qualifikationsintensive Funktionen an zentralen Standorten wahrgenommen, facharbeitsintensive Produktionen in Industriegebieten angesiedelt werden. Arbeitsintensive Fertigungen mit geringen Qualifikationsanforderungen werden in ländliche Regionen verlagert. Ausführlicher werden wir auf diese Möglichkeiten der Spezialisierung im Zusammenhang mit der Diskussion des Konzepts der räumlichen Arbeitsteilung (Abschnitt 4.1) eingehen.

Die dargestellten Unterschiede zwischen Unternehmen in bezug auf die Informationsverfügbarkeit und -nutzung als auch in bezug auf die Ressourcenverfügbarkeit und Organisation wurden von einzelnen Autoren aufgegriffen und zur These einer segmentierten Wirtschaft formuliert. Genauer werden wir darauf in Kap. 4 eingehen.

2.2.2.4 Abhängigkeit von anderen strategischen Unternehmensentscheidungen und Prozeß der Standortentscheidung

Standortentscheidungen stehen in starker Interdependenz zu anderen strategischen Unternehmensentscheidungen. Wie wir oben gesehen haben, hängt die Standortrelevanz eines Faktors davon ab, wie er sich in den Kosten und Erlösen des Unternehmens auswirkt. Enge Zusammenhänge bestehen damit insbesondere zur Wahl des Produktions- oder Leistungsprogrammes und zur eingesetzten Technologie, die wiederum Menge und Art der Inputs beeinflußt, sowie zur Kapazitätsplanung (siehe auch Kap. 3).

Aus diesem Grunde stellt sich die Standortentscheidung für die Unternehmen üblicherweise als *Prozeß* von Analyseschritten und Entscheidungen dar, wobei die Standortentscheidung im engeren Sinn – die Wahl eines neuen Standortes – nur eine der möglichen Optionen darstellt. Nach Schmenner (1982) sieht die Entscheidungssequenz idealtypischerweise folgendermaßen aus (vgl. Abb. 2.4):

- Evaluierung des Produktionsprogrammes.
- Vergleich des Bedarfs mit den vorhandenen Kapazitäten und Entscheidung darüber, wie etwaige Kapazitätsdefizite zu beseitigen sind.
- Ist die geplante Expansion am vorhandenen Standort möglich, oder muß ein neuer Betrieb an einem neuen Standort errichtet werden?
- Soll der gesamte bestehende Betrieb an einen neuen Standort verlagert oder an dem neuen Standort ein Zweigwerk errichtet werden?
- Auswahl des neuen Standortes

2.2 Grundansätze der Standortanalyse

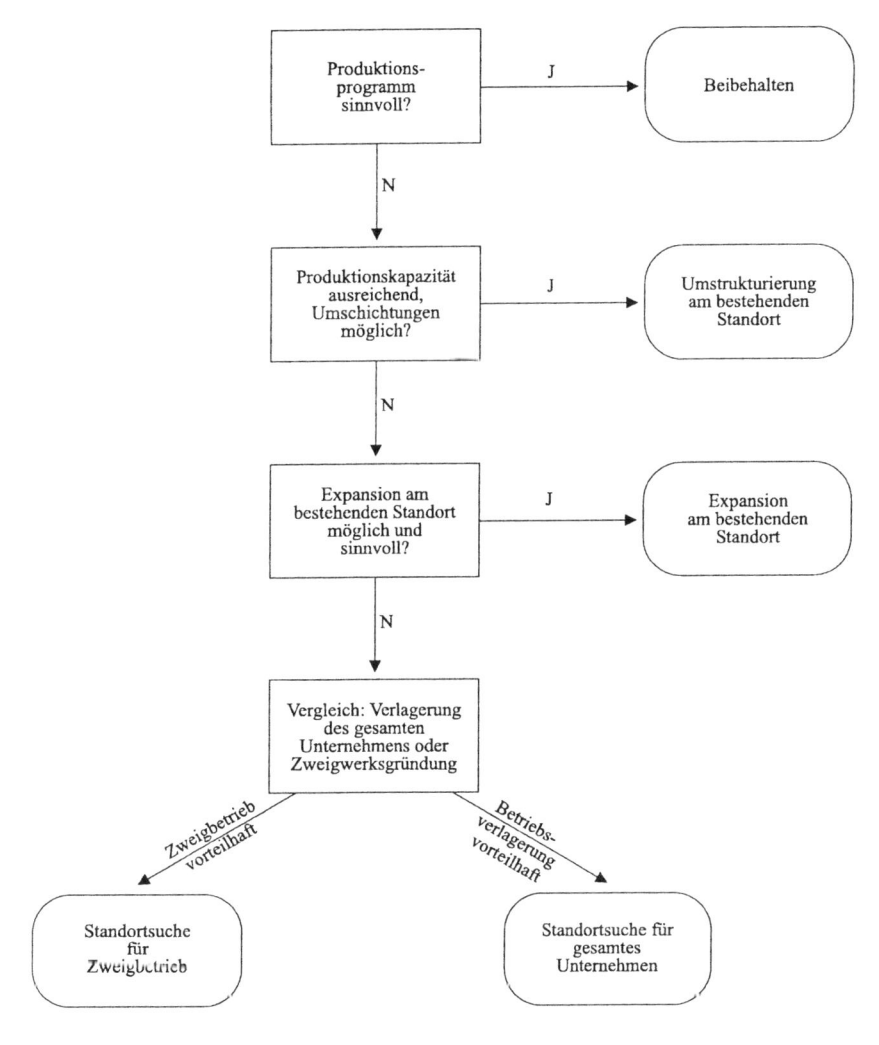

Abbildung 2.4: Der Prozeß der Standortentscheidung

Bei der Evaluierung des Produktions- und Leistungsprogrammes geht es darum, Entscheidungen über das künftige Produktionsprogramm zu treffen. In welchem Umfang sollen existierende Produktionssparten expandieren oder schrumpfen? Soll das Unternehmen in neue Bereiche diversifizieren? Bei dieser Entscheidung müssen die jeweiligen Marktpotentiale und Kosten einander gegenübergestellt und anhand der Unternehmensziele bewertet werden.

Im nächsten Schritt sind die für die Realisierung des geplanten Produktions- und Leistungsprogramms notwendigen Kapazitäten zu ermitteln und den vorhandenen Kapazitäten am bestehenden Standort gegenüberzustellen. Im Falle einer größeren Diskrepanz kann das Unternehmen auf verschiedene Art reagieren:

- Es kann kurzfristige Maßnahmen ergreifen wie z.B. Überstunden, neue Schichten, Ausgliederung zu Sublieferanten.
- Es kann am bestehenden Standort expandieren.
- Es kann seine Produktionskapazität durch die Übernahme anderer Unternehmungen erweitern.
- Es kann einen neuen Betrieb an einem neuen Standort gründen.

Erste Option im Falle von Kapazitätsengpässen, die nicht durch kurzfristige Maßnahmen beseitigt werden können, ist in der Regel die Expansion am bestehenden Standort. Diese Lösung zeichnet sich meist durch geringe Kosten (Grundstück bereits vorhanden) und eine kurze Dauer der Errichtung (geringere bauliche Veränderungen, Bewilligungen z.T. schon vorhanden) aus. Außerdem werden dabei die Komplikationen vermieden, die mit einer Standortspaltung einhergehen.

Ein gewichtiger Nachteil der Expansion am bestehenden Standort ist die Gefahr einer suboptimalen innerbetrieblichen Logistik und Kommunikation, die etwa aus einer mehrfachen Expansion resultiert („gewachsene" Struktur). Weiters wird die Einführung von neuen Produktionsverfahren erschwert, weil diese oft neue bauliche Lösungen erforderlich machen. So erfordert etwa die Einführung von „Computer Integrated Manufacturing" (CIM) in der Regel die Anordnung der verschiedenen Produktionsschritte in einer Ebene. Schließlich können aus den erworbenen Rechten der Belegschaft am Stammsitz höhere Arbeitskosten und unflexible Arbeitsbeziehungen resultieren.

Eine Zweigwerksgründung an oder die Verlagerung zu einem neuen Standort wird dann forciert, wenn die Nachteile der ersten Lösung zu groß werden. Vorteile eines neuen Standortes sind insbesondere folgende:

- Es sind neue Lösungen im Betriebslayout möglich.
- Die Einführung neuer Verfahrenstechniken wird erleichtert.
- Die Einführung neuer Produkte kann leichter abgewickelt werden, wenn die Verantwortlichkeit für das neue Produkt dem neuen Betrieb zugeordnet wird („Profit Center").
- Im Fall der Zweigwerksgründung können die Beschäftigtenzahlen in überschaubaren Größen gehalten werden.
- Zukünftiges Wachstum kann besser geplant und organisiert werden.

Im Detail unterscheiden sich die Optionen zwischen Zweigwerksgründung und Betriebsverlagerung (Fürst und Zimmermann 1973, Schmenner 1982). Im Fall der Verlagerung des gesamten Betriebes bleibt dieser in der Regel an einen Teil seiner Arbeitskräfte sowie an seine Lieferanten und Abnehmer gebunden. Aufgrund dieser Bindungen erfolgen Betriebsverlagerungen zumeist nur über relativ kurze Distanzen, etwa vom Stadtzentrum an den Stadtrand. Im Fall von Zweigwerksgründungen sind diese bestehenden Bindungen wesentlich geringer, die Reichweite der Mobilität ist daher viel größer. Diese Unterschiede zwischen Betriebsverlagerungen und Zweigwerksgründungen wurden u.a. von Fürst und Zimmermann (1973) empirisch untersucht und bestätigt.

Führt dieser Prozeß zur Entscheidung für einen neuen Standort, so ist zu klären, ob die Standortplanung im wesentlichen intern oder extern erfolgen soll. De facto haben nur größere Unternehmen, die öfter mit dem Standortproblem konfrontiert sind, die internen Kapazitäten, eine solche Planung vorzunehmen. Dies trifft insbesondere für multiregionale und multinationale Unternehmen zu. Kleine und mittlere Unternehmen werden in der Regel externe Berater beiziehen.

Unabhängig von der Frage, ob die Planung weitgehend intern oder extern erfolgen soll, müssen von einem internen Team zunächst einige Grundfragen geklärt werden. Diese Grundinformationen zum neuen Betrieb betreffen insbesondere die folgenden Aspekte:

- Produktlinie(n) und Produktionstechnologie,
- Arbeitskräfteanforderungen (Zahl, Qualifikationen, Anteile Verwaltung und Produktion, Lohnhöhe, gewerkschaftliche Organisation),
- benötigte Grundstücksgröße (insgesamt, bebaute Fläche),
- Verkehrserfordernisse (Straße, Bahn, Flugnetz),
- Infrastrukturerfordernisse (Energie, [Ab-]Wasser, Kommunikation),
- Umweltanforderungen und -wirkungen,
- Beziehungen zu anderen Betrieben.

Auf der Basis dieser Information sind die wichtigsten Auswahlkriterien festzulegen, wobei nach Schmenner (1982) zwischen *Muß-Kriterien* und *Wunsch-Kriterien* zu unterscheiden ist. Die Auswahl des Standortes selbst erfolgt dann vielfach durch ein hierarchisches Vorgehen entsprechend der erwähnten Heuristik. Die auf den einzelnen räumlichen Ebenen zu beachtenden Kriterien sind in Tabelle 2.1 zusammengefaßt.

2.2.2.5 Kritik des behaviouristischen Ansatzes

Kritik am behaviouristischen Ansatz gibt es aus zwei Richtungen: Aus neoklassisch orientierter Sicht wird u.a. der eklektische und Ad-hoc-Charakter

Tabelle 2.1: Kriterien der Standortentscheidung auf unterschiedlichen räumlichen Ebenen.

räumliche Ebene	Kriterien
Land	Steuern, politische und wirtschaftliche Stabilität, Gewerkschaften, Inflation, Wachstum Bundesförderungen
Region	Charakteriatika der Arbeitskräfte, Löhne, Gewerkschaften, Marktzugang und Dynamik, großräumige Lage, Wirtschaftsstruktur, Lieferanten, Dienstleistungen, Regionalförderungen
Stadt / Kommune	Verkehrserschließung (Flug, Bahn, Auto), Quantität und Qualität der Arbeitskräfte, spezifische Infrastruktur (Universität, Forschungseinrichtungen), lokale Wirtschaftspolitik und Förderung, Lebensqualität
Grundstück	infrastrukturelle Erschließung, Größe, Preis, Umweltsituation

dieser Arbeiten kritisiert. Sie erschöpfen sich vielfach in der Beschreibung von Standortentscheidungen und ihrer Einflußfaktoren, ohne eine Erklärung für die Beobachtungen bieten zu können. Dort, wo sie eine Erklärung versuchen, greifen sie meist implizit auf neoklassische Konzeptionen (v.a. Gewinnmaximierung) zurück. Von den strukturellen Ansätzen wird eingewendet, daß durch die Fokussierung auf das einzelne Unternehmen gesamtwirtschaftliche Zusammenhänge vernachlässigt werden und daß auch eine einseitige Management-Sicht dominiert. Arbeitnehmerinteressen sowie Auswirkungen auf die umfassendere lokale und regionale Entwicklung bleiben ausgeklammert.

Trotz des von behaviouristischen Untersuchungen belegten suboptimalen Verhaltens eines großen Teils der Unternehmen entstehen systematische räumliche Strukturen. Der Grund liegt in der zwar eingeschränkten, jedoch dennoch vorhandenen Selektionswirkung des Marktes (vgl. Kap. 3). Anstatt daß Betriebe a priori den optimalen Standort wählen, wie bei der neoklassischen Analyse angenommen, existiert eine Ex-post-Selektion: Betriebe mit besonders ungünstigen Standorten, also Standorten außerhalb der Gewinnzone, unterliegen mittel- und längerfristig im Wettbewerb und scheiden aus dem Markt aus.

2.2.3 Struktureller Ansatz

Arbeiten, die dem strukturellen Ansatz zugeordnet werden können (z.B. Scott 1982, Storper und Walker 1983), unterscheiden sich in mehreren Aspekten von den bisher genannten neoklassischen und behaviouristischen Konzeptionen. Die Vertreter des strukturellen Ansatzes kritisieren die starke einzelwirtschaftliche Ausrichtung der bisherigen Ansätze und die geringe Einbindung in gesamtwirtschaftliche und gesamtgesellschaftliche Prozesse. Die Freiheiten der einzelnen Unternehmen werden als zu groß angenommen.

In Anlehnung an die Regulationstheorie (vgl. Kap. 4) geht der strukturelle Ansatz davon aus, daß die Weltwirtschaft Phasen durchläuft, in denen bestimmte Rahmenbedingungen und Produktionskonzepte dominieren, aus denen wiederum bestimmte technologische, organisatorische und auch standörtliche Strukturen resultieren. Derartige Phasen sind etwa:

- Der klassische Konkurrenzkapitalismus, der von Klein- und Mittelunternehmen, einem schwachen Staat und sektoraler räumlicher Spezialisierung geprägt wird.

- Der Fordismus, der von stabiler Nachfrage, einer interventionistischen Wirtschaftspolitik, Skalenvorteilen (Massenproduktion) und Großunternehmen geprägt wird. Räumliche Implikationen dieser Produktionsform sind Standortkonzentrationen und räumliche Arbeitsteilung innerhalb der Unternehmen.

- Der Postfordismus ist im Gegensatz dazu durch eine stark differenzierte Nachfrage, eine liberale Wirtschaftspolitik, flexible Technologien und Unternehmensstrategien und durch eine stärkere Bedeutung von relativ losen zwischenbetrieblichen Verbindungen („Netzwerken") gekennzeichnet. Eine wichtige räumliche Implikation ist das Nebeneinander von sowohl lokalen als auch globalen Faktoren. Agglomerationsvorteile und lokale Bedingungen einerseits erhalten eine neue Bedeutung, großräumige Interaktionen (Globalisierung) andererseits werden zunehmend wichtig (Scott 1988, Storper und Walker 1989).

Darüber hinaus lösen periodische Krisen der Gesamtwirtschaft Prozesse der Umstrukturierung aus, mit denen zum Teil dramatische Standortveränderungen einzelner Unternehmen einhergehen (etwa Massey und Meegan 1982).

Der strukturelle Ansatz geht weiters davon aus, daß Standortbedingungen nicht *gegeben* sind, sondern daß sie im gesellschaftlichen Produktions- und Reproduktionsprozeß *produziert* werden und somit das Ergebnis sozialer Prozesse sind. Und zwar werden sie produziert durch

- *Strategien der (großen) Unternehmungen.* Sie bewirken z.B. durch ihre Nachfrage nach bestimmten Arbeitskräften, Lieferanten, Dienstleistungen und Infrastrukturen das Entstehen entsprechender Strukturen.

- *Konflikte zwischen Kapital und Arbeit.* Diese beeinflussen z.B. die lokalen Arbeitsbedingungen und Lohnhöhen, aber auch den Organisationsgrad und die „Militanz" von Arbeitskräften.

- *Staatliche Politik.* Der Staat spielt durch Infrastrukturpolitik und die generelle Ausrichtung seiner Wirtschaftspolitik eine wichtige Rolle in der Produktion von Standortbedingungen.

Nach Ansicht der Vertreter des strukturellen Ansatzes kommt dem Faktor „Arbeitskraft" eine herausragende Bedeutung unter den Standortbedingungen zu. Dies vor allem deshalb, weil andere Faktoren wegen der technologischen und organisatorischen Entwicklung relativ an Bedeutung verlieren. Die Verbesserungen im Transport- und Kommunikationswesen haben die Tendenz, die Bedeutung des Raumes aufzulösen. Auch der generelle Ausbau der sonstigen Infrastruktur (z.B. Schulwesen) wirkt ähnlich, weil er die räumliche Differenzierung dieser Faktoren verringert.

Der Faktor Arbeitskraft weist außerdem Eigenschaften auf, die ihn von anderen Inputs unterscheiden: „Kaufbedingungen" für den Faktor Arbeit sind nicht nur Löhne, sondern auch Aspekte wie Aufstiegsmöglichkeiten, Arbeitsbedingungen, Gestaltungsmöglichkeiten etc. Weiters besteht ein Unterschied zwischen dem Abschluß eines Arbeitsvertrages mit einer Arbeitskraft und der Bereitstellung ihrer Leistung (letztere ist abhängig von der Arbeitsbereitschaft und -willigkeit der Person).

Die Reproduktion der Arbeitskraft erfolgt innerhalb lokaler Gemeinschaften (Familie, Freundeskreis etc.) und ist in hohem Maß ortsgebunden. Der Faktor Arbeit ist somit räumlich stark differenziert.

In den einzelnen historischen Perioden der Weltwirtschaft bewirken die genannten Aspekte jeweils eine spezifische räumliche Arbeitsteilung. An einzelnen Standorten akkumulieren sich als Ergebnis des historische Prozesses verschiedene Schichten solcher Arbeitsteilungen. Eine starke räumliche Differenzierung von Standortbedingungen ist die Folge (Massey 1984). Unternehmungen reagieren auf die unterschiedlichen Standortbedingungen nicht nur durch explizite Standortentscheidungen, sondern auch durch unterschiedliche Reorganisationsstrategien im Krisenfall (Massey und Megan 1982). An Standorten mit starker gewerkschaftlicher Organisation, hoher Militanz und hohen Löhnen werden z.B. eher Reduktions- und Rationalisierungsstrategien verfolgt werden, während an den für Kapitalinteressen günstigeren Standorten eher expandiert wird. Eine tendenzielle Verlagerung von Industrien aus „alten" Industriegebieten in „neue" ist die Folge.

2.3 Faktoren der Standortwahl im Überblick

Ausgehend von Abb. 2.1 auf S. 22, die die Beziehungen des Unternehmens zu seiner Umwelt darstellt, lassen sich folgende Faktoren als potentiell standortrelevant ableiten:

- Die Verfügbarkeit und der Zugang zu den Inputfaktoren ist in der Regel räumlich differenziert. Dies betrifft sowohl die klassischen Produktionsfaktoren Boden, Arbeit und Kapital als auch natürliche Ressourcen, den intermediären Input (Vor- und Zwischenprodukte von anderen Betrieben) sowie den Bereich „Know-how" und Technologie.

- Auf der Outputseite ist der Zugang zu den relevanten Märkten und Abnehmern meist räumlich verschieden ausgeprägt, weil Haushalte, Betriebe, aber auch öffentliche Auftraggeber an bestimmten Standorten konzentriert sind. Eine solche räumliche Differenzierung der Märkte ist insbesondere im Fall von Gütern mit geringeren Reichweiten relevant (lokale und regionale Güter und Dienste).

- Schließlich gibt es Faktoren, die sowohl auf der Input- als auch auf der Outputseite wirksam sein können. Hiezu zählt ein großer Teil der Infrastruktur, die als öffentliches Gut zumeist vom Staat zur Verfügung gestellt wird (Verkehrs- und Kommunikationssystem, Ausbildung, Ver- und Entsorgung). Darüber hinaus wirken auch „Agglomerationsvorteile", also Vorteile, die aus der Dichte von Aktivitäten resultieren, sowohl input- als auch outputseitig (siehe Kap. 5).

2.3.1 Zur Standortrelevanz von Faktoren

Ob ein bestimmter Faktor eine besonders große Bedeutung für ein Unternehmen hat, wird im wesentlichen von der Art des Produktes sowie der Art der Technologie des Unternehmens bestimmt. Dabei müssen für die jeweils wesentlichen Faktoren spezifische Anforderungen erfüllt sein, die durch die Menge, die Qualität sowie den Preis des Faktors charakterisiert werden. Es lassen sich boden- und ressourcenintensive, kapitalintensive, sowie arbeits- und qualifikationsintensive Produktionsprozesse und Wirtschaftszweige unterscheiden. Als *bodenintensiv* gelten neben der Landwirtschaft etwa auch die Aktivitäten Großhandel, Lagerung und das Transportwesen, als *ressourcenintensiv* der Bergbau und das Energiewesen, die Nahrungsmittelindustrie, die Holzindustrie oder der Fremdenverkehr. *Kapitalintensiv* sind insbesondere Branchen mit automatisierten Produktionsprozessen wie die Automobilindustrie oder Prozeßfertigung wie die Papierherstellung oder die chemische Industrie. Beim Faktor *Arbeit* erfolgt in jüngerer Zeit – nicht zuletzt aufgrund von Veränderungen in der internationalen Arbeitsteilung und dem Vordringen der Schwellenländer bei standardisierten Produktionen – eine *Differenzierung nach der Qualifikation*. Man unterscheidet arbeitsintensive Produktionsprozesse und Aktivitäten mit niedrigen Qualifikationsanforderungen von jenen mit hohen Anforderungen. Zu den ersteren zählen Aktivitäten, in denen Arbeitskräfte in relativ kurzer Zeit angelernt werden können. Das sind z.B. die Bekleidungsindustrie, die Lederverarbeitung oder Montageaktivitäten in der Elektroindustrie. Zu den qualifikationsintensiven Aktivitäten zählen etwa der Maschinenbau, Teilbereiche der Elektronikindustrie, die Instrumentenindustrie sowie auch die Produzentendienste. Weiters hat in den vergangenen Jahrzehnten der Faktor *technischer Fortschritt/Innovation* eine zunehmende Bedeutung erlangt. Dies ist insbesondere in Wirtschaftszweigen der Fall, in denen die technologischen Möglichkeiten noch nicht ausgeschöpft und ausgereift sind; so etwa in der Chemie, der Biotechnik, der Entwicklung neuer Materialien und ebenfalls im Maschinenbau, der Elektronik und im Instrumentenbau. Diese Branchen sind meist durch relativ hohe F&E-Aktivitäten gekennzeichnet, man nennt sie daher auch „technologie-intensive" Branchen.

Zum zweiten hängt die Standortrelevanz eines Faktors vom Grad der Lokalisierung sowie seiner Mobilität ab. Der *Grad der Lokalisierung* betrifft die Konzentration des Vorkommens an wenigen Standorten – im Gegensatz zum dispersen Vorkommen (siehe Kap. 5). Konzentriert an wenigen Standorten sind etwa hochrangige Einrichtungen wie Universitäten und Forschungszentren, Flughäfen, aber auch hochqualifizierte Arbeitskräfte oder seltene Rohstoffvorkommen. Die *Mobilität* betrifft die Möglichkeit und die Kosten der Transportierbarkeit eines Gutes oder Faktors. Immobil sind z.B. Grund und Boden, „verortete" Infrastruktureinrichtungen oder Betriebsanlagen. Zu den immobilen Faktoren zählen aber auch die als wichtig erachteten Agglomerationsfaktoren (siehe Kap. 5). Wenig mobil sind insbesondere sperrige, schwere und verderbliche Güter (hohe Transportkosten) sowie Dienste, die eine persönliche Kontaktnahme erfordern. Aufgrund familiärer und sozialer Bindungen zählen auch Arbeitskräfte als wenig mobil über längere Distanzen. Hochmobil schließlich sind – falls die einschlägigen Infrastrukturnetze gegeben sind – Informationen, leicht transportierbare Güter sowie bestimmte Formen von Energie.[1] Zu hoher Standortrelevanz führt insbesondere die Kombination von starker Konzentration und Immobilität oder geringer Mobilität (siehe Abb. 2.5).

Nach den einzelnen Produktionsfaktoren stellt sich deren räumliche Differenzierung folgendermaßen dar. *Grund und Boden* als immobiler Faktor wirkt stark raumdifferenzierend. Dies gilt insbesondere für Grundstücke mit einer bestimmten Erschließungsqualität und für die Grundstückspreise. Für zumeist transportierbare *natürliche Ressourcen*, deren Vorkommen zwar ebenfalls räumlich stark konzentriert sein kann, gilt dies beim heutigen

---

[1] Der Einfluß der Transportkosten auf die Standortentscheidung wird in Kap. 3 genauer untersucht werden.

2.3 Faktoren der Standortwahl im Überblick

		Lokalisierung	
		konzentriert	dispers
M o b i l i t ä t	immobil	Agglomerationsvorteile hochspez. Infrastruktur Grundstücke besonderer Erschließungsqualität	Niedrigrangige Infrastruktur Nahversorgungsbetriebe
	wenig mobil	Hochqualifizierte Arbeitskräfte firmeninternes "Know-how"	unqualifizierte Arbeitskräfte
	hoch mobil	spezialisierte Information	unspezifische Information Bankkapital zu normalen Konditionen

▨ hohe Standortrelevanz   ☐ niedrige Standortrelevanz

Abbildung 2.5: Die räumliche Differenzierung von Faktoren.

Stand der Transporttechnologie in weit geringerem Maße.

Der Faktor *Kapital* ist in bezug auf die Bestände ebenfalls räumlich stark konzentriert (städtische Standorte, Industriegebiete). Seine Mobilität hängt von der Art des Kapitals ab. Insbesondere das Finanzkapital ist als höchst mobil anzusehen. Beim Realkapital ist das bereits investierte Kapital praktisch immobil, da zumeist hohe Kosten der Verlagerung bestehen. Im Falle des Investitionskapitals hängt die Mobilität von der Art der Organisation und vom Unternehmenstyp ab. Investitionen von Klein- und Mittelbetrieben erfolgen zumeist am existierenden Standort oder im näheren Umfeld. Im Falle von größeren Mehrbetriebsunternehmungen ist eine wesentlich höhere Mobilität gegeben, da sowohl Such- und Informationsradien als auch Aktionsradien wesentlich größer sind (vgl. Kap. 4).

Arbeitskräfte sind sowohl hinsichtlich Verfügbarkeit, Preis und Qualität räumlich stark differenziert. Diese Differenzierung resultiert aus räumlichen Unterschieden von Geburtenraten, rezessiven Wirtschaftszweigen, die Arbeitskräfte freisetzen (z.B. Landwirtschaft), sowie der Ausbildung und der Reproduktion (siehe „strukturelle Ansätze" oben). Diese Differenzierung kommt insbesondere im Zusammenhang mit relativ geringer großräumiger Mobilität zum Tragen. Kleinräumig sind Arbeitskräfte zwar hoch mobil, etwa innerhalb von Arbeitsmarktregionen (Pendelmobilität). Zwischen Regionen sind sie jedoch aufgrund von wirtschaftlichen sowie sozialen und kulturellen Bindungen in ihrer Mobilität (Wanderungsverhalten) stark eingeschränkt. Zu den wirtschaftlichen Wanderungshemmnissen zählen etwa Haus- und Wohnungseigentum, zu den sozialen der lokale Freundes- und Bekanntenkreis und zu den kulturellen das Gefühl von regionaler Zugehörigkeit und Identität. Die großräumige Mobilität ist stark abhängig von spezifischen Faktoren wie Alter, Familienstand und Ausbildung. Arbeitskräfte mit geringer Qualifikation, höherem Alter sowie mit Kindern, die sich in der Ausbildung befinden, gelten als ziemlich immobil. Umgekehrt weisen jüngere Arbeitskräfte mit einer guten Ausbildung eine hohe Wanderungsbereitschaft auf, insbesondere so lange dies auch ihre Familiensituation zuläßt. Einzelne theoretische Ansätze („strukturelle": vgl. oben) räumen dem Faktor Arbeitskraft eine große und zunehmende Bedeutung ein.

In bezug auf den Faktor *technischer Fortschritt/Innovation* ist ebenfalls eine räumliche Differenzierung festzustellen (vgl. Abschnitt 4.2). Zwar ist – abgesehen von Neuentwicklungen, die von den Firmen noch geheimgehalten werden – die Information über neue Techniken und Organisationsformen im allgemeinen als relativ mobil zu betrachten,[2] die tatsächliche Verbreitung von neuen Techniken hängt allerdings in hohem Maße vom Nachfrageverhalten der Betriebe ab. Bestimmte Betriebstypen fragen neue Techniken aufgrund von organisatorischen Hemmnissen, Managementdefiziten und Risikoaversion nicht nach. Darüber hinaus spielen komplementäre Standortfaktoren eine Rolle, wie etwa die Verfügbarkeit von Spezialisten und Technikern oder eine gewisse Art der Infrastruktur. Aus beiden Faktoren (Nachfrageverhalten von Betrieben und innovationsrelevante Standortfaktoren) resultiert in der Folge, wie in empirischen Studien festgestellt wurde, sehr wohl eine ausgeprägte räumliche Differenzierung auch im Bereich von Technologie und Innovation (vgl. Thwaites und Oakey 1985, Ewers und Fritsch 1987, Tödtling 1990).

Abschließend ist auf den Umstand hinzuweisen, daß das relative Gewicht eines Faktors in der Produktionsfunktion sowie auch die erforderlichen Qualitäten nur in wenigen Fällen fixiert sind: Relativ starr sind diese Relationen nur im Fall der limitationalen Produktionsfunktion bei geringen technologischen Veränderungen. In der größeren Zahl der Fälle haben die Unternehmungen Möglichkeiten der Veränderung von relativen Faktorinputs durch Substitutionsprozesse bei gegebenen Technologien (z.B. Einsatz flexibler Mehrzweckmaschinen) und/oder durch die Einführung von neuen Technologien, die entweder arbeits-, kapital- oder ressourcensparend sein können.

---

[2] Die Mobilität des technischen Fortschritts wird durch zahlreiche Institutionen für Informations- und Technologietransfer gefördert.

2.3.2 Die Standortfaktoren im historischen Entwicklungsprozeß

Die Geschichte der Industrialisierung zeigt, daß die Standorte und die räumlichen Muster der Wirtschaft, trotz gewisser Beharrungstendenzen, längerfristig einem starken Wandel unterliegen können. Dahinter steht eine Veränderung in der Bedeutung von Standortfaktoren, die mit dem wirtschaftlichen Strukturwandel sowie der Einführung von neuen Produktions-, Transport- und Kommunikationstechniken zusammenhängt. Diese Verschiebung wird auch in der raumwirtschaftlichen Theoriebildung reflektiert.

Mit dem wirtschaftlichen Strukturwandel vom primären (Landwirtschaft) zum sekundären (Industrie) und tertiären Sektor (Dienstleistungen und Informationswirtschaft) war auch eine Verschiebung der jeweils wichtigen Standortfaktoren verbunden. Der Faktor Grund und Boden, der für die dezentrale landwirtschaftliche Produktion und auch für das Thünensche Modell (siehe Kap. 6) eine große Bedeutung hat, wird in der frühen Industrialisierungsphase von der für Industriebetriebe wichtigen Rohstoffnähe und der allgemeinen Transportkostengunst im Weberschen oder neoklassischen Modell (siehe Kap. 3) abgelöst. Mit der Zunahme der industriellen Arbeitsteilung sowohl zwischen als auch innerhalb von Branchen wird in der Folge die räumliche Nähe anderer Betriebe und Einrichtungen zunehmend wichtig. Dem entspricht eine stärkere Fokussierung der Theorie auf die Agglomerationsvorteile (Hoover 1948; siehe auch Kap. 5).

In der Folge reduzierten technologische Änderungen und die allgemeine Verbesserung des Verkehrssystems die Bedeutung der Transportkosten. Darüber hinaus ermöglichte die Entstehung großer Mehrbetriebsunternehmen sowie der Ausbau des Kommunikationswesens die räumliche Trennung von Management und Produktion. Betriebe der Produktion wurden daher von den früheren Standorterfordernissen (Rohstoff- oder Marktnähe) stärker befreit und zum Teil „footloose". In vielen Industrien bewirkte die stärkere Orientierung am Faktor „Arbeitskraft" eine räumliche Dekonzentration in ländliche Gebiete.

Die Nachkriegszeit war weiters durch eine Expansion der Dienstleistungen und insbesondere jene des Informationssektors gekennzeichnet. Darüber hinaus gab es eine zunehmende Bedeutung technologischer Aktivitäten sowohl innerhalb (F&E-Abteilungen) als auch außerhalb von Unternehmungen (Ausbau von Universitäten und Forschungszentren). Die theoretische Diskussion folgte diesem Strukturwandel in den siebziger Jahren durch eine besondere Betonung von Informationsbeschaffung und Kontakterfordernissen (Törnqvist und Pred 1973) sowie durch eine differenziertere Betrachtung von Standorterfordernissen im Dienstleistungsbereich (Noyelle und Stanback 1984). In den achtziger Jahren schließlich waren Standortbedingungen technologischer Innovation Gegenstand von zahlreichen Forschungsbemühungen (Ewers et al. 1980, Malecki 1983, Thwaites und Oakey 1985, Tödtling 1990). Als wichtige Standortfaktoren erweisen sich die Nähe zu

Universitäten und sonstigen Forschungseinrichtungen, hochrangige Kommunikationsinfrastruktur, hochqualifizierte Arbeitskräfte sowie gute Lebensbedingungen, die geeignet sind, hochqualifizierte Arbeitskräfte anzuziehen (siehe Kap. 4).

2.4 Zusammenfassung

Im vorliegenden Kapitel haben wir die Standortentscheidung von Unternehmen grundsätzlich charakterisiert und die wichtigsten Ansätze der Standortanalyse im Überblick dargestellt. In Abschnitt 2.1 wurde gezeigt, daß Unternehmungen als offene Systeme auf vielfältige Weise mit ihrem sozioökonomischen Umfeld verflochten sind und daß ein erheblicher Teil dieser Beziehungen vom Standort abhängig und geprägt wird. Dies betrifft etwa den Zugang zu wichtigen Inputs wie natürlichen Ressourcen, Arbeitskräften, Vorleistungen, Diensten und Informationen sowie auch den Zugang zu Märkten. Für multinationale Unternehmen zählen auch die sozioökonomischen Charakteristika einzelner Länder und nationaler Wirtschaften zu den Standortfaktoren. Die Standortentscheidung ist eine sehr schwierige und komplexe Entscheidung, da eine große Zahl von Faktoren zu berücksichtigen ist und da sie sehr langfristig wirksam ist. Sie ist daher von großer Unsicherheit etwa in bezug auf Markt- und technologische Entwicklungen geprägt.

Die in Abschnitt 2.2 dargestellten Grundansätze der Standortanalyse unterscheiden sich stark in den Vorstellungen wie sich Unternehmungen bei der Standortwahl verhalten (Ziele, Informationsverhalten, Rationalität), in der Einbindung der Standortentscheidung in andere strategische Entscheidungen des Unternehmens sowie in Strukturen der Gesamtwirtschaft. Neoklassische Ansätze gehen von einem vollkommen informierten, mobilen und rational handelnden Unternehmer aus, der auf der Suche nach dem gewinnmaximalen, allenfalls auch kostenminimalen oder ertragsmaximalen Standort ist. Dieser deduktive Ansatz zeigt, wie sich Unternehmen unter bestimmten Bedingungen verhalten sollten.

Behaviouristische Ansätze untersuchen induktiv und auf empirischem Wege, wie sich Unternehmen tatsächlich bei der Standortentscheidung verhalten. Sie berücksichtigen Unterschiede in der Fähigkeit zur rationalen Planung (Informationssuche und -verarbeitung) sowie in der Ressourcenverfügbarkeit und der Mobilität von Unternehmen. Weiters untersuchen sie das tatsächliche Vorgehen und die angewandten Entscheidungsregeln. Es zeigt sich, daß Unternehmen anstatt Optimierungskalkülen zumeist vereinfachte Erfahrungsregeln (Heuristiken) anwenden. Behaviouristische Ansätze sehen die Standortentscheidung darüber hinaus stärker eingebunden in andere strategische Unternehmensentscheidungen wie etwa jene über das Produktionsprogramm, über Kapazitätsveränderungen sowie über die Produk-

2.4 Zusammenfassung

tionstechnologie. Dabei können sich mehrere standörtliche Alternativen ergeben, wie z.B. die Expansion am bestehenden Standort, die Betriebsverlagerung, die Zweigwerksgründung oder die Übernahme bestehender Unternehmen.

Strukturelle Ansätze der Standortanalyse betonen die Einbindung in gesamtwirtschaftliche Bedingungen auch im Fall der Standortentscheidung. In Anlehnung an die Regulationstheorie werden Phasen in der Entwicklung des kapitalistischen Wirtschaftssystems unterschieden, die u.a. auch durch unterschiedliche Standorttendenzen von Unternehmen gekennzeichnet sind. Weiters heben die Vertreter dieses Ansatzes die herausragende Rolle des Faktors „Arbeitskraft" hervor, wobei die Beziehungen zwischen Kapital und Arbeit grundsätzlich als konflikthaft betrachtet werden. Aus der räumlichen Differenzierung der Arbeitsbeziehungen resultieren historisch spezifische räumliche Arbeitsteilungen, die an den einzelnen Standorten im Lauf der Zeit zu sozioökonomischen Schichten akkumulieren.

Zuletzt wurde in Abschnitt 2.3 auf die Faktoren der Standortwahl eingegangen. Ihre Standortrelevanz ergibt sich zum einen aus der Bedeutung, die sie für die Unternehmen haben. Diesbezüglich sind etwa bodenintensive, kapital-, arbeits- und technologieintensive Aktivitäten zu unterscheiden. Zum anderen spielen der Grad der räumlichen Konzentration und die Mobilität eines Faktors eine Rolle. Die Bedeutung und Standortrelevanz von Faktoren hat sich im Lauf des historischen Entwicklungsprozesses stark gewandelt.

2.5 Übungsaufgaben und Kontrollfragen

1. Welches sind die wichtigsten Beziehungen eines Unternehmens mit seiner Umwelt? Diskutieren Sie die Standortrelevanz dieser Beziehungen.
2. Welche Bedingungen müssen erfüllt sein, damit ein Faktor für die Standortentscheidung eines Unternehmens relevant ist?
3. Mit welchen Arten von Unsicherheit sind Standortentscheidungen behaftet? Warum spricht man bei der Standortentscheidung von einer strategischen Unternehmensentscheidung?
4. Skizzieren Sie den neoklassischen Ansatz der Standortanalyse.
5. Beschreiben Sie einige heuristische Verfahren der Standortanalyse. Inwiefern weichen sie vom theoretischen Idealbild ab?
6. Inwiefern unterscheiden sich Unternehmen in ihrer Fähigkeit, rationale Standortentscheidungen zu treffen? Welche Unternehmenscharakteristika sind hier von besonderer Bedeutung?
7. Skizzieren Sie einige typische Kriterien für die Standortentscheidung auf unterschiedlichen räumlichen Ebenen.
8. Welche sind die wesentlichen Charakteristika des „strukturellen Ansatzes" der Standorttheorie?
9. Erläutern Sie Abb. 2.3.
10. Nennen Sie einige wichtige Faktoren der Standortwahl. Welche Arten der Standortorientierung lassen sich daraus ableiten? Nennen Sie Beispiele.
11. Skizzieren Sie, wie sich die Bedeutung einzelner Standortfaktoren im Laufe der wirtschaftlichen Entwicklung verändert hat. Welche Standortfaktoren haben an Bedeutung gewonnen, welche verloren?

Kapitel 3
Neoklassische Standorttheorie: Die Rolle der Transportkosten

Die Transportkosten spielen in der Entwicklung einer räumlichen Theorie der Wirtschaft eine wichtige Rolle. Sie sind direkt mit dem Problem der Überwindung physischer Distanz verbunden und fallen sowohl auf der Beschaffungs- als auch auf der Absatzseite der Produktion an.

Da die Transportkosten als Preisaufschlag verstanden werden können, fügt sich die darauf aufbauende Standorttheorie oder räumliche Preistheorie problemlos in das Gedankengebäude der neoklassischen mikroökonomischen Theorie ein. Sie stellt sich damit als deduktiv abgeleitetes Konzept (siehe Kap. 1) dar, in dem unter stark vereinfachenden Annahmen die Auswirkungen der Notwendigkeit, Distanzen zu überwinden und dafür Ressourcen einzusetzen, analysiert werden können.

In der nachfolgenden Darstellung wollen wir uns auf jene Überlegungen beschränken, die sich auf das Verhalten eines Unternehmens beziehen. Die Diskussion der Beziehungen zwischen Unternehmen klammern wir an dieser Stelle weitgehend aus. Diese werden wir erst in Kap. 5 aufgreifen.

3.1 Transportkosten und Preise

Der zentrale Aspekt der Berücksichtigung von Transportkosten liegt darin, daß Produkte nicht an jenem Ort konsumiert werden, an dem sie produziert werden, bzw. daß Vorprodukte und Ressourcen nicht dort eingesetzt werden, wo sie anfallen. Damit treten für den Anbieter und den Nachfrager auf dem Beschaffungs- bzw. Absatzmarkt unterschiedliche Preise auf, deren Differenz jeweils die anfallenden Transportkosten sind. Wir müssen also klar unterscheiden zwischen dem *effektiven Preis* (p), den der Konsument zahlt, und dem *Stückerlös* ($\tilde{p}$) des Produzenten. Von diesen beiden Werten ist wiederum der Marktpreis zu unterscheiden, also jener Geldbetrag, den der Konsument an den Produzenten dafür übergibt, daß das entsprechende Gut in sein Eigentum übergeht. Je nachdem, ob die Kosten des Transportes vom Standort des Anbieters zu dem des Nachfragers vom Anbieter oder vom Nachfrager getragen werden, ist der Marktpreis gleich dem effektiven Preis oder dem Stückerlös. Im ersten Fall spricht man übrigens von einem CIF-Preis, im zweiten Fall von einem FoB-Preis.

Bezeichnen wir die Kosten, die für den Transport einer Einheit des Gutes über einen Kilometer anfallen, mit t und die Entfernung zwischen Anbieter und Nachfrager mit x, so gilt die folgende Beziehung zwischen effektivem Preis und Stückerlös:

$$\tilde{p} = p - tx \quad \text{bzw.} \quad p = \tilde{p} + tx \; . \tag{3.1}$$

Diese Beziehung gilt grundsätzlich für jeden Markt, auf dem Transportkosten anfallen. Wegen seiner Einbindung in verschiedene Märkte (Beschaffungsmärkte, Absatzmärkte etc.) steht das typische Unternehmen dem Problem der Transportkosten in mehrfacher Hinsicht gegenüber. In seiner Standortentscheidung muß das Unternehmen alle diese Märkte berücksichtigen. Wie wir sehen werden, wirken sich die Transportkosten auch auf Produktionsvolumen und Produktionstechnik des Unternehmens aus und stehen in engem Zusammenhang mit Preisstrategien. Insgesamt stellt sich die Standortentscheidung des Unternehmens damit als komplexes Problem dar, das mit vielen anderen Unternehmensentscheidungen in Wechselwirkung steht.

Wir werden in unserer Diskussion der Bedeutung der Transportkosten für die Standortentscheidung diese Aspekte getrennt betrachten. Von den jeweils anderen Einflußfaktoren werden wir dabei weitgehend abstrahieren. Da wir unsere Überlegungen in diesem Abschnitt deduktiv aufbauen, müssen wir eine Zielfunktion des Unternehmens vorgeben. Wir wollen die aus der mikroökonomischen Theorie bekannte Annahme der *Gewinnmaximierung* treffen. Außerdem gehen wir immer davon aus, daß alle Marktteilnehmer alle Preise mit Sicherheit kennen.

Je nach der räumlichen Konstellation kann entweder ein räumlich konzentriertes Angebot einer über die Fläche gestreuten Nachfrage gegenüber stehen, oder eine räumlich konzentrierte Nachfrage einem gestreuten Angebot. Entsprechend der neoklassischen Einbettung der Theorie können wir diese beiden Fälle als symmetrisch betrachten. Von grundlegender Bedeutung ist hingegen, ob sich der Marktpreis als Konkurrenzpreis oder als Monopol- bzw. Monopsonpreis ergibt. Im ersten Fall setzt sich die räumlich konzentrierte Seite des Marktes aus vielen Wirtschaftssubjekten zusammen, im zweiten wird sie nur von einem Wirtschaftssubjekt gebildet. Wie wir später sehen werden, hat der räumliche Monopolist (Monopsonist) wegen seiner Marktmacht Möglichkeiten, die den Marktteilnehmern unter Konkurrenzbedingungen nicht zur Verfügung stehen.

3.1.1 Preistrichter, Preiskegel und Isotimen

Bevor wir auf die Standortfrage genauer eingehen, wollen wir Gleichung (3.1) kurz betrachten. Gehen wir davon aus, daß der Anbieter eines Produkts einen festen Stückerlös $\tilde{p}$ verlangt, so bildet der effektive Preis im Raum einen *Preistrichter* (siehe Abb. 3.1, linker Teil). Je weiter der Nach-

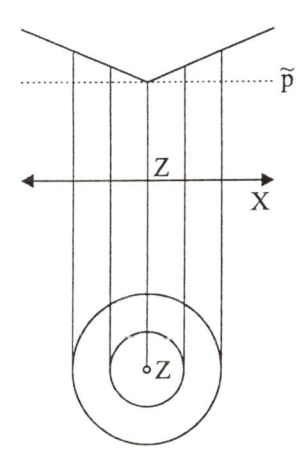

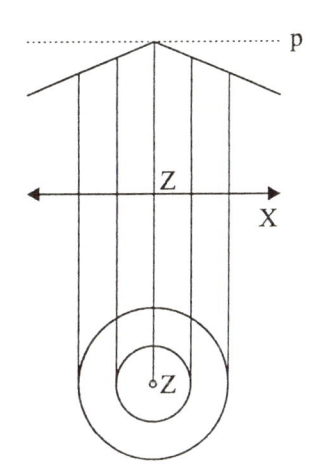

Abbildung 3.1: Preistrichter und Preiskegel.

frager vom Standort des Anbieters (Z) entfernt ist, umso höhere Transportkosten muß er zahlen. Die Höhenschichtlinien des Kegels, die sich, wenn Transport in alle Richtungen in gleicher Weise möglich ist und keine Hindernisse (Berge, Flüsse, Grenzen etc.) bestehen, in der Fläche als Kreise darstellen, markieren Orte gleicher Transportkosten. Sie werden als *Isotimen* bezeichnet.

Muß der Produzent sein Produkt erst an den Absatzort bringen, bevor er es dort verkaufen kann, so treten für ihn auch am Absatzmarkt Transportkosten auf. Sie können ebenso wie im linken Teil von Abb. 3.1 als Transportkostentrichter dargestellt werden. Manchmal ist es aber sinnvoller, die Transportkosten vom erzielbaren Preis abzuziehen, also den Stückerlös in Abhängigkeit von der Distanz zum Absatzort darzustellen. In diesem Fall ergibt sich dann ein *Preiskegel* (siehe Abb. 3.1, rechter Teil). Beide Instrumente, Preistrichter und Preiskegel, beinhalten die Information über die Transportkosten in Abhängigkeit von der Entfernung und können in der Fläche durch Isotimen dargestellt werden. In vielen Fällen reicht es aus, den Transportkosteneinfluß entlang einer Geraden darzustellen. Diese können als Schnitte durch einen Preistrichter bzw. -kegel aufgefaßt werden, wie wir sie im oberen Teil von Abb. 3.1 dargestellt haben.

3.2 Der transportkostenminimale Standort

Wir beginnen unsere Überlegungen über den Einfluß der Transportkosten auf die Standortentscheidung mit einem sehr einfachen Fall. Wir nehmen ein Unternehmen an, das eine fest vorgegebene Gütermenge mit einer fest vorge-

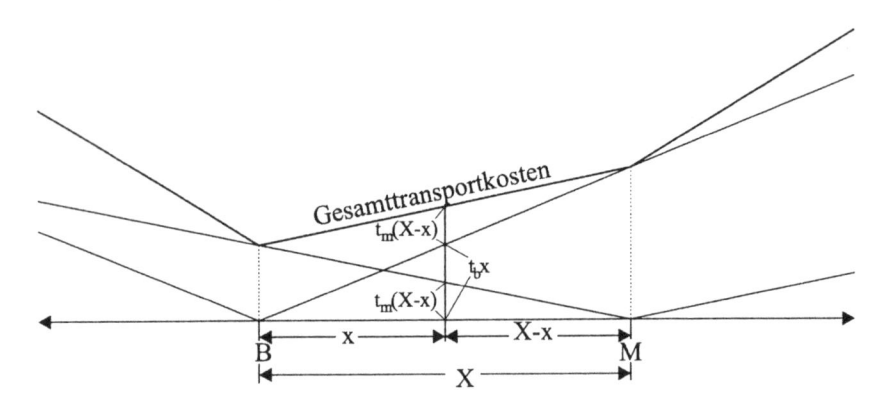

Abbildung 3.2: Transportkosten bei einem Absatz- und einem Beschaffungsort.

gebenen Produktionstechnik – und damit fest vorgegebenen Einsatzmengen an Produktionsfaktoren, Rohstoffen und Zwischenprodukten – produziert. Die Preise sind gegeben, und das Unternehmen muß die Transportkosten sowohl am Beschaffungs- als auch am Absatzmarkt tragen. Wie wir später sehen werden, sind diese Annahmen nicht besonders sinnvoll, weil Produktionsmenge und -technik auch vom Standort abhängen.

Diese Annahmen führen aber dazu, daß sich mögliche Standorte nur in den Transportkosten unterscheiden. Damit ist jener Standort, an dem die geringsten Transportkosten anfallen, auch jener Standort mit dem höchsten Gewinn. Wir sprechen daher auch von der Theorie des „transportkostenminimalen Standortes". Diese Theorie hat ihren Ursprung in der Arbeit von Alfred Weber (1909).

Sind alle Punkte im Raum, in dem sich unser Unternehmen ansiedeln kann, homogen, d.h., sie weisen alle die gleiche Nachfrage nach dem Produkt unserer Firma auf und bieten die gleichen Mengen an Produktionsfaktoren, Vorprodukten etc., so fallen an jedem Standort die gleichen Transportkosten an und das Unternehmen ist indifferent zwischen allen möglichen Standorten. Unter den getroffenen Annahmen ist diese räumliche Konstellation theoretisch uninteressant. Wie wir in Kap. 6 sehen werden, führt sie unter der Annahme einer räumlich konzentrierten Nachfrage allerdings sehr wohl zu interessanten räumlichen Differenzierungen.

Wesentlich interessanter ist es, wenn wir von vorgegebenen Absatz- und Beschaffungsorten für unser Unternehmen ausgehen. Abbildung 3.2 beispielsweise zeigt einen Fall mit einem Absatzort (M) und einem Beschaffungsort (B). Da unser Unternehmen annahmegemäß die Transportkosten sowohl beschaffungs- als auch absatzseitig tragen muß, steht es zwei Transportkostentrichtern gegenüber. Wir bezeichnen die Kosten, die anfallen, um eine Einheit des Endprodukts über eine Entfernungseinheit zu transportieren, mit t_m. Mit t_b bezeichnen wir jene Kosten, die anfallen, um die zur Produktion einer Einheit des Endprodukts notwendigen Vorprodukte eine Entfernungseinheit zu transportieren.[1] Wählen wir für unser Unternehmen den Absatzort als Standort, so fallen absatzseitig keine Transportkosten an, wir müssen allerdings die Vorprodukte über die gesamte Strecke X transportieren, die Transportkosten sind $t_b X$. Umgekehrt ist die Situation, wenn wir den Beschaffungsort als Standort wählen. In diesem Fall fallen zwar für die Vorprodukte keine Transportkosten an, dafür erwachsen für die Endprodukte Transportkosten von $t_m X$. Wählen wir einen Standort zwischen Beschaffungs- und Absatzort, etwa in Entfernung x vom Beschaffungsort, so müssen wir die Vorprodukte über die Strecke x, die Endprodukte über die Strecke $X - x$ transportieren. Die entsprechenden Transportkosten sind damit $t_b x$ und $t_m(X - x)$.

Relevant für unsere Entscheidung ist die jeweilige Gesamtsumme der Transportkosten. Wir suchen ja den gewinnmaximalen Standort, der unter den getroffenen Annahmen gleich dem Standort mit den niedrigsten Transportkosten ist. Wie anhand von Abb. 3.2 leicht nachzuvollziehen ist, besteht auch die Kurve der gesamten Transportkosten in der angenommenen Situation aus Geraden. Am Beschaffungs- und am Absatzort weist diese Kurve Knicke auf, weil auch die beschaffungs- und absatzseitigen Transportkostenkurven an diesen Stellen Knicke aufweisen. Standorte außerhalb der Strecke $\overline{BM}$ sind für das Unternehmen uninteressant, weil zu jedem Standort links von B beispielsweise ein anderer Standort rechts von B existiert, der von B gleich weit entfernt ist, aber näher bei M liegt. Analoges gilt für Standorte rechts von M.

Damit ergibt sich aber, daß in unserem Beispiel B der optimale, d.h. transportkostenminimale, Standort ist. Dies ergibt sich aus dem Verlauf der Kurve der gesamten Transportkosten, der in unserem Beispiel bei B sein Minimum aufweist.

Daß der Punkt B auch zum höchsten Gewinn führt, ist aus Abb. 3.3 zu ersehen. Hier sind am Punkt B die Produktionskosten (inklusive der Kosten der Vorprodukte) aufgetragen. Darauf setzt der Transportkostentrichter der Beschaffungsseite auf. Am Punkt M haben wir die Erlöse aufgetragen. Davon ziehen wir die Transportkosten für das Endprodukt ab, sodaß sich ein Preiskegel ergibt. Die Linien zeigen an, wie Erlöse und Kosten mit dem Standort variieren. Die Differenz zwischen ihnen repräsentiert den standortabhängigen Gewinn oder Verlust. Wie wir sehen, ist am Punkt B der Gewinn am höchsten.

Der Verlauf der Kurve der gesamten Transportkosten ergibt sich aus

---
[1] Zu beachten ist, daß wir uns in beiden Fällen auf eine Einheit des Endprodukts beziehen.

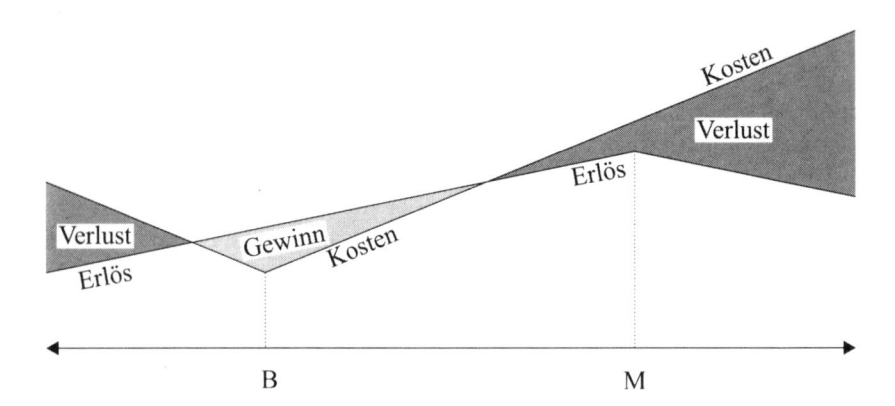

Abbildung 3.3: Kosten, Erlös und Gewinn bei einem Beschaffungs- und einem Absatzort.

den Verläufen der beschaffungs- und absatzseitigen Transportkostenkurven. Solange sie wie in unserem Beispiel Gerade sind, ist auch ihre Summe, die Kurve der gesamten Transportkosten, eine Gerade. In diesem Fall können nur drei Fälle eintreten:

1. t_m ist kleiner als t_b, womit die Kurve der gesamten Transportkosten zum Beschaffungsort fällt und B der optimale Standort ist.

2. t_m ist größer als t_b, womit die Kurve der gesamten Transportkosten zum Absatzort fällt und M der optimale Standort ist.

3. t_m und t_b sind genau gleich hoch. In diesem Fall verläuft die Kurve der gesamten Transportkosten waagrecht und unser Unternehmen ist indifferent zwischen B, M und allen Standorten dazwischen.

Der dritte Fall ist natürlich sehr unwahrscheinlich. Sind t_b und t_m sehr ähnlich, so können geringfügige Veränderungen der Transportraten dazu führen, daß sich der optimale Standort vom einen Extrempunkt zum anderen verschiebt.

Dieses Ergebnis hängt natürlich direkt damit zusammen, daß wir lineare Transportkostenkurven angenommen haben. Damit stellt sich die Frage, wie sinnvoll diese Annahme ist und ob andere Annahmen zu grundsätzlich anderen Ergebnissen führen würden.

Für den Gütertransport stehen unterschiedliche Transportmittel zur Verfügung: LKW, Bahn, Schiff, Flugzeug etc. Diese Transportmittel unterscheiden sich üblicherweise in den Kosten. Dabei können wir grob trennen in Fixkosten, die in jedem Fall anfallen, wenn das Transportmittel gewählt wird, und in variable (entfernungsabhängige) Kosten, die also pro Entfernungseinheit anfallen. Abbildung 3.4 stellt die Kostenkurven in Abhängigkeit von

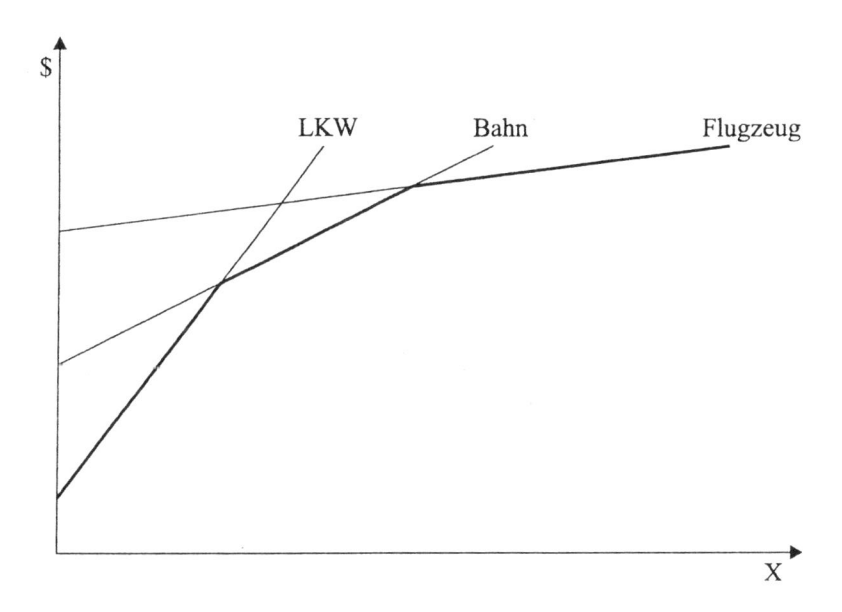

Abbildung 3.4: Kostenkurven bei drei Transportmitteln.

der Entfernung für drei Transportmittel dar. Als vernünftig wirtschaftende Unternehmer werden wir immer das Transportmittel wählen, das für die jeweilige Entfernung am billigsten ist. Für kurze Strecken also den LKW, für mittlere die Bahn und für lange Strecken das Flugzeug. Damit ergibt sich aber, daß für unsere Standortentscheidung normalerweise eine Transportkostenkurve mit degressivem Verlauf relevant ist. Sie ist durch die dick eingezeichneten Abschnitte in Abb. 3.4 repräsentiert.

Das Ergebnis, daß unser Unternehmen dazu neigen wird, sich am Beschaffungsort B oder am Absatzort M anzusiedeln, wird bei degressiven Kostenkurven nur noch verstärkt. Wie Abb. 3.5 zeigt, ergibt sich in diesem Fall eine konkave Kurve der gesamten Transportkosten. Das Minimum dieser Kurve liegt *immer* in einem der beiden Endpunkte. Der oben angeführte dritte Fall (Indifferenz zwischen allen möglichen Standorten) kann bei dieser Konstellation nicht auftreten.

Wir können unsere bisherigen Überlegungen über den transportkostenminimalen Standort direkt auf drei oder mehr Punkte verallgemeinern. Allerdings können wir nun nicht mehr Graphiken wie in Abb. 3.3 oder 3.5 verwenden, sondern müssen auf die „Höhenschichtlinien" der Isotimen zurückgreifen. Abbildung 3.6 zeigt beispielsweise den Fall von einem Absatzort, M, und zwei Beschaffungsorten, B_1 und B_2. Um diese drei Punkte können wir die entsprechenden Transportkosten durch Isotimen einzeichnen. Zur Ver-

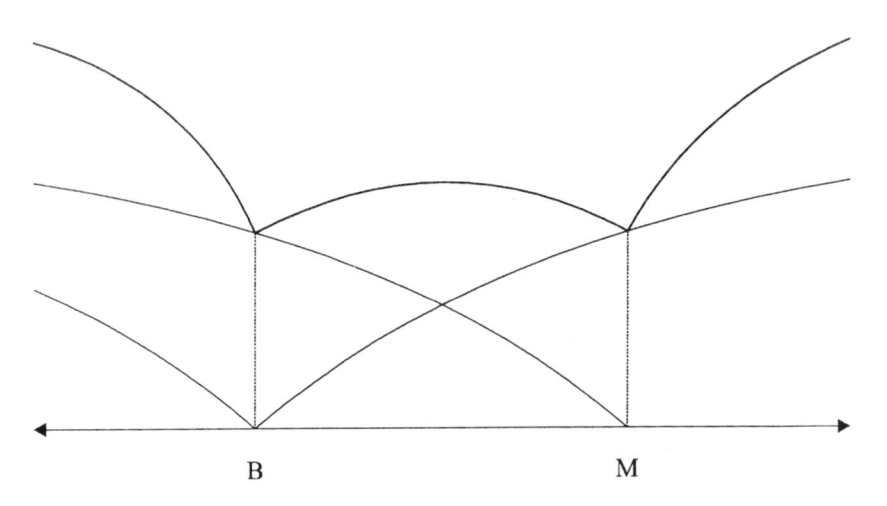

Abbildung 3.5: Gesamte Transportkosten bei degressiven Kostenkurven.

einfachung nehmen wir wiederum an, daß es sich dabei um Kreise handelt. Dabei sollten wir uns erinnern, daß die Isotimen der Vorprodukte die Transportkosten für jene Menge repräsentieren, die für die Produktion von *einer Einheit des Endprodukts* benötigt wird. Haben wir zwei Vorprodukte, deren Transport pro Kilogramm und Kilometer gleich viel kostet, von denen aber das erste nur in geringen Mengen im Produktionsprozeß benötigt wird, das zweite in großen Mengen, so werden die Isotimen des ersten Vorprodukts wesentlich weiter auseinander liegen als jene des zweiten Vorprodukts. Damit wird die Standortentscheidung von der Wahl der Produktionstechnik beeinflußt.

Die Standortentscheidung orientiert sich allerdings nicht an den Transportkosten der einzelnen Vor- und Endprodukte, die von den Isotimen repräsentiert werden, sondern wiederum an den *gesamten Transportkosten*. Für einen bestimmten Standort erhalten wir sie dadurch, daß wir die einzelnen Transportkosten addieren. Führen wir diese Addition für jeden möglichen Punkt durch, so erhalten wir ein Relief der gesamten Transportkosten, das wiederum durch Höhenschichtlinien dargestellt werden kann. Diese Höhenschichtlinien der gesamten Transportkosten werden *Isodapanen* genannt. In Abb. 3.6 sind sie als dickere Linien eingezeichnet. Der optimale (transportkostenminimale) Standort liegt am niedrigsten Punkt des Reliefs der gesamten Transportkosten, in unserem Beispiel im Punkt A.

Da nun die Transportkosten zu drei oder mehr Punkten von Bedeutung sind, die aus verschiedenen Richtungen auf die Isodapanen einwirken, liegt der optimale Standort üblicherweise *nicht* mehr an einem Beschaffungs- oder Absatzort. Dies ist auch aus Abb. 3.6 zu ersehen. Dieses Ergebnis bleibt auf

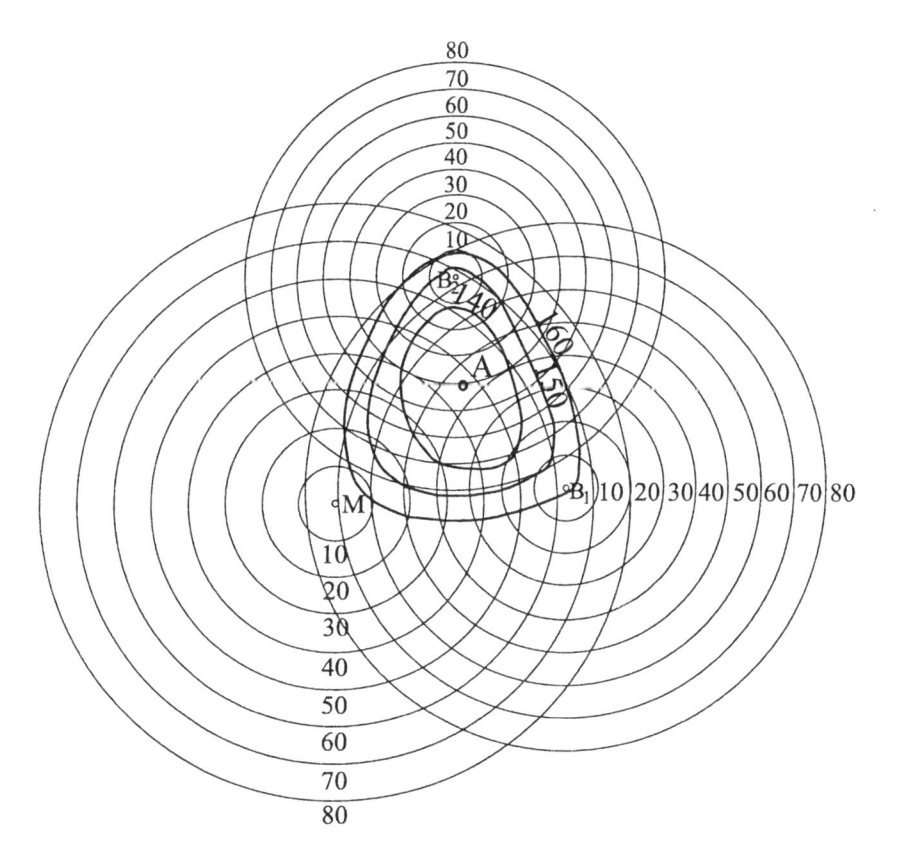

Abbildung 3.6: Isotimen und Isodapanen bei zwei Beschaffungsmärkten und einem Absatzmarkt.

den Fall mit nur zwei Punkten beschränkt. Allerdings läßt sich zeigen, daß der optimale Standort unter den getroffenen Annahmen bei drei Punkten nicht außerhalb des von ihnen gebildeten Dreiecks liegen kann. Zu jedem Punkt außerhalb des Dreiecks existiert nämlich ein Punkt, der von zwei der drei Beschaffungs- und Absatzorten gleich weit entfernt ist, aber näher beim dritten liegt.

3.3 Transportkosten, Produktionsmenge, Produktionstechnik

In unseren bisherigen Überlegungen haben wir die Produktionsmenge und die eingesetzte Produktionstechnik als exogen vorgegeben betrachtet. Diese Annahme wollen wir jetzt aufheben. Wir wollen sehen, wie die Transportkosten die Produktionsbedingungen eines Unternehmens beeinflussen können.

Um uns auf diesen Aspekt konzentrieren zu können, beschränken wir uns auf die Nachfrageseite. Wir nehmen eine Fläche an, die an jedem Punkt die gleichen Produktionsbedingungen bietet, wo also Produktionsfaktoren, Vorprodukte etc. überall gleich und zu gleichen Preisen verfügbar sind. Wir sagen, Produktionsfaktoren und Vorprodukte sind *Ubiquitäten*, bzw. sie sind *ubiquitär* verfügbar. Nur die Nachfrage sei räumlich konzentriert. Wir bezeichnen diesen Ort als *Zentrum* und verwenden dafür das Symbol Z. Die Produzenten, die sich auf der Fläche um das Zentrum ansiedeln, müssen ihre Produkte am Markt im Zentrum verkaufen. Dort, so wollen wir annehmen, stehen sie vielen Nachfragern gegenüber, sodaß sich der Marktpreis unter Konkurrenzbedingungen ergibt. Weder ein einzelner Anbieter noch ein einzelner Nachfrager kann den Preis beeinflussen und ihn somit strategisch einsetzen.

Diese Konstellation einer räumlich konzentrierten Nachfrage bei gestreutem Angebot wurde bereits Anfang des 19. Jahrhunderts von Johann Heinrich von Thünen analysiert. Ausführlicher werden wir auf seine Überlegungen, vor allem auch was die räumliche Struktur der Wirtschaft betrifft, in Abschnitt 6.1 eingehen. Hier interessiert uns nur die Auswirkung dieser Konstellation auf den einzelnen Anbieter und Nachfrager.

Als Beispiel für die Konstellation einer räumlich konzentrierten Nachfrage bei gestreutem Angebot können wir uns etwa eine Stadt vorstellen, die von den auf der sie umgebenden homogenen Fläche verstreuten Produzenten versorgt wird. Diese, auch bei von Thünen unterstellte Situation bezieht sich in erster Linie auf die landwirtschaftliche Produktion. Allerdings ist die Gültigkeit der nachfolgenden Überlegungen nicht auf den landwirtschaftlichen Bereich beschränkt. Beispiele für eine räumlich konzentrierte Nachfrage bei gestreutem Angebot lassen sich auch in anderen Bereichen finden. Beispiele sind etwa auf einen städtischen Markt ausgerichtete Industrien (Bauwirtschaft, Nahrungsmittelindustrie) oder Dienstleistungen.

Da unser Interesse darin liegt, den Einfluß der Transportkosten auf die Produktionsmenge und die eingesetzte Technik zu identifizieren, gehen wir von der Annahme aus, daß alle Produzenten ein homogenes Gut mit identischen Produktionsfunktionen produzieren. Die Produzenten unterscheiden sich damit nur in ihrer räumlichen Lage zur Nachfrage. In Abschnitt 6.1 werden wir mehrere Güter zulassen, die sich in Transportkosten und Produktionsfunktionen unterscheiden. Die (güterspezifische) Produktionsfunktion gibt an, welche Menge des Gutes bei einem bestimmten Einsatz von Arbeit und Kapital auf einer Flächeneinheit produziert werden kann. Nachfolgend betrachten wir, wie sich die Produktionsbedingungen für dieses Produkt an den verschiedenen Standorten darstellen.

Egal ob die Anbieter das Produkt zum Nachfragestandort transportieren und dort anbieten oder ob die Nachfrager es von den Anbietern holen, ergibt sich ein einheitlicher Marktpreis auf dem Nachfragestandort. Annahme-

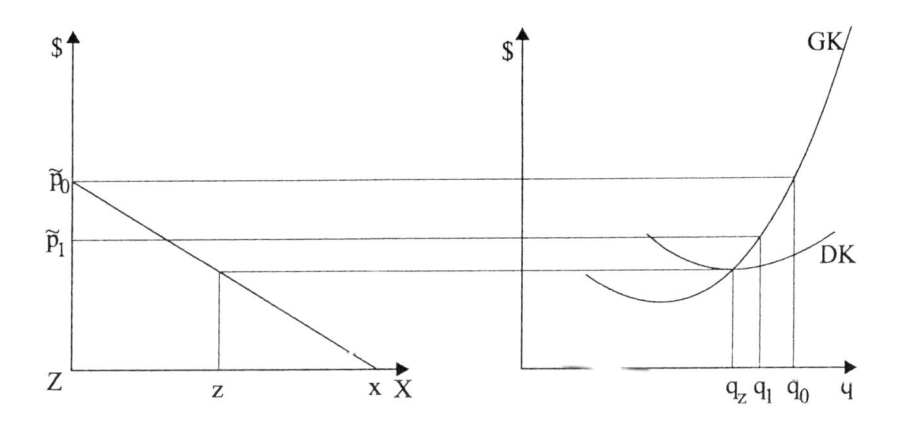

3.3 Transportkosten, Produktionsmenge, Produktionstechnik   57

Abbildung 3.7: Stückerlöse und Produktionsentscheidungen der Produzenten bei räumlich konzentrierter Nachfrage.

gemäß handelt es sich dabei um einen Konkurrenzpreis. Er kann weder vom einzelnen Anbieter noch vom einzelnen Nachfrager beeinflußt werden. Im ersten Fall, wenn die Anbieter das Produkt zum Nachfragestandort transportieren, werden die Nachfrager das Produkt bei jenem Anbieter kaufen, der es am Nachfragestandort am billigsten anbietet, sodaß Anbieter, deren Preis über dem Marktpreis liegt, keine Nachfrage finden. Einen Preis unter dem Marktpreis werden gewinnmaximierende Anbieter nicht verlangen. Außerdem können sie die Nachfragemenge, die sie damit generieren, nur mit höheren Kosten produzieren. Im zweiten Fall werden die Nachfrager das Gut von jenem Anbieter holen, dessen Ab-Werk-Preis vermehrt um die vom Konsumenten aufzubringenden Transportkosten am niedrigsten ist. Damit ergibt sich auch wiederum am Nachfragestandort ein einheitlicher Preis.

Aus dieser Situation ergibt sich der im linken Teil von Abb. 3.7 dargestellte Verlauf der Stückerlöse der Produzenten. Nur im Zentrum sind Marktpreis und Stückerlös identisch. Wenn wir uns von Z entfernen, verringert sich der Stückerlös entsprechend den anfallenden Transportkosten. Am Punkt x wird der am Markt erzielbare Preis von den Transportkosten kompensiert und der Stückerlös wird negativ. Allerdings bestimmt dieser Punkt nicht die Größe des Produktionsgebietes des betrachteten Gutes. Die Grenze des Produktionsgebietes liegt näher zum Nachfragezentrum und wird aufgrund der Produktionsfunktion der Anbieter bestimmt.

Aus der Produktionsfunktion des Produzenten lassen sich direkt die Grenz- und Durchschnittskostenkurven[2] ableiten. Unterstellen wir eine er-

---
[2] Eine Darstellung und Erläuterung dieser Kostenkurven findet sich in jedem Lehrbuch der mikroökonomischen Theorie (z.B. Gravelle und Rees 1981).

tragsgesetzliche Produktionsfunktion, so gelangen wir zu Grenz- und Durchschnittskostenkurven, wie sie im rechten Teil von Abb. 3.7 dargestellt sind. Sie sind annahmegemäß für alle Produzenten identisch. Es bezeichnet GK die *Grenzkosten* und DK die *Durchschnittskosten.*

Für die Produktionsentscheidung des Produzenten ist nicht der Marktpreis, sondern sein Stückerlös ($\tilde{p}$) von Bedeutung. Er hängt von seinem Standort ab. Da der Produzent danach trachtet, seinen Gewinn zu maximieren, wird er jene Menge produzieren, bei der die Grenzkosten gleich dem Stückerlös (= Grenzerlös) sind. Ein Produzent direkt am Nachfragestandort kann den Stückerlös $\tilde{p}_0$ erreichen, der identisch ist mit dem Marktpreis p. Aufgrund seiner Produktionsfunktion wird dieser Produzent q_0 Einheiten des Gutes erzeugen. Seine Durchschnittskosten (DK_0) liegen bei dieser Produktionsmenge deutlich unter dem Stückerlös. Der Produzent erwirtschaftet damit an diesem Standort einen Gewinn von

$$G_0 = (\tilde{p}_0 - DK_0)q_0 \ . \tag{3.2}$$

Auf einem weiter vom Zentrum entfernt gelegenen Standort erreicht ein Produzent wegen der Transportkosten zum Markt nur einen niedrigeren Stückerlös (z.B. $\tilde{p}_1$). Damit produziert er aber auch eine geringere Menge pro Flächeneinheit (q_1), er setzt also auch weniger Ressourcen im Produktionsprozeß ein. Damit gehen auch seine Durchschnittskosten auf DK_1 zurück und der Produzent realisiert an diesem Standort den Gewinn ($\tilde{p}_1 - DK_1)q_1$, der unter G_0 liegt.

Diese Überlegungen können wir für jeden möglichen Standort anstellen. Wir können damit ermitteln, welchen Gewinn der Produzent bei welcher Entfernung realisieren kann. Diesen Zusammenhang, den wir als „Lagerentenfunktion" bezeichnen, haben wir in Abb. 3.8 dargestellt[3].

Am Standort z deckt der Stückerlös gerade noch die Durchschnittskosten. Der Gewinn des Produzenten ist damit null. Die Produktionsmenge liegt bei q_z. Der Produzent an diesem Standort ist der *Grenzproduzent*, der trotz der optimalen Einsatzmengen an Produktionsfaktoren keinen Gewinn mehr erzielen kann. Dieser Standort markiert die Grenze des Produktionsgebiets des Produkts. Außerhalb von z ist es nicht mehr rentabel, dieses Produkt in die Stadt zu transportieren. Interessant ist, daß die pro Flächeneinheit produzierte Menge nicht stetig gegen null tendiert, sondern bei der Entfernung z von q_z auf null abbricht. Dies ist das Ergebnis der Tatsache, daß ab diesem Punkt das Produkt nur mehr mit Verlust produziert werden kann. Die Gewinn- oder Lagerentenfunktion (Abb. 3.8) erreicht an diesem Punkt die Nullinie.

Da die Wirkung der Entfernung annahmegemäß in alle Richtungen gleich

---

[3] Auf die Lagerente und ihre Bedeutung in der regionalökonomischen Theorie werden wir in Abschnitt 6.1 ausführlicher eingehen.

3.3 Transportkosten, Produktionsmenge, Produktionstechnik 59

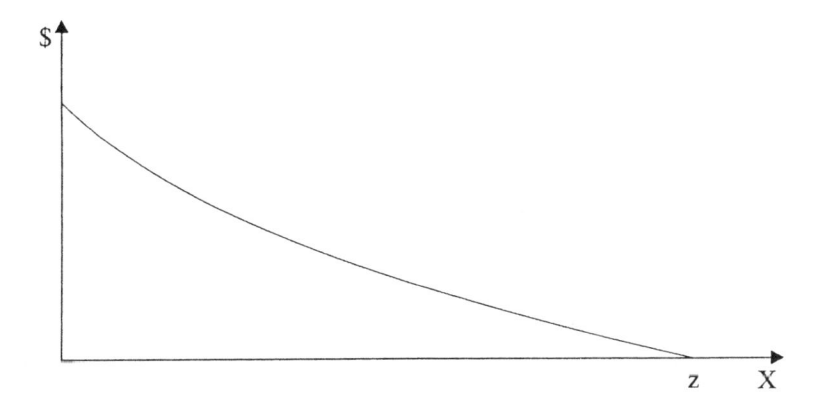

Abbildung 3.8: Der Gewinn (die Lagerente) des Produzenten.

ist, ergibt sich damit ein kreisrundes Produktionsgebiet mit dem Nachfragezentrum als Mittelpunkt und einem Radius von z. Wenn wir uns vom Zentrum entfernen, so nimmt die Produktionsmenge unter den getroffenen Annahmen wegen des sinkenden Stückerlöses (= Grenzerlös) ab. Zugleich setzt der Produzent weniger Ressourcen pro Flächeneinheit ein, produziert also weniger intensiv.

Das Güterangebot auf dem Markt in der Stadt ergibt sich als Summe aller an den einzelnen Standorten produzierten Mengen des Produkts. Im Fall nur eines Gutes kommt die in einem Kreis mit dem Radius z um die Stadt produzierte Menge auf den Markt. Was passiert, wenn diese Menge nicht der nachgefragten entspricht? Ist das Angebot zu gering, so wird der Preis steigen. Damit erhöht sich für jeden Produzenten der Stückerlös, sodaß jeder (siehe Abb. 3.7) seine Produktionsintensität erhöht und pro Flächeneinheit mehr produziert. Außerdem erhöht sich auch jene Entfernung, an der die Lagerente null wird. Das Produktionsgebiet vergrößert sich. Beide Effekte führen zu einer Erhöhung der Angebotsmenge. Dies geschieht so lange, bis Angebot und Nachfrage übereinstimmen. Ist die angebotene Menge zu hoch, so sinkt der Preis, wodurch einerseits die Produktionsintensität, andererseits die Größe des Produktionsgebiets zurückgeht.

Die Transportkosten können auch zu räumlichen Unterschieden in den Einsatzverhältnissen von Produktionsfaktoren führen. Nehmen wir zur Illustration zwei Produktionsfaktoren an, von denen einer ubiquitär verfügbar ist, der andere nur an einem bestimmten Punkt. Der Preis des ersten Produktionsfaktors ist damit an jedem Standort gleich, der des zweiten erhöht sich mit der Entfernung von seinem Angebotsort. Aus der Produktionstheorie wissen wir aber, daß der Produzent die Produktionsfaktoren in dem Verhältnis einzusetzen trachtet, mit dem er die geplante Produktionsmenge zu den geringsten Kosten erzeugen kann. In unserem Beispiel wird der Produzent daher den zweiten Produktionsfaktor bei größerer Entfernung von seinem Angebotsort durch den ersten kompensieren. Bei größerer Entfernung vom Angebotsort des zweiten Faktors wird also relativ *weniger* vom zweiten und relativ *mehr* vom ersten Produktionsfaktor eingesetzt. Es ändert sich also auch die Einsatzmenge des ersten Produktionsfaktors, obwohl wir angenommen haben, daß er überall zum gleichen Preis verfügbar ist.

3.4 Transportkosten und räumliches Monopol

In unserer bisherigen Diskussion sind wir davon ausgegangen, daß am Markt vollkommene Konkurrenz herrscht. Der einzelne Anbieter oder Nachfrager konnte daher nicht gestaltend auf den Preis einwirken. In Abschnitt 3.3 haben wir unterstellt, daß am räumlich konzentrierten Nachfrageort *viele* Nachfrager den vielen Anbietern gegenüberstehen. Was aber, wenn die räumlich konzentrierte Nachfrage aus nur *einem* Nachfrager besteht? Wenn etwa die um das Zentrum angesiedelten Bauern ihre Produkte an einen Großhändler oder eine große Konservenfabrik liefern? Analog können wir auch den Fall des räumlich konzentrierten Angebots konstruieren, wo ein großer Produzent die ihn umgebende Bevölkerung mit seinem Produkt versorgt.

Von dieser Konstellation eines räumlich konzentrierten Angebots bei in der Fläche verteilter Nachfrage wollen wir in diesem Abschnitt ausgehen. Da Angebot und Nachfrage symmetrisch behandelt werden, ist dies kein grundlegender Unterschied zur vorangegangenen Diskussion. Wichtig ist jedoch, daß wir nun von nur *einem* Anbieter ausgehen. Er befindet sich also in der Position eines Monopolisten.

Wir nehmen in diesem Abschnitt explizit an, daß es nur einen Anbieter gibt. Allerdings führen die Transportkosten dazu, daß auch bei mehreren Anbietern die Konkurrenz zwischen diesen eingeschränkt ist. Da die Nachfrager das entsprechende Gut immer bei jenem Anbieter kaufen werden, bei dem es für sie – inklusive Transportkosten – am billigsten kommt, läuft ein Anbieter bei jenen Nachfragern, die nahe bei seinem Standort liegen, kaum Gefahr, daß sie zur Konkurrenz abwandern. Für diese Nachfrager hat der Anbieter auch in diesem Fall eine Monopolposition. Wir sprechen dabei von einem *räumlichen Monopol*, weil sich die Monopolposition aus der räumlichen Konstellation ergibt. Wie es zu dieser Konstellation kommt, werden wir am Ende dieses Abschnitts darstellen. Entsprechende Beispiele lassen sich vor allem in ländlichen Regionen viele finden, wo für viele Produkte der lokale Markt von einem Anbieter dominiert wird.

Der Fall eines Anbieters, der vielen, räumlich gestreuten Nachfragern gegenüber steht, wurde in der räumlichen Preistheorie intensiv behandelt (für einen Überblick siehe etwa Beckmann und Thisse 1986). Ein wichtiger Teil der Diskussion bezieht sich darauf, welche Preisstrategien der Anbieter anwenden kann. Da er alleine den entsprechenden Markt beliefert, kann er im Unterschied zu Anbietern in einer Konkurrenzsituation seinen Preis strategisch wählen.[4] Wir werden drei Preisstrategien kurz diskutieren:

1. einheitlicher Ab-Werk-Preis,
2. einheitlicher Konsumentenpreis,
3. räumliche Preisdiskriminierung.

Um die Diskussion zu vereinfachen und die Auswirkungen der drei Preisstrategien vergleichen zu können, nehmen wir an, daß

- der Markt linear ist, d.h., der Produzent und alle Konsumenten sind auf einer Linie aufgefädelt, und
- alle Konsumenten die gleiche lineare Nachfragefunktion aufweisen.

3.4.1 Einheitlicher Ab-Werk-Preis

Die Strategie eines *einheitlichen Ab-Werk-Preises* entspricht der bisher immer unterstellten Konstellation. Der Produzent verlangt einen bestimmten, einheitlichen Ab-Werk-Preis und die Konsumenten tragen darüber hinaus die Transportkosten. Sie müssen also, abhängig von ihrem Standort, um die Transportkosten erhöhte Preise auf sich nehmen. In Abb. 3.9 ist der Zusammenhang zwischen Entfernung und Preis im linken oberen Diagramm dargestellt. Da jeder Konsument annahmegemäß dieselbe fallende Nachfragefunktion (d) aufweist, geht die Nachfrage der einzelnen Konsumenten bei steigenden Preisen zurück. Dies ist im rechten oberen Diagramm von Abb. 3.9 dargestellt. Daraus ergibt sich, wie in den beiden unteren Diagrammen von Abb. 3.9 dargestellt, daß die Nachfrage des einzelnen Konsumenten mit zunehmender Entfernung vom Produktionsort abnimmt. Außerhalb der Entfernung X_m wird das Gut für den Konsumenten wegen der Transportkosten so teuer, daß er es nicht mehr nachfragt. Da der Konsument im Unterschied zum Produzenten im vorangegangenen Abschnitt, der erst ab einer bestimmten Mindestproduktionsmenge ohne Verlust produzieren kann, keine Mindestkonsummenge benötigt, fällt die Nachfragemenge kontinuierlich gegen null ab. Die Entfernung X_m begrenzt das Marktgebiet des Anbieters.

Die Grenze des Marktgebiets ist dort erreicht, wo der Preis für den Konsumenten so hoch wird, daß er das Gut nicht mehr nachfragt. Die gesamte

---

[4]Im Falle eines Monopsons ergeben sich für den Nachfrager analoge Möglichkeiten.

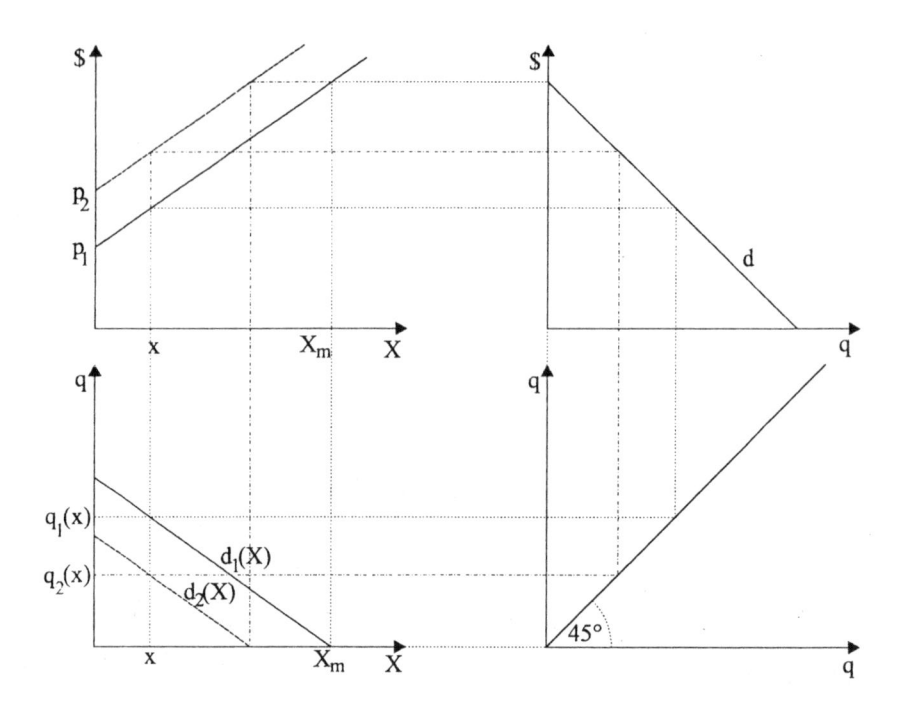

Abbildung 3.9: Die Nachfrage der Konsumenten bei einheitlichem Ab-Werk-Preis.

Nachfrage ergibt sich als Summe der Nachfragen der einzelnen Konsumenten. Geometrisch entspricht die Gesamtnachfrage der Fläche unter der Kurve im linken unteren Diagramm von Abb. 3.9.[5] Setzt der Produzent den Preis auf p_2 statt auf p_1 fest, so ergibt sich die in Abb. 3.9 strichliert dargestellte Situation. Für die Konsumenten verschiebt sich die Preisfunktion nach oben. Dadurch fragen die Konsumenten in einer bestimmten Entfernung weniger nach. Auch die Grenze des Marktgebiets verschiebt sich nach innen.

Für den Monopolisten stellt sich die Frage, auf welchem Niveau er den einheitlichen Ab-Werk-Preis (= Stückerlös) festsetzen soll. Wegen seiner Monopolposition hat er im Gegensatz zum Anbieter unter Konkurrenzbedingungen diese Möglichkeit. Da er gemäß unseren Annahmen danach trach-

---

[5] Dabei kann angenommen werden, daß die Dichte der Konsumenten über die Entfernung vom Zentrum variiert (siehe Beckmann und Thisse 1986). In diesem Fall muß der Beitrag zur Nachfrage, der in einer bestimmten Entfernung geleistet wird, mit der Dichte gewichtet werden. Zur Vereinfachung gehen wir davon aus, daß die Konsumentendichte überall gleich ist. Diese Vereinfachung hat auf das Ergebnis keinen grundlegenden Einfluß.

3.4 Transportkosten und räumliches Monopol   63

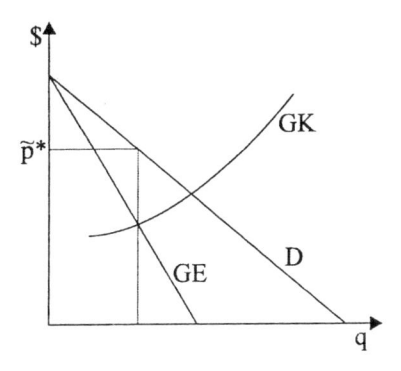

Abbildung 3.10: Produktionsentscheidungen eines räumlichen Monopolisten.

tet, seinen Gewinn zu maximieren, wird er jenen Stückerlös wählen, der ihm den höchsten Gewinn verspricht.

Der Gewinn des Produzenten ergibt sich als Produkt der Produktionsmenge und der Differenz zwischen dem Stückerlös und den Durchschnittskosten. Setzt der Produzent den Stückerlös zu hoch fest, so wird er nicht genug Nachfrage für sein Produkt finden. Setzt er ihn zu niedrig fest, so wird er die nachgefragte Menge nur unter hohen Kosten produzieren können. In beiden Fällen sinkt sein Gewinn.

Für den Monopolisten ergibt sich damit die in Abb. 3.10 dargestellte Situation. Er steht einer fallenden Nachfragefunktion (D) gegenüber, die sich durch Aggregation der individuellen Nachfragefunktionen ergibt. Die Grenzkostenkurve des Produzenten (GK) ergibt sich wiederum aus seiner Produktionsfunktion.

Dem Monopolisten ist klar, daß er, wenn er den Stückerlös erhöht, für jeden Konsumenten den Preis erhöht. Damit verliert er nicht nur den Grenzkonsumenten, sondern es fragt auch jeder Konsument weniger nach. Aus der Monopoltheorie ist bekannt, daß die Grenzerlösfunktion des Monopolisten doppelt so steil abfällt wie die Nachfragefunktion. In Abb. 3.10 ist die Grenzerlösfunktion mit GE bezeichnet. Die optimale Produktionsmenge des Monopolisten liegt dort, wo sich die Grenzerlöskurve und die Grenzkostenkurve schneiden. Damit seine Produktionsmenge der Nachfragemenge entspricht, setzt er den Stückerlös auf $\tilde{p}^*$ fest. Damit fixiert er den Konsumentenpreis im Zentrum und die Preisstruktur für alle Konsumenten (siehe Abb. 3.9 links oben).

Wegen seiner Monopolstellung realisiert der Produzent einen Monopolgewinn. Er verlangt einen höheren Preis und produziert eine niedrigere Menge als sich unter Konkurrenzverhältnissen ergeben würden.

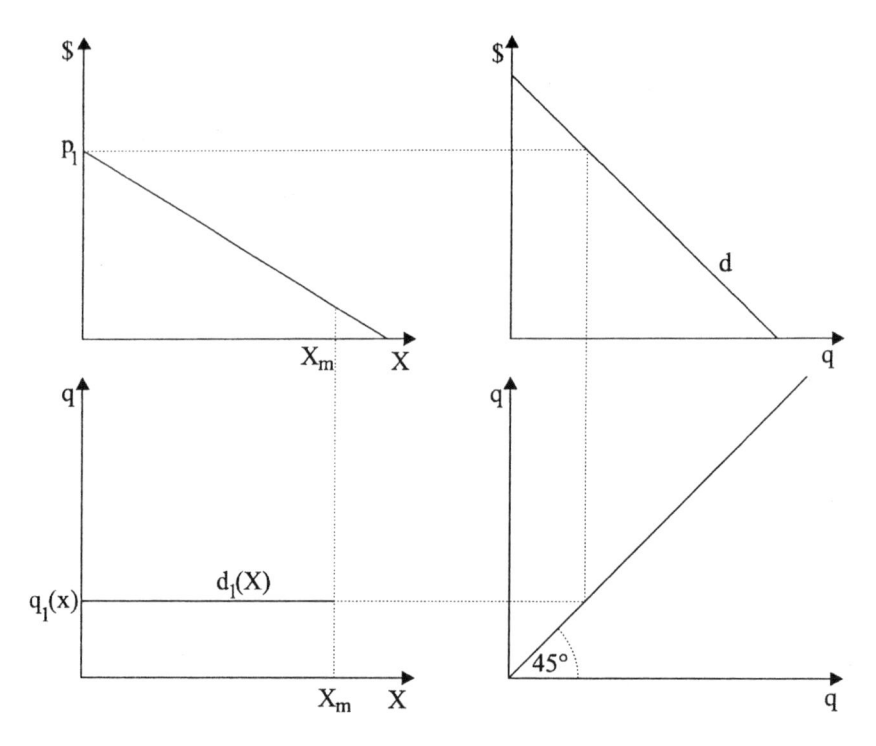

Abbildung 3.11: Die Nachfrage der Konsumenten bei einheitlichem Konsumentenpreis.

3.4.2 Einheitlicher Konsumentenpreis

Wegen seiner Monopolstellung kann der Produzent nicht nur seinen Stückerlös bestimmen, sondern auch andere Preisstrategien verfolgen. Bei der Strategie eines *einheitlichen Konsumentenpreises* verlangt der Produzent von jedem Konsumenten unabhängig von dessen Standort den gleichen Preis, er trägt also (scheinbar) die Transportkosten. Da der Produzent auch unter dieser Strategie danach trachtet, seinen Gewinn zu maximieren, verteilt er de facto die Transportkosten zwischen den Konsumenten um. Konsumenten nahe am Produktionsstandort tragen mehr als die ihnen entsprechenden Transportkosten, weiter entfernte Konsumenten weniger. Da jeder Konsument den gleichen Preis zahlt, frägt auch jeder die gleiche Gütermenge nach (Abb. 3.11).

Da in diesem Fall der Produzent die Transportkosten übernimmt, ergibt sich für ihn je nach dem Standort des Konsumenten ein anderer Stückerlös. Wie in Abschnitt 3.3 (Abb. 3.7) fällt der Stückerlös mit zunehmender Entfernung. Im Unterschied zur dort angenommenen Konkurrenzsituation kann der räumliche Monopolist den (einheitlichen) Konsumentenpreis allerdings so festsetzen, daß sein Gewinn maximiert wird.

Die Grenze des Marktgebiets (X_m) wird in diesem Fall nicht von den Konsumenten, sondern vom Produzenten bestimmt. Da er die Transportkosten trägt, wird er Konsumenten nur bis zu jener Entfernung versorgen, bis zu der der Stückerlös seine Produktionskosten deckt.

Es läßt sich zeigen, daß unter den getroffenen Annahmen die beiden Preisstrategien *einheitlicher Ab-Werk-Preis* und *einheitlicher Konsumentenpreis* das gleiche Marktgebiet und die gleiche Produktionsmenge ergeben. Auch der Gewinn des Produzenten ist unter beiden Strategien gleich.

Während der Produzent damit unter den getroffenen Annahmen zwischen den beiden Strategien indifferent ist, unterscheiden sie sich für die Konsumenten. Da der Produzent bei einem einheitlichen Konsumentenpreis die Transportkosten übernimmt, wird er unter dieser Strategie einen höheren Preis festlegen als bei einem einheitlichen Ab-Werk-Preis. Jeder Konsument zahlt damit den gleichen Transportkostenaufschlag, egal wie weit er vom Produktionsstandort entfernt ist. Konsumenten nahe dem Produktionsstandort werden es vorziehen, einen fixen Ab-Werk-Preis zu zahlen und die Transportkosten selbst zu tragen. Konsumenten am Rande des Marktgebiets werden einen Fixpreis vorziehen (siehe auch Abb. 3.12). Besteht für die Konsumenten eine Möglichkeit, zwischen den beiden Preisstrategien zu wählen („pickup or delivery"), so wird der gewinnmaximierende Produzent ihr Verhalten berücksichtigen und einen höheren Preis festsetzen (Furlong und Slotsve 1983).

3.4.3 Preisdiskriminierung

Seine beherrschende Marktposition erlaubt es dem Anbieter, auch andere als die beiden bisher diskutierten Preisstrategien zu verfolgen. So kann er *für jede Entfernungskategorie einen eigenen Konsumentenpreis* bestimmen. Da der Produzent dabei die Konsumenten nach ihrem Standort diskriminiert, wird diese Strategie als *Preisdiskriminierung* bezeichnet.

Um seinen Gewinn zu maximieren, wird der Produzent trachten, den Gewinn*beitrag* jeder Entfernungskategorie zu maximieren. Dies kann er deshalb, weil bei dieser Preisstrategie der Preis für die Konsumenten in einer bestimmten Entfernung unabhängig von den Preisen ist, die er für die anderen Konsumenten festsetzt. Der Gewinnbeitrag einer bestimmten Entfernungskategorie ergibt sich einfach als Produkt der Absatzmenge in dieser Entfernung und der Differenz zwischen dem Stückerlös in dieser Entfernung und den Grenzkosten.

Setzen wir die erste Ableitung des Gewinnbeitrags nach dem Preis null, so erhalten wir den optimalen diskriminatorischen Preis. Der Konsument in dieser Entfernung wird jene Gütermenge nachfragen, die dem vom Produ-

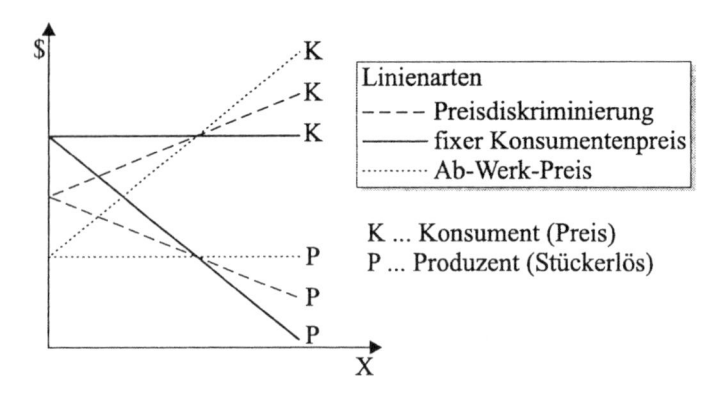

Abbildung 3.12: Preis- und Stückerlösfunktionen bei unterschiedlichen Strategien der Preisfestsetzung.

zenten festgesetzten Preis entspricht. Die gesamte Produktionsmenge ergibt sich als Summe der Absatzmengen in den einzelnen Entfernungskategorien des Marktgebiets, wobei die Marktgrenze unter Preisdiskriminierung dort erreicht ist, wo der Gewinnbeitrag null wird.[6]

Es läßt sich zeigen, daß der Anbieter unter Preisdiskriminierung eine größere Gütermenge produziert und damit ein größeres Marktgebiet versorgt als unter den anderen beiden Preisstrategien. Da der Produzent nun den Preis in jeder Entfernung nach dem Gewinnkriterium festlegt und nicht nur das Niveau einer vorgegebenen Preisstruktur, wie in den ersten beiden Fällen, ist der Gewinn bei Preisdiskriminierung größer. Die Verläufe der Preis- und Stückerlösfunktionen unter den drei Strategien sind in Abb. 3.12 zusammengestellt. Wie wir sehen, ergeben sich die Kurvenverläufe unter Preisdiskriminierung als Durchschnitt der Kurven der beiden anderen Preisstrategien. Gegenüber einem einheitlichen Ab-Werk-Preis werden unter Preisdiskriminierung die Konsumenten in der Nähe des Produktionsstandortes benachteiligt, die weiter entfernten Konsumenten bevorzugt. Da ihm Preisdiskriminierung einen höheren Gewinn liefert als jede andere Preisstrategie, wird der Produzent versuchen, wenn möglich diese Strategie zu verfolgen. Er kann sie allerdings nur deshalb anwenden, weil er über ein räumliches Monopol verfügt, das ihm erlaubt, Preise strategisch festzusetzen.

---

[6] Dies kann dadurch eintreten, daß entweder die Stückkosten das Niveau der Durchschnittskosten erreichen, oder dadurch daß die Nachfragemenge null wird. Unter den getroffenen Annahmen fallen diese beiden Punkte zusammen.

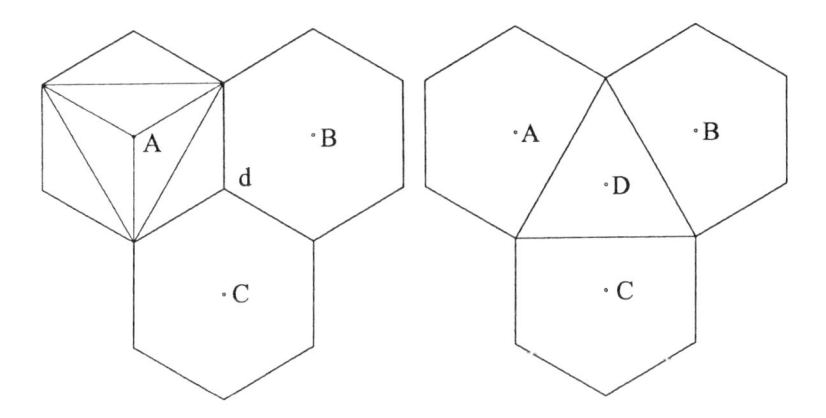

Abbildung 3.13: Konkurrenz durch Markteintritt.

3.4.4 Die Stabilität räumlicher Monopole

In der ökonomischen Theorie wird üblicherweise argumentiert, daß Monopolgewinne neue Anbieter anziehen, die am Markt wiederum Konkurrenzverhältnisse herstellen. In unserem – räumlichen – Fall zeigt sich aber, daß es für Konkurrenten nicht sehr attraktiv ist, dem Monopolisten den Markt streitig zu machen. Liegen die Standorte zweier Produzenten zu nahe beisammen, so läßt sich zeigen (z.B. Beckmann und Thisse 1986), daß die Marktverhältnisse instabil werden, was für den neu eintretenden Konkurrenten ein hohes Risiko bedeutet. Greenhut et al. (1987, S. 302 ff) zeigen, daß bei räumlicher Konkurrenz selbst bei freiem Marktzugang langfristig Monopolgewinne möglich sind. Dies ergibt sich im wesentlichen daraus, daß ein neu in den Markt eintretender Konkurrent ein kleineres Marktgebiet versorgt als die bereits im Markt befindlichen Anbieter. Abbildung 3.13 illustriert dies. Im linken Teil der Abbildung gehen wir davon aus, daß die gesamte Fläche versorgt wird. Wie wir in Abschnitt 7.1 zeigen werden, impliziert dies hexagonale Marktgebiete, wie wir sie in Abbildung 3.13 dargestellt haben. Wir betrachten drei etablierte Anbieter (A, B, C). Da es keine unversorgte Nachfrage gibt, muß ein neu eintretender Konkurrent bereits im Markt befindlichen Anbietern Nachfrage abjagen. Verfügt er über keine Kostenvorteile, die es ihm erlauben, überall billiger als die Konkurrenz anzubieten, so ist es für den neuen Anbieter sinnvoll, sich möglichst weit von den übrigen Anbietern entfernt, d.h. am Punkt d, anzusiedeln. Im rechten Teil der Abbildung ist zu sehen, wie sich die Situation nach dem Markteintritt des vierten Anbieters (D) ändert. Anbieter D kann jedem seiner Konkurrenten ein Sechstel seines Marktgebiets abjagen. Anbieter A,

B und C versorgen also nach dem Eintritt von D nur mehr 5/6 der Konsumenten, die sie vorher versorgt haben. Anbieter D kann damit aber nur ein Marktgebiet okkupieren, das *halb so groß* ist, wie die ursprünglichen Sechsecke. Selbst wenn die ursprünglichen Anbieter in der Ausgangssituation übermäßige Gewinne machen, ist es sehr wahrscheinlich, daß Anbieter D mit diesem kleinen Marktgebiet seine Kosten nicht decken kann und wieder aus dem Markt ausscheiden wird, wodurch die Ausgangslage wieder hergestellt ist.

Selbst bei einer Vielzahl von Anbietern verfügt jeder von ihnen über ein Marktgebiet, das er allein versorgt und wo er als Monopolist auftreten kann. Wegen der Transportkosten ist jeder Anbieter seiner Konkurrenz üblicherweise nur am Rande des Marktgebiets ausgesetzt. Für die Konsumenten in der Nähe seines Produktionsstandortes nimmt er auch bei mehreren Konkurrenten die Position eines Monopolisten ein. Zugleich steht ein Anbieter selbst bei einer großen Zahl von Konkurrenten immer nur mit wenigen in direkter Konkurrenz, nämlich mit jenen, deren Marktgebiete seines berühren. Die Aktivitäten weiter entfernt gelegener Konkurrenten wirken sich auf ihn nur indirekt aus.

In der Darstellung der Bedeutung von Transportkosten sind wir von sehr stark vereinfachenden Annahmen ausgegangen. Diese Annahmen haben uns geholfen, einen komplizierten Zusammenhang durchleuchten und möglichst einfach darstellen zu können. Die wichtigsten theoretischen Ergebnisse sind allerdings nicht von diesen Annahmen abhängig. Abbildung 3.14 zeigt zwei Beispiele für Modifikationen, die sich aus der Aufgabe der Annahme der homogenen Fläche ergeben. Während sich bei einer homogenen Fläche kreisrunde Marktgebiete ergeben, führt ein Verkehrssystem dazu, daß sich Marktgebiete ergeben, wie sie im linken Teil von Abb. 3.14 dargestellt sind. Da die Transportkosten entlang den Achsen des Transportsystems niedriger sind als in der übrigen Fläche, erreicht der Produzent in diese Richtungen auch weiter entfernte Konsumenten. Im rechten Teil von Abb. 3.14 ist der Fall eines Marktgebietes dargestellt, das von einem Fluß durchschnitten wird. Da der Fluß nur an der eingezeichneten Brücke überquert werden kann, ist für die Konsumenten jenseits des Flusses die Entfernung von der Brücke von Bedeutung. Es ergibt sich das skizzierte eingezeichnete Marktgebiet. Sind die Konsumenten gleichmäßig über die Fläche verteilt, so wäre es für den Produzenten übrigens sinnvoller, sich entweder so weit vom Fluß entfernt anzusiedeln, daß sein Marktgebiet nicht verzerrt wird, oder aber direkt an der Brücke, sodaß er von beiden Seiten des Flusses gleich gut erreichbar ist. Analoge Überlegungen[7] lassen sich auch für andere Hindernisse, beispielsweise Grenzen, Gebirgszüge oder Küstenlinien, anstellen.

---

[7] Anstatt mit Marktgebieten können wir auch mit Isotimen argumentieren.

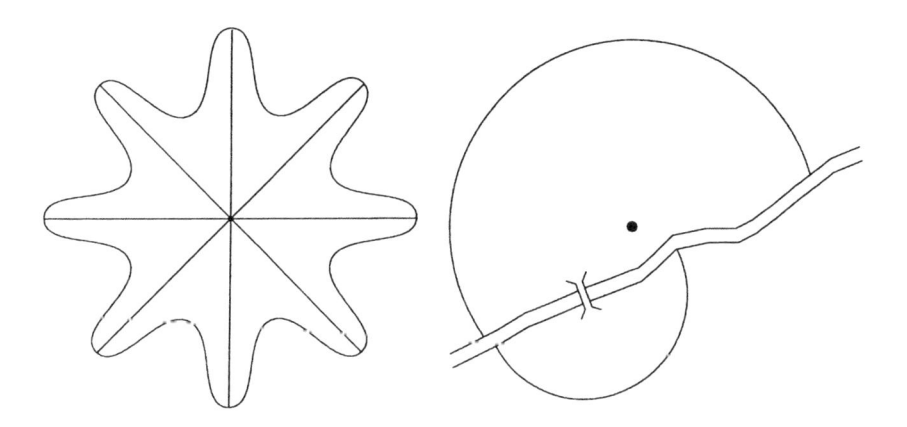

Abbildung 3.14: Marktgebiete bei Transportsystem und natürlichem Hindernis.

3.5 Verallgemeinerungen

Die umfangreiche Literatur, die an die Überlegungen zu den Preisstrategien räumlicher Monopole anschließt, können wir hier nicht einmal ansatzweise wiedergeben. Diese Literatur erweitert die räumliche Preistheorie auf Duopole und Oligopole und beschäftigt sich eingehend mit den Wechselwirkungen zwischen den Verhaltensweisen der einzelnen Marktteilnehmer. Dabei zeigt sich, daß durch die Berücksichtigung des Raumes und der Transportkosten unvollkommene Konkurrenz wesentlich stärker in den Vordergrund rückt als dies in der üblichen raumlosen Betrachtungsweise der Volkswirtschaftslehre der Fall ist. Während die raumlose Volkswirtschaftstheorie unvollkommene Märkte häufig als Anomalie darstellt, die durch entsprechende ordnungspolitische Maßnahmen beseitigt werden müssen, zeigt die räumliche Betrachtung, daß Marktunvollkommenheiten einen integralen Bestandteil der wirtschaftlichen Aktivität darstellen. Diese Sicht hat in den letzten Jahren auch in der mikroökonomischen Literatur verstärkt Eingang gefunden (etwa Greenhut et al. 1987; Phlips 1983, 1989), wo Ergebnisse der räumlichen Betrachtung oft für andere Unternehmensstrategien, die der Abschottung von der Konkurrenz dienen (Produktdifferenzierung, zeitliche Differenzierung etc.), uminterpretiert werden.

Unsere Argumente bewegen sich hier natürlich auf einem sehr intuitiven Niveau. Bei einer genaueren Analyse ist es notwendig, die verschiedenen Möglichkeiten der Preisgestaltung oder Standortverlagerungen zu berücksichtigen. An der grundsätzlichen Struktur der Ergebnisse ändert sich dadurch aber nichts.

In den bisherigen Überlegungen in diesem Abschnitt haben wir uns auf die Transportkosten konzentriert. Zwar treten Transportkosten sowohl auf der Beschaffungs- als auch auf der Absatzseite des Unternehmens auf, sie bestimmen aber natürlich nicht *alleine* die Standortentscheidung von Unternehmen. Häufig wird argumentiert, daß die Theorie der Transportkosten wegen des realen Rückgangs der Transportkosten heute für die Standortentscheidungen von Unternehmen kaum mehr von Bedeutung ist. Dieser Sichtweise können wir uns nur sehr bedingt anschließen. Wie wir oben erläutert haben, beeinflussen Transportkosten nicht nur die Preise und die Nachfrage der Unternehmen, sondern schützen die Unternehmen auch teilweise vor der Konkurrenz. Sie führen zu einer Marktstruktur, die vom Ideal des „vollkommenen Marktes" markant abweicht. Gerade bei flachen Verläufen der Transportkostenfunktionen sind Unternehmen den Einflüssen ihrer Konkurrenten wesentlich stärker ausgesetzt und können selbst geringfügige Veränderungen in den Transportkosten die Konkurrenzbedingungen stark verändern.

3.6 Zusammenfassung

In diesem Kapitel haben wir die Bedeutung der Transportkosten für die Standortentscheidung von Unternehmen, die wir in Abschnitt 2.2 kurz angeschnitten haben, ausführlicher dargestellt. Wir haben in Abschnitt 3.1 mit der grundlegenden Beobachtung begonnen, daß bei Berücksichtigung von Transportkosten der Stückerlös des Produzenten und der effektive Preis für den Konsumenten differieren. Je nachdem welche Seite des Marktes die Transportkosten trägt, entstehen räumliche „Preistrichter" oder „Preiskegel", die wir durch „Isotimen" charakterisieren können.

In Abschnitt 3.2 haben wir uns auf die Suche nach dem transportkostenminimalen Standort begeben. Bei vorgegebener Produktionsmenge und Produktionstechnik entspricht er jenem Standort, an dem der maximale Gewinn realisiert wird. Wir diskutieren zuerst den Fall mit zwei räumlichen Bezugspunkten (Beschaffungs- und Absatzmarkt) und verallgemeinern ihn anschließend auf mehrere. Dies führt uns zum Begriff der „Isodapane".

In Abschnitt 3.3 haben wir die Annahme der vorgegebenen Produktionsmenge und Produktionstechnik aufgegeben und gezeigt, daß auch sie dem Einfluß der Transportkosten unterliegen. Je nachdem, in welcher Entfernung von der als räumlich konzentriert angenommenen Nachfrage der Produzent seinen Standort wählt, ändert sich auch seine optimale Produktionsmenge und er setzt auch die Produktionsfaktoren in unterschiedlichen Verhältnissen ein.

Versorgt ein Produzent viele, räumlich gestreute Nachfrager, so führen die Transportkosten dazu, daß er unterschiedliche Marktmacht über sie ausüben kann. Nahe an seinem Standort gelegenen Nachfragern gegenüber kann er die Position eines räumlichen Monopolisten einnehmen. Dies erlaubt ihm die Anwendung unterschiedlicher Preisstrategien. Die drei wichtigsten haben wir in Abschnitt 3.4 diskutiert, nämlich einen einheitlichen Ab-Werk-Preis (3.4.1), einen einheitlichen Konsumentenpreis (3.4.2) und Preisdiskriminierung (3.4.3).

In Abschnitt 3.5 sind wir von der strikt deduktiven Analyse abgegangen und haben uns überlegt, wie sehr unsere wesentlichen Ergebnisse dieses Kapitels von den restriktiven Annahmen, die wir einleitend getroffen haben, abhängen. Es zeigt sich, daß wir auch unter weniger restriktiven Annahmen zu ähnlichen Ergebnissen kommen sollten. Dennoch abstrahiert die neoklassische Standorttheorie natürlich von einer Vielzahl von Einflußfaktoren der unternehmerischen Standortentscheidung. Einige dieser Faktoren werden in den behaviouristischen Konzeptionen aufgegriffen, denen wir uns im nächsten Kapitel zuwenden.

3.7 Übungsaufgaben und Kontrollfragen

1. Erläutern Sie die Beziehungen zwischen
   - Konsumentenpreis,
   - Stückerlös,
   - Marktpreis und
   - Transportkosten.
2. Was ist der Unterschied zwischen Isotimen und Isodapanen?
3. Welche Voraussetzungen müssen erfüllt sein, damit der transportkostenminimale Standort zugleich der gewinnmaximale Standort ist?
4. Erläutern Sie, wodurch sich aus Abb. 3.4 ein degressiver Verlauf der Transportkosten ergibt.
5. Erläutern Sie anhand von Abb. 3.7 den Zusammenhang zwischen Standort und Produktionsmenge. Warum wird das entsprechende Produkt außerhalb von z nicht produziert?
6. Was ist unter „Lagerente" zu verstehen?
7. Erläutern Sie den Begriff des räumlichen Monopols. Welche Möglichkeiten stehen dem räumlichen Monopolisten offen, über die der Anbieter unter Konkurrenzbedingungen nicht verfügt?
8. Warum werden räumliche Monopole auch bei freiem Marktzugang nicht notwendigerweise eliminiert?
9. Erläutern Sie die Preisstrategien
   - Einheitlicher Ab-Werk-Preis,
   - Einheitlicher Konsumentenpreis und
   - Preisdiskriminierung.
10. Warum kann der Anbieter mit räumlicher Preisdiskriminierung einen höheren Gewinn erreichen als mit den beiden anderen Preisstrategien?
11. Diskutieren Sie Abb. 3.14.

Kapitel 4
Behaviouristische Konzeptionen der Standorttheorie: Organisation und Technologie

Die in Kap. 3 dargestellte neoklassische Standorttheorie konzentriert sich infolge ihres deduktiven Charakters auf einige zentrale Aspekte der Standortentscheidung. Sie geht von einem idealisierten Unternehmen aus, in dem der Unternehmer vollkommen informiert ist und Unternehmensentscheidungen autonom und auf die kurzfristige Maximierung seines Gewinnes orientiert trifft. Reale Unternehmen entsprechen nur selten diesem Idealbild. Zum einen gibt es in der Wirtschaft viele größere Unternehmungen mit einer ausgeprägten internen Struktur, die Betriebsstätten in mehreren Regionen und Ländern unterhalten und die eine zu fällende Standortentscheidung mit Rücksicht auf dieses bestehende Standortnetz zu treffen haben. Zum anderen unterscheiden sich Unternehmungen deutlich hinsichtlich der Zielfunktion und in der Fähigkeit relevante Informationen zu sammeln und zu verarbeiten (vgl. oben Abschnitt 2.2). Schließlich ist festzustellen, daß die Technologie des Unternehmens, also seine Produkte und Produktionsverfahren, nur selten vorgegeben sind und unverändert bleiben. Sie unterliegen einem Alterungsprozeß sowie expliziten Entwicklungsbemühungen von seiten des Unternehmens.

Im folgenden werden wir zunächst die Weiterentwicklungen der Standorttheorie, die sich aus den genannten organisatorischen Aspekten ergeben, behandeln (Abschnitt 4.1). Dabei untersuchen wir zunächst das Standortverhalten von Großunternehmungen. Die Tatsache, daß diese Unternehmungen räumliche Differenzierungen in wesentlich stärkerem Maße nützen können als Kleinunternehmen, führt in Abhängigkeit von den zugrundeliegenden Strategien und Organisationsformen zu spezifischen räumlichen Mustern der großen Unternehmungen. In vielen Fällen entspricht dabei die Unternehmenshierarchie in etwa auch der Hierarchie der Standorte. Kleinunternehmen treffen hingegen nur in sehr eingeschränktem Maße explizite Standortentscheidungen. Sie sind bezüglich ihrer Generierung und Dynamik in hohem Maße von ihrem standörtlichen Umfeld, dem lokalen Milieu, abhängig. Allerdings bilden Groß- und Kleinunternehmen nicht unbedingt abgeschottete und voneinander unabhängige Segmente, sondern sie können vielfältige Beziehungen unterhalten, die sich zum Teil in sogenannten Netzwerkbeziehungen stabilisieren.

In Abschnitt 4.2 gehen wir auf die Rolle technologischer Veränderungen ein. Der Schwerpunkt der Ausführungen liegt dabei auf dem Produktzyklus und seinen Auswirkungen auf das Standortverhalten von Unternehmen. Die Sichtweise der Produktzyklustheorie, nach der die Standortfaktoren der Regionen vorgegeben sind und sich die Unternehmen je nach der Position ihrer Produkte im Produktzyklus ansiedeln, kontrastieren wir mit den Vorstellungen Storpers über regionale Wachstumszentren und den Überlegungen zu innovativen Milieux. Nach diesen beiden Vorstellungen kommt den Regionen und ihren Unternehmungen eine wesentlich aktivere Rolle in der Generierung von Innovationen und Entwicklungsmöglichkeiten zu.

4.1 Unternehmensorganisation und Standortverhalten

Einige Autoren sehen bezüglich zentraler unternehmerischer Verhaltensmuster sowie organisatorischer Charakteristika eine Segmentierung der Wirtschaft, also eine Trennung in klar unterscheidbare Bereiche, zwischen denen nur in geringem Maße Übergänge stattfinden. Averitt (1968) sowie Doeringer und Piore (1971) behaupten eine Dualisierung zwischen einem großbetrieblich organisierten *Kernbereich*, dem ein *primärer Arbeitsmarkt* entspricht, und einem kleinbetrieblich strukturierten *Randbereich*, dem ein *sekundärer Arbeitsmarkt* entspricht. Im ersten Bereich herrschen Monopol- und Oligopolstrukturen vor, im zweiten Wettbewerbsverhältnisse. Der Randbereich ist vom Kernbereich in vielfältiger Weise abhängig, etwa über Zulieferbeziehungen, technologische Abhängigkeiten oder Franchising. In einer Weiterentwicklung des Segmentierungsansatzes unterscheiden Taylor und Thrift (1983) zwar ebenfalls zwischen einem „corporate" und einem „small firms segment", sie sehen jedoch innerhalb dieser großen Segmente auch noch differenziertere Unternehmenstypen wie etwa „leaders", „satellites", „support firms" oder „laggards"[1]. Zwischen den einzelnen Segmenten bestehen vielfältige Beziehungen und vereinzelt auch Übergangsmöglichkeiten. Zulieferbeziehungen zwischen Klein- und Großunternehmen werden insbesondere dann zu Abhängigkeitsbeziehungen, wenn sie beim Kleinunternehmen einen hohen Umsatzanteil ausmachen oder wenn längerfristig wichtige Funktionen im Kleinunternehmen unterentwickelt bleiben, wie etwa F&E, Marktforschung und Unternehmensplanung.

In unserem Zusammenhang ist eine solche Differenzierung insofern relevant, als Unternehmungen der verschiedenen Segmente ein stark unterschiedliches Standortverhalten zeigen und sehr verschiedene Beziehungen zum standörtlichen Umfeld aufweisen. Dies gilt insbesondere für die Seg-

---

[1] Also „führende Unternehmen", „Satelliten", „unterstützende" sowie „stagnierende Unternehmen".

mente Groß- und Kleinfirmen und betrifft deren Fähigkeit zur Informationssuche und -verarbeitung (rationale Planung), ihren räumlichen Aktionsradius (Mobilität und Reichweite von Interaktionen und Investitionen) sowie die Standortmuster selbst (relevante Faktoren, Standorttyp etc.). Schließlich sind Groß- und Kleinunternehmen in unterschiedlichem Maße von der standörtlichen Umgebung (dem lokalen „Milieu") abhängig und beeinflußt.

4.1.1 Räumliche Arbeitsteilung in Großunternehmen („geography of enterprise")

Seit den 70er Jahren steht das Großunternehmen und seine Standortentscheidung sowie seine räumliche Struktur im Zentrum von Forschungsbemühungen.[2] Zunächst ging es um die Beschreibung und Erklärung von Standortstrukturen, in weiterer Folge um die Implikationen für die regionale Entwicklung und schließlich – aufgrund der Krisenerscheinungen der Weltwirtschaft seit Mitte der 70er Jahre – auch um die räumlichen Effekte der Reorganisation großer Unternehmungen. Hintergrund für diese Forschungsbemühungen sind mehrere Faktoren (Tödtling 1983, Chapman und Walker 1988):

- In den 50er und 60er Jahren bewirkte eine stark zunehmende Unternehmenskonzentration, daß Großunternehmen einen wachsenden Anteil der Produktion oder der Beschäftigung auf sich vereinten und eine zunehmende Bedeutung in der Wirtschaft erlangten.

- Die Verbesserung des großräumigen Transport- und Kommunikationsnetzes schaffte die Voraussetzungen für den Güter- und Informationsaustausch auch innerhalb von Mehr-Standort-Unternehmen.

- Organisatorische Neuerungen haben die Koordination einer größeren Anzahl von an verschiedenen Standorten ansässigen Betriebsstätten ermöglicht.

- Schließlich bewirkte die zunehmende Arbeitsteilung innerhalb der großen Unternehmungen eine Ausdifferenzierung der Standorterfordernisse nach Unternehmensfunktionen (Bade 1979)

Mehrbetriebsunternehmen unterscheiden sich von Kleinunternehmen in der Standortentscheidung hinsichtlich mehrerer Aspekte. Sie haben zum einen aufgrund einer besseren Ausstattung mit einschlägigen Funktionen (etwa Planungsabteilungen) und qualifizierten Arbeitskräften eine bessere Fähigkeit der Informationssuche und -verarbeitung (vgl. oben Kap. 2). Zum

---

[2]Siehe etwa die Arbeiten von Hymer (1972), Westaway (1974), Watts (1980, 1981), McDermott und Taylor (1982), Tödtling (1983), Schackmann-Fallis (1985), Malmberg (1990).

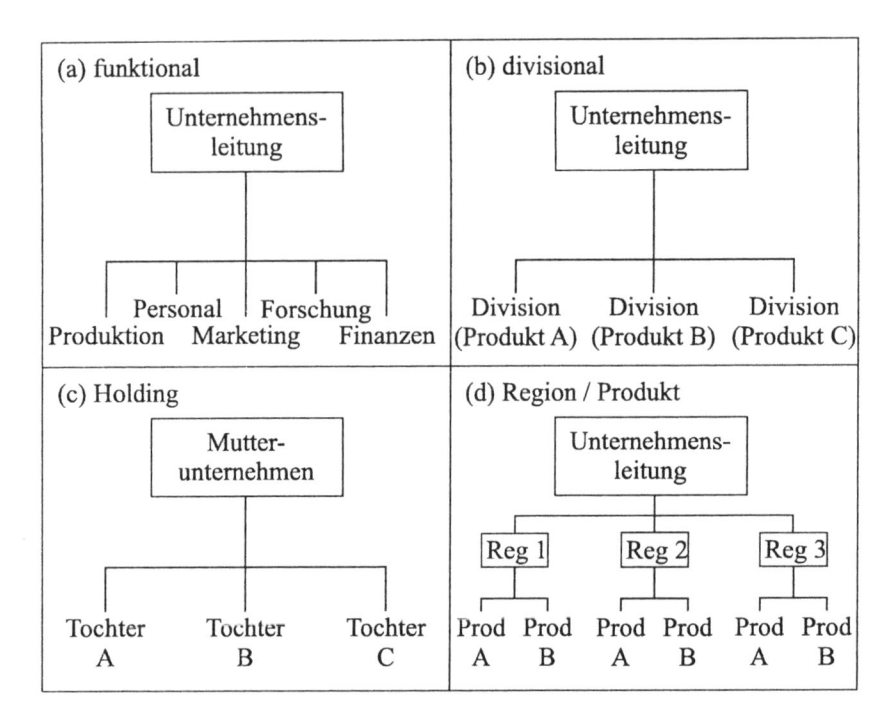

```
┌─────────────────────────────────────┬─────────────────────────────────────┐
│ (a) funktional                      │ (b) divisional                      │
│         Unternehmens-               │         Unternehmens-               │
│           leitung                   │           leitung                   │
│                                     │                                     │
│    Personal  Forschung              │   Division   Division   Division    │
│ Produktion Marketing Finanzen       │ (Produkt A) (Produkt B) (Produkt C) │
├─────────────────────────────────────┼─────────────────────────────────────┤
│ (c) Holding                         │ (d) Region / Produkt                │
│          Mutter-                    │         Unternehmens-               │
│        unternehmen                  │           leitung                   │
│                                     │      Reg 1    Reg 2    Reg 3        │
│  Tochter   Tochter   Tochter        │  Prod Prod  Prod Prod  Prod Prod    │
│     A         B         C           │   A    B     A    B     A    B      │
└─────────────────────────────────────┴─────────────────────────────────────┘
```

Abbildung 4.1: Mögliche organisatorische Strukturen (Chapman und Walker 1988, S. 101).

zweiten sind Standortentscheidungen aufgrund der Unternehmensgröße und der häufigeren Investitionsentscheidungen auch wesentlich öfter zu treffen. Schließlich gibt es aufgrund der größeren finanziellen Ressourcen auch eine größere Reichweite der Informationssuche und einen größeren Aktionsradius (Kapitalmobilität) dieser Unternehmungen.[3]

Die Art der Einbindung der einzelnen Betriebe und die standörtliche Spezialisierung sind von der Organisationsform des Großunternehmens abhängig. Es gibt in der Praxis verschiedene Organisationsprinzipien, die bei den größeren und komplexeren Firmen auch kombiniert auftreten können. Vier der wichtigsten Organisationsformen sind in Abb. 4.1 dargestellt.

Die kleineren und weniger komplexen Mehrbetriebsunternehmen sind häufig funktional organisiert (Abb. 4.1a), wobei einzelne der angeführten Funktionen an bestimmten Standorten konzentriert sein können. In die-

---

[3]In bezug auf die Informationsverarbeitung und die Mobilität entsprechen die Mehrbetriebsunternehmungen somit weit eher den neoklassischen Vorstellungen als die Kleinunternehmen. Allerdings nehmen sie in regionalen Märkten häufig eine Monopol- oder Oligopolstellung ein.

4.1 Organisation und Standortverhalten

sem Fall kommt es zu einer „funktionalen räumlichen Arbeitsteilung" (Bade 1979), wie sie in der Folge dargestellt wird. Die größeren und komplexeren Mehrbetriebsunternehmen können nach Produktgruppen (divisionale Organisation; Abb. 4.1b), nach Regionen oder Absatzgebieten (regionale Organisation; Abb. 4.1d) oder auch in Form einer Holding organisiert sein, der mehrere autonome Tochterunternehmen unterstehen (Abb. 4.1c).

In der Periode des Aufschwungs nach dem zweiten Weltkrieg erlaubten die stabilen Umweltbedingungen und das kontinuierliche Marktwachstum eine ausgeprägte Standardisierung von Produkten und Produktionsverfahren und damit eine stark arbeitsteilige und hierarchische Organisation („fordistisches Produktionskonzept"; vgl. Abschnitt 4.1.1.2). Diese innerunternehmerische Arbeitsteilung und Spezialisierung ermöglicht es den Mehrbetriebsunternehmungen, die jeweiligen komparativen Standortvorteile optimal zu nutzen. An den einzelnen Standorten werden insbesondere jene Aktivitäten und Funktionen lokalisiert, die den dortigen Standortbedingungen am besten entsprechen. Zu berücksichtigen ist hier allerdings, daß es sich immer um eine Wechselwirkung Standort – Betrieb handelt. Insbesondere größere Unternehmungen prägen Standorte längerfristig in hohem Maße, etwa durch die Attraktion von Standortfaktoren (z.B. Arbeitskräfte) oder durch interne Ausbildung (vgl. Abschnitt 4.2 sowie Tödtling 1990).

Es wurde argumentiert, daß diese großen Unternehmungen im Zuge der Spezialisierung ihre interne hierarchische Organisation auf die Raumstruktur übertragen und eine räumliche funktionale Arbeitsteilung vornehmen (Hymer 1972, Westaway 1974, Tödtling 1983) (Abb. 4.1a). „Headquarter"-Funktionen werden demnach aufgrund ihrer spezifischen Anforderungen am günstigsten in den international und national hochrangigen Agglomerationen lokalisiert (Pred 1977). Zu den Standortanforderungen dieser Funktionen zählen vielfältige Kontaktmöglichkeiten (zu anderen Unternehmungen, zu Dienstleistungen, zu öffentlichen Entscheidungsträgern), die Verfügbarkeit hochqualifizierter Arbeitskräfte (insbesondere im kaufmännischen und Managementbereich) sowie eine gute Ausstattung mit hochrangiger Infrastruktur (Ausbildung, Flugverbindungen, Kommunikationseinrichtungen). Allfällige Zentralen von divisionalen und regionalen Tochterunternehmen sind je nach Unternehmensstrategie auf der nächsten Ebene der städtischen Hierarchie[4] lokalisiert, also in nationalen oder regionalen Zentren.

Abteilungen für Forschung und Entwicklung können entweder in die Unternehmenszentralen integriert sein oder ausgelagert an die jeweils dafür geeignetsten Standorte. Standortkriterien für ausgelagerte F&E-Einheiten sind eine gute Ausstattung mit technischen Universitäten und Forschungseinrichtungen, hochqualifizierte Arbeitskräfte (insbesondere Techniker) sowie eine hohe Lebensqualität der Region, um das spezialisierte F&E-Personal anzuziehen bzw. zu halten (Malecki 1980, Howells 1984, Tödtling 1990).

---

[4]Zur städtischen Hierarchie und ihren Ebenen siehe Kap. 7.

Innerhalb der Produktionsaktivitäten wird zwischen qualifizierten und standardisierten Aktivitäten unterschieden (Massey 1979, 1984). Produktionen, die qualifiziertes Personal erfordern, werden am günstigsten in Regionen mit industrieller Tradition angesiedelt, an denen die entsprechenden Qualifikationen ausreichend vorhanden sind. Für standardisierte Produktionen werden vielfach periphere ländliche Regionen mit arbeitswilligen, disziplinierten und billigen Arbeitskräften sowie mit geringer gewerkschaftlicher Tradition und hohen Regionalförderungen gesucht. Größere Unternehmen suchen derartige Standorte häufig in Schwellenländern oder osteuropäischen Transformationsländern, deren Lohnniveau noch erheblich unter jenem der peripheren Regionen der Industrieländer liegt.[5]

Da größere Unternehmen über größere räumliche Interaktionsradien verfügen und potentielle Standortvorteile aufgrund ihrer Planungskapazitäten eher ausnützen können, ergibt sich je nach Größe der Unternehmung eine hierarchische Arbeitsteilung auf verschiedenen räumlichen Ebenen: zwischen größeren Agglomerationen und dem Hinterland, zwischen den Regionen eines Landes, zwischen mehreren Ländern eines Wirtschaftsraumes (z.B. innerhalb der EG) oder auch auf globaler Ebene zwischen Industrie- und Entwicklungsländern. Die Unternehmungen können damit Kostenvorteile sowie einen besseren Marktzugang erreichen.

Für Österreich wurden Standortstrukturen von Mehrbetriebsunternehmungen und ihr aggregiertes räumliches Muster in Tödtling (1983) untersucht. Es zeigten sich Abhängigkeitsstrukturen sowohl auf internationaler als auch auf interregionaler Ebene. Im internationalen Kontext erweist sich die österreichische Wirtschaft als relativ stark von multinationalen Konzernen durchdrungen, wobei die in Österreich lokalisierten Betriebe als semiautonom bis abhängig zu charakterisieren sind (vgl. Glatz und Moser 1989). Der Schwerpunkt liegt auf der Produktion und der Vermarktung. Nur in Einzelfällen sind ausgeprägte F&E-Tätigkeiten und ein autonomes Management zu finden. Innerhalb Österreichs lassen sich ebenfalls deutliche Kontroll- und Abhängigkeitstrukturen zwischen Regionen durch multiregionale Unternehmungen feststellen. Dies zeigen sowohl Daten der Arbeitsstättenzählung für 1973 und 1981 als auch die Analyse von seit 1950 neugegründeten Betrieben (Tödtling 1983). Die Unternehmenszentralen sind insbesondere in Wien, in geringem Maße auch in Linz, Graz und Vorarlberg, konzentriert. Organisatorisch außenabhängige Betriebe sind vor allem in den alten Industriegebieten (Grundstoffindustrien) sowie in den peripheren ländlichen Regionen[6] (arbeitsintensive standardisierte Produktio-

---

[5] Die Lohnhöhen in Schwellenländern (z.B. Taiwan, Südkorea, Singapur oder Brasilien) und den Transformationsländern betragen vielfach nur 1/10 bis 1/20 des Niveaus der hochindustrialisierten Länder (Fröbel et al. 1977, 1986, Petrakos et al. 2000, Altzinger et al. 1998, Bachtler et al. 2000).

[6] Als alte Industriegebiete gelten in Österreich insbesondere die Bezirke der Mur-Mürz-Furche und des südlichen Wiener Beckens (zwischen Judenburg und Wiener Neustadt).

nen) vorzufinden (vgl. Abb. 4.2) (Sheppard et al. 1989).

4.1.1.1 „Externe Kontrolle" und Regionalentwicklung

Ein hohes Maß an „externer Kontrolle" von Betrieben und Arbeitsplätzen wird im allgemeinen als Problem für die mittel- und längerfristige betriebliche Entwicklung einer Region erachtet (vgl. Watts 1980, 1981; Tödtling 1983; Schackmann-Fallis 1985; Malmberg 1990). Dies aus mehreren Gründen:

- Wichtige strategische Entscheidungen, die den jeweiligen Betrieb betreffen, werden außerhalb der Region getroffen, zumeist ohne Einbindung der lokalen Beschäftigten oder regionaler Entscheidungsträger. Extern kontrollierte Betriebe haben vielfach kaum Planungs- und Innovationsfunktionen und sind daher häufig nicht in der Lage, die Anpassung an geänderte Umweltbedingungen aus eigener Initiative und nach eigenen Vorstellungen vorzunehmen.

- Aufgrund der Unterausstattung mit Management und dispositiven Funktionen gibt es nur wenig Arbeitsplätze für hochqualifizierte Arbeitskräfte. Auch das durchschnittliche Einkommen ist somit wesentlich geringer als in „Headquarter-Regionen" (Maier und Weiss 1991).

- Schließlich wird argumentiert, daß extern kontrollierte Betriebe eine geringere Persistenz (Überlebensfähigkeit) und Stabilität aufweisen als eigenständige Betriebe oder Stammbetriebe. Letzteres ist insbesondere dann der Fall, wenn die Zweigbetriebe als „Parallelproduktion" zur Deckung des Spitzenbedarfs errichtet wurden. Derartige Parallelproduktionen können im Fall von Konjunkturrückgängen relativ leicht eingeschränkt oder stillgelegt werden. Darüber hinaus kann auch eine hohe Investitionsförderung diesbezüglich kontraproduktiv wirken, da diese die Amortisationszeit des investierten Kapitals verkürzt.

Weiterführende Analysen (Massey 1984, Schackman Fallis 1985, Taylor 1987, Grabher 1988, Healey und Ilbery 1990, Tödtling 1990) haben darauf hingewiesen, daß die Implikationen von Mehrbetriebsunternehmungen für die Regionalentwicklung (Qualifikation der Arbeitskräfte, Einkommen, Stabilität und Innovationsfähigkeit) nicht von vornherein der dargestellten Hierarchie entsprechen, sondern in komplexerer Weise von der jeweiligen Organisation und Strategie beeinflußt werden. So zeigt sich, daß die oben skizzierte Arbeitsteilung im wesentlichen das Ergebnis einer räumlichen Ausdifferenzierung einer funktionalen Organisationsstruktur des Unternehmens

---

Periphere ländliche Regionen sind die Bezirke entlang der nordöstlichen und östlichen Landesgrenze.

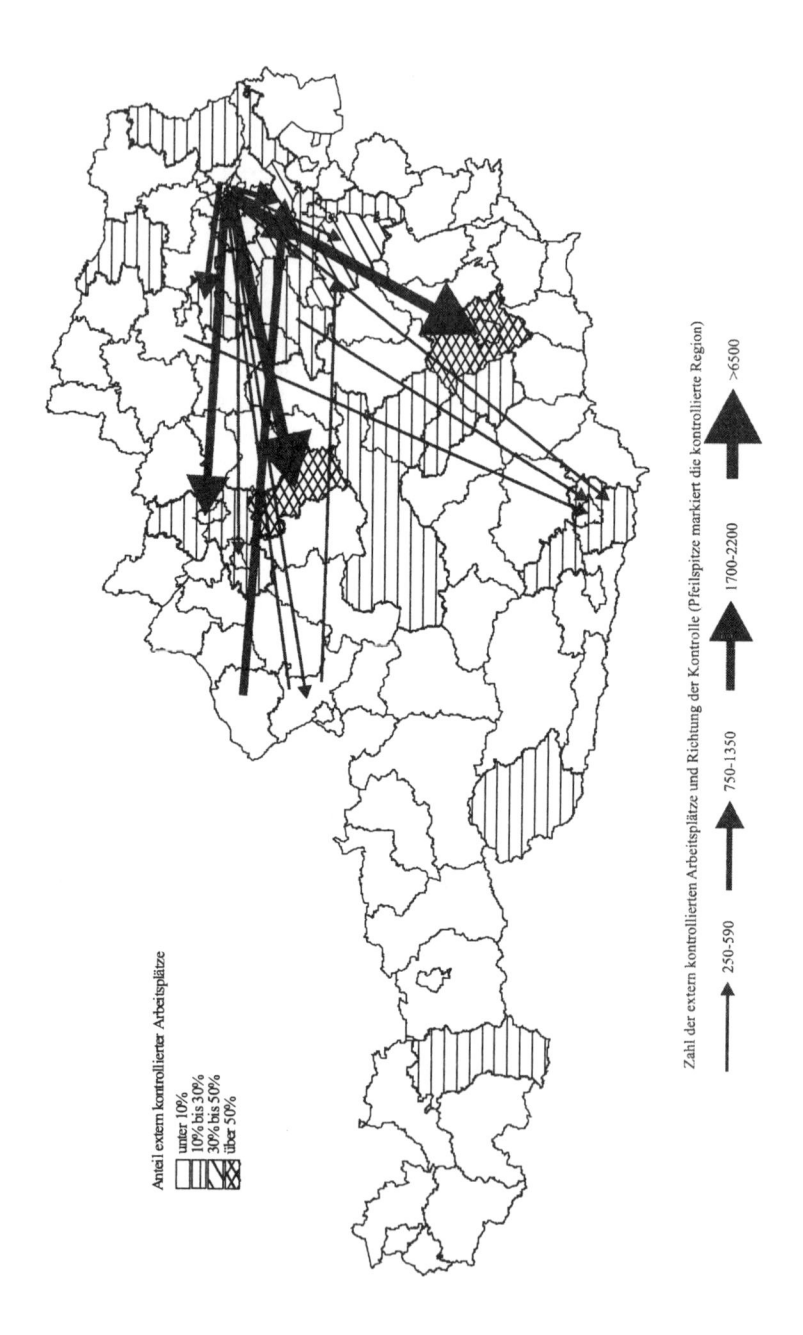

Abbildung 4.2: Organisatorische Außenabhängigkeit industrieller Betriebe in arbeits- und skillintensiven Sektoren und Standort der Unternehmenszentralen (1981).

ist (Abb. 4.1a). Andere Organisationsstrukturen (Abb. 4.1b–d) haben auch differenziertere räumliche Arbeitsteilungen zur Folge. Sowohl divisionale Organisationen als auch Holding-Strukturen und regionale Organisationen sind in der Regel mit erheblich größeren Entscheidungsspielräumen und besserem funktionalem Mix in den nachgeordneten Ebenen der Unternehmenshierarchie verbunden. Dies schwächt einige der genannten Probleme und der regionalen Disparitäten erheblich ab.

4.1.1.2 Modifizierung der Arbeitsteilung im „Postfordismus"?

Die oben dargestellte hierarchische Arbeitsteilung innerhalb von Großunternehmen erwies sich als historisch spezifische Ausformung des „Fordismus", der in den 50er und 60er Jahren aufgrund der stabilen Rahmenbedingungen und des stabilen Wirtschaftswachstums besonders stark ausgeprägt war (Sabel und Piore 1984, Harvey 1990).[7] Unter den dynamischen Umweltbedingungen in den 70er Jahren erwiesen sich die relativ hohen Kosten der Koordination und Kontrolle, die geringe Flexibilität und die geringe Motivation und Einbindung der Beschäftigten als Nachteile insbesondere der hierarchisch organisierten Großunternehmen.

Seit Mitte der 70er Jahre sind daher wesentliche Modifikationen der oben dargestellten hierarchischen Arbeitsteilung zu beobachten. So werden unter anderem flexiblere Organisationsformen eingesetzt (z.B. divisionale Strukturen, Matrix-Organisationen, Holding-Strukturen), die einen höheren Grad an Autonomie für Tochterunternehmen und Zweigbetriebe zur Folge haben. Zum Teil finden in diesem Zusammenhang sogar Rückverlagerungen dispositiver Funktionen (Management, Marketing und F&E) an die Standorte der Produktion statt. In Österreich ist dies etwa am Beispiel der Reorganisation der verstaatlichten Industrie besonders gut sichtbar (Sheppard, et al. 1989). Hier wurden nach einer Phase der Zentralisation, die in den 60er und 70er Jahren stattfand, Anfang der 80er Jahre Zweigbetriebe und Tochterunternehmen wieder stärker verselbständigt. Im Zuge dieser Umstrukturierung wurden auch gewisse Managementfunktionen wieder an die Standorte der Produktion zurückverlagert. Die längerfristige Entwicklung von Zweig- und Tochterunternehmungen hängt somit wiederum in wesentlich höherem Maße vom lokalen Management, der Belegschaft sowie sonstigen Faktoren der

---

[7]Der Begriff „Fordismus" entstammt der Regulationstheorie (Aglietta 1979, Lipietz 1986), welche untersucht, wie Produktion und Wachstum (Akkumulation) in fortgeschrittenen Industrieländern reguliert werden und welche Akkumulationsregimes sich historisch feststellen lassen. Unter Fordismus wird dabei das im 20. Jahrhundert sich durchsetzende Akkumulationsregime verstanden, das gekennzeichnet ist durch Massenproduktion und -konsumption, eine starke, jedoch unflexible Arbeitsteilung, große, kapitalintensive und hierarchisch organisierte Betriebe, starke Gewerkschaften und kooperative Arbeitsbeziehungen sowie eine Wirtschaftspolitik, die bestrebt ist, die Kaufkraft der Massen zu erhalten (vgl. auch Healey und Ilbery 1990). Die kapitalintensive und hochproduktive, jedoch starre Fließbandfertigung gilt als Idealtypus fordistischer Produktionsverfahren.

lokalen und regionalen Entwicklung ab.

4.1.2 Kleinunternehmen und Standort

Nachdem in den 60er und 70er Jahren das Mehrbetriebsunternehmen und seine räumliche Arbeitsteilung im Vordergrund des Forschungsinteresses gestanden ist, hat in den 80er Jahren – zum Teil aufgrund der Krise des Fordismus – das kleine und mittlere Unternehmen wiederum eine stärkere Bedeutung sowohl in der Praxis als auch in der Forschung erlangt. Nach einer längeren Periode des Schrumpfens des Segmentes der Kleinunternehmen hat sich sein Anteil in den 70er Jahren stabilisiert und zum Teil wiederum zugenommen (vgl. Storey 1982, Ewers et al. 1984, Keeble und Wever 1986).

Als ein möglicher Grund für diese Bedeutungszunahme werden die Krisenerscheinungen der Weltwirtschaft seit dem Ende der 60er Jahre gesehen („recession-push-theory": Keeble und Wever 1986). Es wird festgestellt, daß beschäftigungslose Arbeitskräfte mangels sonstiger Alternativen versuchen, Unternehmungen zu gründen, und daß durch die Rationalisierung und die Aufgabe wenig profitabler Produktionssparten von seiten der Großunternehmen auch wiederum verstärkt Marktlücken für Kleinunternehmen entstehen. Auch die bewußte Ausgliederung von Produktionen und Aktivitäten aus den Großunternehmen hin zu Kleinunternehmen wird als Strategie der Reorganisation und Flexibilitätserhöhung von seiten der Großunternehmen verfolgt (Shutt und Whittington 1987, Holms 1986). Zum anderen wird die Bedeutungszunahme der Kleinunternehmen in zwei strukturellen Gründen gesehen. Erstens wird argumentiert, daß die Einkommenserhöhung in den fortgeschrittenen Industrieländern sukzessive eine Änderung der Nachfragestruktur zugunsten der wenig standardisierten und maßgeschneiderten Güter zur Folge hat. Zweitens wird festgestellt, daß auch der technologische Wandel (Mikroprozessor, flexible Technologien) in den letzten Jahrzehnten zugunsten der Kleinunternehmen wirkt.[8]

Für die Kleinunternehmungen stellt sich der Zusammenhang zum Standort völlig anders dar als für die Großunternehmen. Während Großunternehmen sich die Standorte entsprechend ihrer Zielsetzungen aktiv suchen, ist beim Kleinunternehmen die Gründung und Entwicklung in hohem Maße als Ergebnis des standörtlichen Umfeldes (des lokalen „Milieus") zu betrachten. Kleinunternehmungen bestehen vielfach nur aus einer Betriebsstätte, sind also Ein-Betriebs-Unternehmen. Weiters werden sie zumeist von ihrem Eigentümer geführt und sie haben definitionsgemäß niedrige Umsatz- und

---

[8]Hiezu gibt es allerdings auch gegenteilige Meinungen: insbesondere Industriesoziologen und marxistische Regionalökonomen vertreten die Ansicht, daß die neuen Informationstechniken nicht nur Möglichkeiten der Dezentralisierung, sondern auch ein enormes Potential für Zentralisierung aufweisen (vgl. etwa Malsch und Seltz 1987, Castells 1989, Amin et al. 1991). Diese Autoren sehen die Dynamik der Kleinunternehmen insgesamt weniger optimistisch.

Beschäftigtenzahlen.[9]

In Kleinbetrieben werden Standortentscheidungen seltener gefällt als in Großunternehmen, oft überhaupt nur in der Gründungsphase, in manchen Fällen darüber hinaus noch anläßlich von Betriebsverlagerungen. Im allgemeinen stehen in den Kleinunternehmen die Fragen des täglichen Betriebs im Vordergrund und es bleibt nur selten Zeit für mittel- und langfristige Planung. In der Gründungsphase ist das Unternehmen mit einer Vielzahl von Problemen konfrontiert (Produktentwicklung, Auswahl und Entwicklung der Produktionsverfahren, Marktaufbau, Finanzierung), sodaß das Standortproblem trotz der erheblichen langfristigen Wirkungen zu diesem Zeitpunkt als vergleichsweise gering erscheint. Auch später gibt es in Kleinbetrieben aufgrund der geringen funktionalen Ausdifferenzierung selten eine Abteilung oder Personal für die systematische Informationssuche und -verarbeitung. Die Informationssuche beschränkt sich vielfach von vornherein auf das lokale und regionale Umfeld des Wohn- oder bisherigen Arbeitsortes des Unternehmers, da hier unter anderem die wirtschaftlichen und sozialen Beziehungen (oft informeller Art) am dichtesten sind.

Der Standort des Unternehmens wird daher sowohl aufgrund dieses räumlichen „Informationsbias" als auch aufgrund familiärer und sozialer Bindungen häufig in der Nähe des Wohnstandortes des Unternehmers gewählt. Trotz des relativ geringen Stellenwertes des Standortes im Entscheidungsprozeß besitzt diese Entscheidung eine hohe Bedeutung für Kleinunternehmen, weil diese von den lokalen und regionalen Faktoren in besonders hohem Maße abhängen. Letzteres betrifft sowohl die Arbeitskräfte und deren Qualifikation als auch die Dichte von Lieferanten und Diensten sowie den Absatzmarkt. Wie Analysen in verschiedenen Ländern belegt haben, sind die Bedingungen des regionalen Umfeldes (des „Milieus") sowohl für die Generierung als auch die Dynamik von Kleinunternehmen besonders wichtig (vgl. Storey 1982, Keeble und Wever 1986, Aydalot und Keeble 1988, Sweeney 1987).

Als wichtige Einflußfaktoren für die Neugründungstätigkeit von Kleinunternehmen gelten zum einen Faktoren, die das unternehmerische Potential betreffen, und zum anderen Faktoren, die die Entwicklung von Neugründungen günstig beeinflussen (vgl. Storey 1982, Healey und Ilbery 1990). Zur ersten Gruppe zählen die regionale Branchen-, Betriebsgrößen- und Qualifikationsstruktur. Die Branchenstruktur ist von Bedeutung, weil mit den Branchen spezifische Eintrittsbarrieren, technologische Voraussetzungen und die Marktdynamik verbunden sind. Weiters wurde gezeigt, daß mehr als 4/5

---

[9]Es gibt in der Literatur allerdings keine einheitliche Definition von „Kleinunternehmen": Während in den USA Firmen unter 100 Beschäftigten als solche gezählt werden, sind es in Großbritannien solche unter 200 (Healey und Ilbery 1990). In Österreich definieren Aiginger und Tichy (1985) für den industriellen Bereich Betriebe unter 100 als klein, und solche von 100 bis 500 als kleinere Mittelbetriebe.

der neuen Unternehmer in jener Branche verbleiben, in der sie bisher tätig waren. Regionen, in denen Branchen mit hohen Eintrittsbarrieren (etwa die kapitalintensive Stahl- oder Papierindustrie) sowie niedriger Dynamik (Textilindustrie) konzentriert sind, generieren somit weniger potentielle Unternehmer als andere. Die vorherrschende Betriebsgröße ist ein weiterer wichtiger Faktor, weil in kleinen Unternehmungen aufgrund der geringeren Arbeitsteilung besser unternehmerische Fähigkeiten trainiert werden können (Storey 1982). Regionen, in denen große Betriebe dominieren (etwa die alten Industriegebiete), lassen somit ein niedrigeres Potential an Unternehmensgründern erwarten. Schließlich wird ein hoher Ausbildungsstand der regionalen Arbeitskräfte als günstig für die Neigung, sich selbständig zu machen, erachtet (Whittington 1984). Regionen, in denen hohe Anteile unqualifizierter Beschäftigter tätig sind, bringen somit ebenfalls weniger potentielle Gründer hervor.

Zur zweiten Gruppe zählen lokale Faktoren, die einen Einfluß auf die Entwicklung des neugegründeten Unternehmens haben. Hierzu werden der Zugang zu Risikokapital, zu Märkten, die Verfügbarkeit geeigneter Grundstücke, die lokale Politik sowie die allgemeine Einstellung zum Unternehmertum gezählt (Storey 1982, Healey und Ilbery 1990). Die Größe und Dynamik des lokalen Marktes ist insbesondere für Dienstleistungsunternehmen von Bedeutung, für industrielle Unternehmungen jedenfalls auch in den frühen Phasen. Große und dynamische Zentren bieten somit ein günstigeres Umfeld für Neugründungen als wirtschaftsschwache und stagnierende Regionen. Eine nicht unerhebliche Bedeutung dürfte auch der lokalen und regionalen Politik in bezug auf den Erfolg von Neugründungen zukommen. Dies deshalb, weil die öffentliche Hand durch entsprechende Programme und Maßnahmen grundsätzlich die Möglichkeit hat, einige der genannten Engpässe zu reduzieren. Dies betrifft etwa die Unterstützung beim Faktor Risikokapital, bei den Betriebsräumlichkeiten, aber auch beim Faktor Information und Beratung. Viele Städte und Regionen haben aus diesem Grunde Maßnahmen ergriffen, um Unternehmensgründungen zu unterstützen. Diese reichen von der finanziellen Unterstützung, über die Bereitstellung von Gebäuden, über spezielle Ausbildungsprogramme bis hin zu speziellen Beratungseinrichtungen. In gebündelter Form werden solche Maßnahmen zunehmend in Form von „Gründerzentren" angeboten.[10] Schließlich gilt die Einstellung zum Unternehmertum und die unternehmerische Tradition in einer Region als wichtiger, jedoch schwer zu quantifizierender Milieu-Faktor, der Unternehmensgründungen fördert. So führen etwa Brusco (1986) oder Maillat (1988) die überdurchschnittliche Dynamik von Kleinunternehmen in einzelnen europäischen Regionen auf solche soziale und kulturelle Faktoren der Region zurück.

---

[10]Ein Überblick über entsprechende in- und ausländische Beispiele wird in Tödtling und Tödtling-Schönhofer (1990) gegeben.

4.1.3 Räumliche Aspekte von Unternehmensnetzwerken

Die Diskussionen über lokale und regionale Milieux haben das Augenmerk wiederum auf ein Phänomen gelenkt, das in der Raumwirtschaft bereits eine längere Tradition hat, nämlich auf lokalisierte Unternehmensnetzwerke bzw. die von Marshall bereits Anfang dieses Jahrhunderts untersuchten „industrial districts". Für Marshall (1920) und auch Hoover (1948) galten diese „districts", die durch hohe Verflechtungen zwischen Unternehmen gekennzeichnet sind, gleichsam als Brutstätten des Unternehmertums und damit der marktwirtschaftlichen Dynamik (siehe auch Kap. 5). Nach einer längeren Phase der Internalisierung solcher Verflechtungen in die großen Unternehmungen, die typisch war für die Periode des Fordismus (Prozeß der vertikalen Integration), treten seit den 70er Jahren aufgrund der Krisenerscheinungen der fordistischen Produktionsweise wiederum Prozesse der Ausgliederung und Desintegration (Holms 1986, Shutt und Whittington 1987) in den Vordergrund. Die damit verbundenen vielfältigeren Verflechtungsbeziehungen zwischen Unternehmungen werden unter dem Begriff der Netzwerke zusammengefaßt.

Netzwerke sind formelle oder informelle Formen der Zusammenarbeit von Unternehmen. Sie sind Institutionen der Koordination wirtschaftlicher Aktivitäten, die zwischen Unternehmungen und Märkten[11] angesiedelt sind. Sie weisen eine höhere Stabilität als Marktbeziehungen auf, sind zugleich aber flexibler als Hierarchien. Netzwerkbeziehungen sind sehr vielfältig. Sie finden sowohl zwischen Groß- und Kleinunternehmen als auch nur zwischen Kleinunternehmen und zum Teil auch mit öffentlichen Einrichtungen statt. Sie können sehr großräumig (global), aber auch kleinräumig und lokal verankert sein (vgl. Bergman et al. 1991, Camagni 1991). In der raumwirtschaftlichen Literatur haben insbesondere die lokalisierten Netzwerke eine stärkere Beachtung gefunden, da sie hinsichtlich der räumlichen Organisation eine starke Gegenthese zur internen räumlichen Arbeitsteilung der Großunternehmen darstellen (vgl. etwa Brusco 1986, Cooke 1988, Scott 1988, Garofoli 1991).

Im vorliegenden Kontext sind insbesondere die standörtlichen Implikationen und Zusammenhänge von Unternehmensnetzwerken von Bedeutung. Hier ist zunächst die Frage zu stellen, was lokalisierte Netzwerke von großräumigen unterscheidet? Zum einen ist dies – aufgrund der geringen Zeitdistanzen – die Möglichkeit der prompten Lieferung und damit die Möglichkeit, die Kosten der Lagerhaltung drastisch abzusenken. Produktionsänderungen können in kleinräumigen Netzwerken sehr rasch an die Lieferanten weitergegeben werden, die aufgefordert sind, „just in time" zu liefern. Große Lager an Zwischenprodukten sind in diesem Fall nicht mehr

---

[11] Nach Williamson (1985) sind Unternehmungen wirtschaftliche Institutionen mit hierarchischer Koordination („Hierarchien"), während Märkte dezentral koordiniert sind.

erforderlich.[12] Zum zweiten bieten kleinräumige Netzwerke die Möglichkeit der häufigen persönlichen Kontakte. Dies ist insbesondere für Nicht-Routinetätigkeiten wichtig, wie etwa F&E, technologische Entwicklung oder Orientierungs- und Anbahnungsaktivitäten. Ein weiteres Charakteristikum der kleinräumigen Netzwerke ist die oft informelle Natur der Beziehungen (Camagni 1991, Maillat 1991). Persönliche wie informelle Beziehungen sind vielfach die Basis für Zusammenarbeit und Kooperation in Bereichen, die Vertrauen in den Partner voraussetzen, wie beispielsweise F&E-Projekte.

Wegen dieser Eigenschaften gewährleisten die kleinräumigen Netzwerke trotz hoher Spezialisierung des einzelnen Unternehmens eine hohe Flexibilität des gesamten lokalen Produktionssystems (Cooke 1988, Garofoli 1991). Allerdings ist, wie Grabher (1991) hervorhebt, die Voraussetzung für die Erhaltung der Flexibilität auch die Aufrechterhaltung einer gewissen Redundanz[13] im Netzwerk, eine Charakteristik wie sie insbesondere in kleinbetrieblich organisierten Netzwerken häufig gegeben ist. Beispiele für solche kleinbetriebliche Netzwerke sind im „Dritten Italien", in Baden-Württemberg oder in der Schweizer Jura-Region zu finden. Im Fall von Netzwerken, die relativ straff um einzelne Großunternehmen herum organisiert sind, besteht das Risiko der allzugroßen Abhängigkeit der Kleinunternehmen und damit die Gefahr von „lock in"-Effekten und der Erstarrung. Beispiele für letztere sind in zahlreichen „alten Industrieregionen" Europas und der USA zu finden.

Hinsichtlich der hier im Vordergrund stehenden Standortaspekte sind jedenfalls zwei zum Teil gegenläufige Tendenzen hervorzuheben. Zum einen ergibt sich aus der erstarkten Bedeutung von Netzwerken auch wiederum eine erhöhte Bedeutung von „Agglomerationsvorteilen" (Kap. 5) (Scott 1988). Diese neuen Netzwerke und Agglomerationseffekte gehen allerdings in zunehmendem Maße über den industriellen Sektor hinaus und beziehen auch die Produzentendienste ein. Zum anderen hat ein erheblicher Teil der neuen Netzwerkbeziehungen, insbesondere jener der formellen strategischen Allianzen und Kooperationen, den Zweck, lokale Beschränkungen zu überwinden und großräumige Ressourcen und Märkte zu erschließen. Diese letzteren Netzwerkbeziehungen haben somit die Tendenz, die Beschränkungen des Raumes aufzuheben oder – wie Storper und Walker (1989) feststellen – „... they tend to annihilate space ...".

---

[12] Besonders stark wurde diese Organisation der Produktion in der japanischen Autoindustrie angewendet. In Europa und Nordamerika wurde sie etwas später und abgeschwächt übernommen.

[13] Unter Redundanz werden in der Informationstheorie überflüssige Elemente einer Nachricht verstanden. In bezug auf Netzwerke werden darunter Mehrfachverbindungen zwischen Knoten verstanden, die sich zum Teil als indirekte Verbindungen über andere Knoten ergeben. Sie halten das Funktionieren eines Netzwerks auch bei Ausfall einzelner Verbindungen aufrecht.

4.2 Technologie und Standortverhalten

Neben der Berücksichtigung des Faktors Organisation stellt jene des Faktors Technologie eine weitere wesentliche Weiterentwicklung der Standorttheorie dar. Die Technologie eines Unternehmens ist insofern von zentraler Bedeutung, als mit ihr zwei wesentliche Aspekte zusammenhängen. Zum einen die Frage *was* das Unternehmen erzeugt oder anbietet (Art der Produkte und Leistungen), und zum zweiten *wie* das Unternehmen seine Produkte herstellt (Art der Produktionsverfahren). Die Technologie eines Unternehmens ist selten über längere Zeit stabil, sondern laufenden Änderungen unterworfen, weil sowohl Produkte verändert und neue Produkte eingeführt werden als auch ständig neue Generationen von Maschinen und Verfahren die älteren ersetzen (siehe auch Kap. 3). Technologische Veränderungen können nach dem Ausmaß der Neuerung und der Auswirkung auf die übrige Wirtschaft sehr unterschiedlich sein. Freeman (1986) etwa unterscheidet zwischen folgenden Arten:

- *Inkrementale Neuerungen* sind kleinere Verbesserungen an Produkten oder Verfahren, die gleichsam kontinuierlich stattfinden.

- *Radikale Innovationen* sind herausragende und seltener vorkommende Neuerungen wie etwa die Einführung von Produkten, die vorher nicht am Markt waren, oder die Verwendung gänzlich neuer Materialien oder Produktionsverfahren.

- *Technologische Revolutionen* führen zur Einführung einer größeren Zahl von neuen Produkten und Verfahren. Sie haben eine Ausstrahlung in eine Vielzahl von Branchen, indem sie deren Produktionsverfahren und Kostenstrukturen verändern. Beispiele für solche revolutionäre Neuerungen sind die Einführung der elektrischen Energie, der Eisenbahn oder der Mikroprozessoren.

In den folgenden Abschnitten wird zunächst die Produktzyklustheorie behandelt. Diese Theorie geht insbesondere auf die Einführung neuer Produkte ein sowie auf technologische Neuerungen, die im Verlauf des Alterungsprozesses erforderlich werden. Es stehen also Standortaspekte von inkrementalen Neuerungen und radikalen Innovationen im Vordergrund. Im letzten Abschnitt geht es um räumliche Aspekte der Lokalisierung von „Hoch-Technologie-Aktivitäten", somit um die Geographie der jüngsten technologischen Revolution (Freeman 1986, Castells 1989).

4.2.1 Produktzyklustheorie

In den bisher behandelten Ansätzen wurde implizit angenommen, daß Unternehmungen gegebene Produkte mit bestimmten Verfahren herstellen, die durch spezifische Faktorproportionen[14] charakterisiert sind. Sie wählen ihren Standort nach den aus diesen Strukturen resultierenden Standortanforderungen. Allerdings unterliegen sowohl Produkte als auch Verfahren einem ständigen Wandel und Alterungsprozeß, im Zuge dessen sich auch die Standortanforderungen verändern. Die Dynamik solcher technologischer Veränderungen sowie auch deren Standortimplikationen berücksichtigt insbesondere die Produktzyklustheorie.

Dieser Ansatz wurde ursprünglich zur Erklärung von internationalen Direktinvestitionen formuliert, die durch multinationale Unternehmen vorgenommen werden (Vernon 1966, Hirsch 1967)[15] und fand auch in der Betriebswirtschaftslehre (Marketing) sowie in der Industrieökonomie Anwendung (Utterback 1979, Porter 1983). Die Standort- und regionalen Aspekte der Produktzyklustheorie wurden erstmals von Thompson (1969), in der Folge von Erickson und Leinbach (1979), Norton und Rees (1979), Suarez-Villa (1983), Markusen (1987) und in Österreich insbesondere von Tichy (1987) ausgeführt.

Die Produktzyklustheorie[16] geht davon aus, daß Produkte auf ihren Märkten einem Alterungsprozeß unterliegen: Sie werden auf dem Markt eingeführt, durchlaufen eine Periode starken Wachstums, gelangen in eine Sättigungs- und schließlich Schrumpfungsphase (vgl. Abb. 4.3a). Im Zuge dieser Entwicklung ändern sich Umsätze und Faktoreinsatz, Zahl und Größe der Unternehmungen und die Stärke des Wettbewerbs (Marktstruktur), weiters auch die Gewinnspannen sowie die Art der Innovationsaktivität und der eingesetzten Technologie (vgl. Utterback 1979, Markusen 1987).

Nach der Invention – also der technischen Erfindung – und der Produktentwicklung folgt die Markteinführung. In dieser *Einführungsphase* gilt es, das Produkt fortlaufend zu verbessern und am Markt bekannt zu machen. Aufgrund der Neuheit des Produktes genießt das Unternehmen eine vorübergehende Monopolposition, auch reagiert die Nachfrage noch wenig elastisch auf die Preise. Die Stückerlöse sind demnach hoch. Allerdings sind auch die Stückkosten noch beträchtlich, weil Entwicklungs- und Markteinführungskosten anfallen und weil auch die Produktionskosten aufgrund der geringen Umsätze und Seriengröße relativ hoch sind (vgl. Abb. 4.3a und b). Die Neuerungstätigkeit konzentriert sich noch stark auf das Produkt (Abb.

---

[14] Die Faktorproportionen beziehen sich auf die relative Bedeutung der für die Herstellung notwendigen Inputs. Es gibt u.a. rohstoff-, boden-, kapital- oder arbeitsintensive Fertigungen (siehe auch Kap. 2).

[15] Vernons Arbeit versuchte insbesondere amerikanische Direktinvestitionen in Europa sowie in Schwellenländern aufgrund sich ändernder Standortanforderungen im Verlauf des Lebenszyklus von Produkten zu erklären.

[16] Es gibt inzwischen verschiedene Varianten dieser Konzeption: Suarez-Villa (1983) stellt den „Prozeß-Zyklus", Markusen (1987) den „Profit-Zyklus" in den Vordergrund, Tichy (1987) entwickelte eine probabilistische Modifikation dieser Theorie. In der Grundkonzeption sind diese Ansätze allerdings durchaus ähnlich.

4.2 Technologie und Standortverhalten

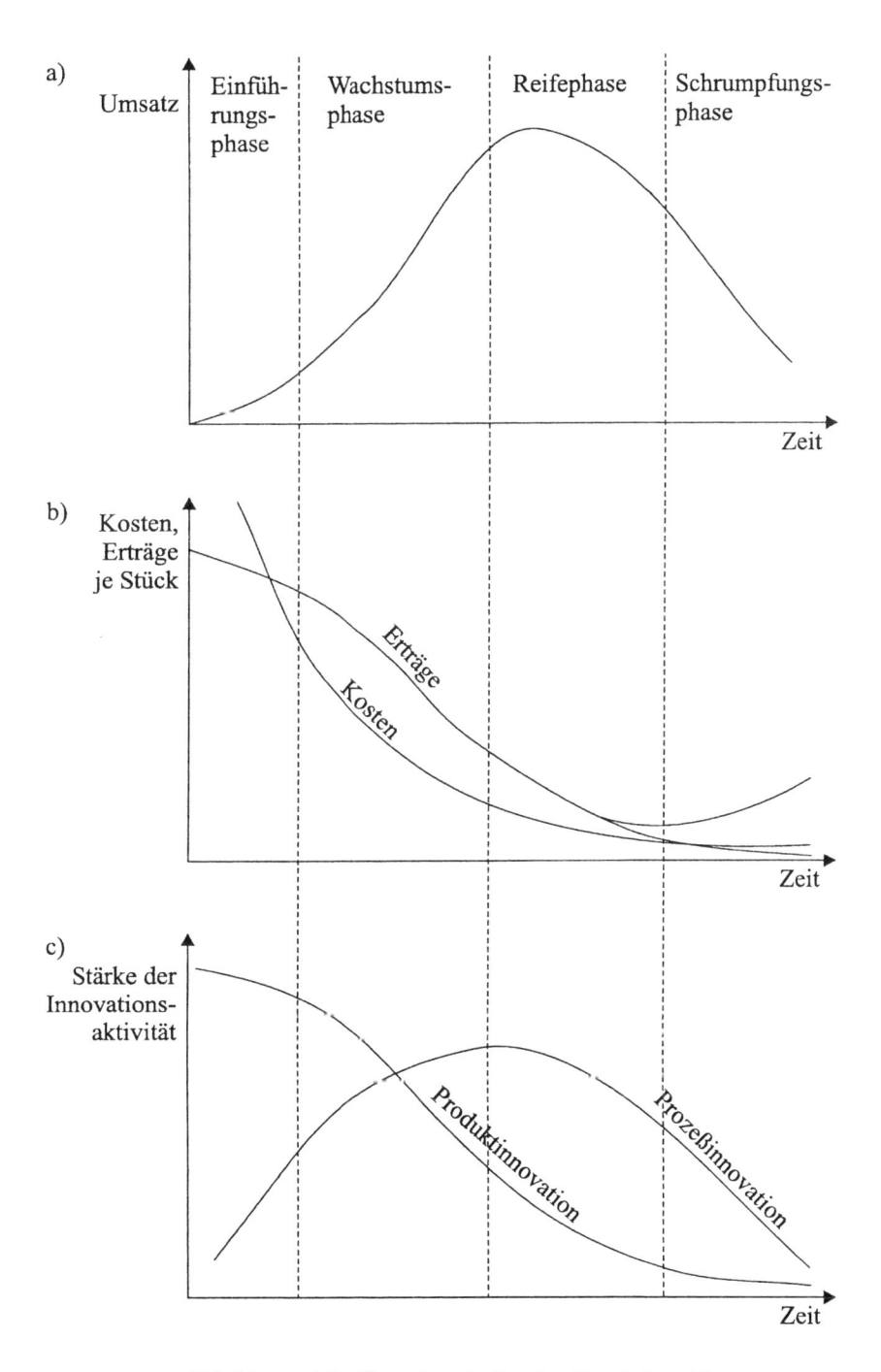

a) Umsatz — Einführungsphase | Wachstumsphase | Reifephase | Schrumpfungsphase — Zeit

b) Kosten, Erträge je Stück — Erträge, Kosten — Zeit

c) Stärke der Innovationsaktivität — Produktinnovation, Prozeßinnovation — Zeit

Abbildung 4.3: Charakteristika des Produktzyklus.

Erfordernis	Produktzyklusphase		
	Einführung	Wachstum	Reife
Management Fähigkeiten	2	1	3
Technische Fähigkeiten/ Know-how	1	2	3
Billige Arbeitskräfte	3	2	1
Externe Ersparnisse	1	2	3
Kapital	3	1	1
Marktnähe	1	2	3

Abbildung 4.4: Erfordernisse nach Produktzyklusphasen (nach Erickson und Leinbach 1979).

4.3c), wobei die Verbesserungen vielfach in engem Kontakt mit den Kunden stattfinden. Die häufigen Produktänderungen erfordern neben technisch gut ausgebildeten Arbeitskräften den Einsatz von Mehrzweckmaschinen und flexibler Technologie. Weiters wird eine größere Zahl und Vielfalt von Lieferanten beansprucht, die je nach Anforderungen auch öfter gewechselt werden. Von den Standortfaktoren sind in dieser Phase somit insbesondere die Marktnähe, technisch gut ausgebildete Arbeitskräfte sowie die Nähe einer größeren Zahl von potentiellen Zulieferanten relevant (Abb. 4.4). Diese Faktoren sind insbesondere in den großen Agglomerationen vorhanden. Es läßt sich also schließen, daß die Erstellung von Produkten in der Innovations- und Einführungsphase vor allem in den Agglomerationen angesiedelt sein wird.

In der *Wachstumsphase* steigen Investitionen, Beschäftigung und Umsätze stark an (Abb. 4.3a). Es wird möglich, Produkt und Verfahren stärker zu standardisieren und somit Skalenvorteile in der Produktion zu nützen (siehe auch Kap. 5). Die Stückkosten sinken infolgedessen stark ab. Allerdings kommen sukzessive auch neue Anbieter hinzu, das anfängliche Monopol wird somit von wachsender Konkurrenz abgelöst. In der Folge sinken die Preise, allerdings weniger rasch als die Stückkosten, sodaß in dieser Phase beträchtliche Gewinne erzielt werden (Abb. 4.3b). Die Neuerungstätigkeit am Produkt nimmt ab (Abb. 4.3c). Sie verlagert sich stärker auf die Einführung neuer Produktionsverfahren. Es werden zunehmend Automatisierungstechniken, die auch einen höheren Kapitaleinsatz erfordern, eingesetzt. Die Anforderungen an die technische Qualifikation der Arbeitskräfte nehmen daher ab, jene in bezug auf die Fähigkeiten des Managements hingegen steigen (Abb. 4.4). Es gilt unter anderem, ausreichend Faktoren bereitzustellen, um die reibungslose Expansion der Produktion zu gewährleisten sowie die Vermarktung zu sichern. Engpässe liegen vielfach in der Mobilisierung von Kapital, von Arbeitskräften und in der Bereitstellung ausreichend großer Grundstücke. Unternehmungen werden in dieser Phase zum Teil gezwungen, die großen Agglomerationen zu verlassen oder Zweigwerke zu gründen, wobei es gilt, Standorte zu finden, an denen gute Expansionsmöglichkeiten gegeben sind. Da auch die Anforderungen an die Lieferantenvielfalt abnehmen, können auch Standorte außerhalb der größten Agglomerationen eingenommen werden, z.B. in mittleren Zentren mit ausreichend guter Erreichbarkeit.

In der *Reifephase* nimmt das Umsatzwachstum ab, weil der Markt Sättigungstendenzen zeigt (Abb. 4.3a). Da die Zahl der Anbieter zunächst noch zunimmt, steigt der Wettbewerbsdruck in dieser Phase stark an und es sinken die Preise. Andererseits werden die Möglichkeiten, die Produktionskosten weiter zu senken, aufgrund der Ausreifung auch der Verfahren geringer, sodaß die Gewinne sinken (Abb. 4.3b). Produkt und Verfahren werden weiter standardisiert, die Neuerungstätigkeit nimmt bei beiden ab (Abb. 4.3c).

Sowohl die geringeren Qualifikationsanforderungen als auch der schärfere Wettbewerb führen zum Einsatz von wenig qualifizierten und billigen Arbeitskräften (Abb. 4.4). Die Kapitalintensität nimmt durch die Automatisierung jedoch weiter zu. Der Druck, die Kosten zu senken, führt vielfach zur Verlagerung von Produktionen in Regionen und Länder mit geringer Industrialisierung, schwachen Gewerkschaften, niedrigen Löhnen und hohen staatlichen Förderungen.

In der *Schrumpfungsphase* scheiden die weniger konkurrenzfähigen Anbieter aus, es kommt zu Übernahmen und somit zu einer Unternehmenskonzentration. Ob und wie stark die Gewinne sinken oder in Verluste umschlagen, hängt vom Grad der Oligopolisierung und vom Verhalten der verbleibenden Anbieter ab (Markusen 1987). Gelingt es, das weitere Absinken der Preise zu verhindern, sind auch bei stagnierendem oder schrupfendem Umsatz für eine geringe Zahl von Anbietern Gewinne möglich. Die Standortveränderungen ergeben sich in dieser Phase meist implizit als Folge der Schrumpfung und Konzentration. Es scheiden die weniger effizienten Anbieter aus, sowie jene, die im Zuge des Konzentrationsprozesses explizit stillgelegt werden. Die räumlichen Implikationen solcher Schrumpfungs- und Reorganisationsprozesse wurden vereinzelt untersucht (Massey und Meegan 1982, Watts und Stafford 1986). Aufgrund der Vielzahl der involvierten Faktoren lassen sich jedoch kaum systematische räumliche Muster identifizieren.

Nach der Produktzyklustheorie wird also für die Produktion im Verlaufe des Lebenszyklus im allgemeinen ein „Hinuntersickern" in der städtischen und regionalen Hierarchie erwartet. Die Produkte werden an den hochrangigen Standorten eingeführt und dann sukzessive an niedrigerrangige „weitergegeben". In den peripheren Regionen und Ländern landen sie schließlich im ausgereiften Zustand. Eine wichtige Rolle in diesem Prozeß spielen die im Abschnitt 4.1 untersuchten Mehrbetriebsunternehmungen. Nur sie weisen eine entsprechende räumliche Mobilität des Kapitals auf. Im Falle der Blockierung eines solchen räumlichen Hinuntersickerns altern einzelne Regionen mit ihren typischen Produkten und werden zu „alten Industrieregionen" (Tichy 1987).

Als Stärke dieser Theorie ist die Einbindung der Standortfrage in ein umfassenderes und dynamisches Konzept zu sehen, das Aspekte der Marktstruktur und -entwicklung, typische Wettbewerbsstrategien und Innovationsaktivitäten sowie Produktions- und Standortfaktoren berücksichtigt. Es ist allerdings auch auf wichtige Probleme und Einschränkungen hinzuweisen (vgl. Storper und Walker 1983, 1989; Tichy 1985; Storper 1986; Tödtling 1990):

- Nur ein Teil der produzierenden Industrie unterliegt einem deutlich erkennbaren Produktzyklus (v.a. dauerhafte Konsumgüter, bestimmte Investitionsgüter), die Theorie hat somit nur für einen Teil der

4.2 Technologie und Standortverhalten

Industrie Gültigkeit.

- Ein anderer Teil der Industrie verzeichnet zwar auch ein Altern der Produkte (im Falle der Bekleidungsindustrie etwa ist dies durch die Mode sehr ausgeprägt und rasch), es lassen sich allerdings einige der im Produktzyklus unterstellten technologischen „Begleiterscheinungen" nicht erkennen.

- Unternehmungen haben verschiedene Möglichkeiten, auf das Altern ihres Produktes zu reagieren. Die Senkung der Produktionskosten in der Reifephase ist nur eine Option, die Modifikation und Differenzierung des Produktes eine andere (Camagni 1988). Stärkere Modifikationen können das Produkt verjüngen, d.h. wieder in eine frühere Phase bringen, die biologische Analogie eines „notwendigen" Alterungsprozesses ist somit verfehlt.

- Der letztere Aspekt bringt auch begriffliche Unschärfen und Operationalisierungsprobleme zum Vorschein: wann läßt sich etwa von einem neuen Produkt sprechen, wann nur von einer Modifikation?

- Storper und Walker (1983, 1984, 1989) sowie Massey (1984) weisen darauf hin, daß die Standortbedingungen nicht unbedingt die Regelmäßigkeit einer räumlichen Hierarchie aufweisen, wie dies in der Produktzyklustheorie unterstellt wird. Sie heben hervor, daß insbesondere die Charakteristika von Arbeitskräften (Qualifikation, Entlohnung und Arbeitsbeziehungen) das Ergebnis komplexer sozioökonomischer Prozesse sind und ein „mosaic of unevenness" bilden. Dieser Umstand sowie die Existenz verschiedener strategischer Optionen für Unternehmen lassen nach Walker (1985) und Storper (1985, 1986) das von der Produktzyklustheorie implizierte Zentrum-Peripherie-Muster der betrieblichen Spezialisierung als zu stark vereinfacht erscheinen.

Die Haupteinwände richten sich somit gegen die allgemeine Gültigkeit (für alle Wirtschaftszweige) und das „quasi-deterministische" Ergebnis einer räumlichen Hierarchie, die der unregelmäßigen sozioökonomischen Raumstruktur sowie anderen intervenierenden Faktoren (z.B. dem Faktor Strategie) nicht entspricht. Trotz dieser Einschränkungen ist festzuhalten, daß in der Produktzyklustheorie einige wichtige Zusammenhänge zwischen Produktalter, Marktstruktur, Innovationstätigkeit und Standortanforderungen herausgearbeitet werden, die zwar nicht deterministisch wirken, die jedoch zumindest für Teilbereiche der Wirtschaft und in einer probabilistischen Weise Bedeutung haben.

Für Österreich wurden räumliche Aspekte des Produktzyklus in Tödtling (1990) untersucht. Dabei zeigte sich, daß die Struktur der Innovationsaktivitäten in den untersuchten Gebietstypen in etwa der Produktzyklustheorie entspricht (vgl. Abb. 4.5 und 4.6). So hatten die Agglomerationsräume (ins-

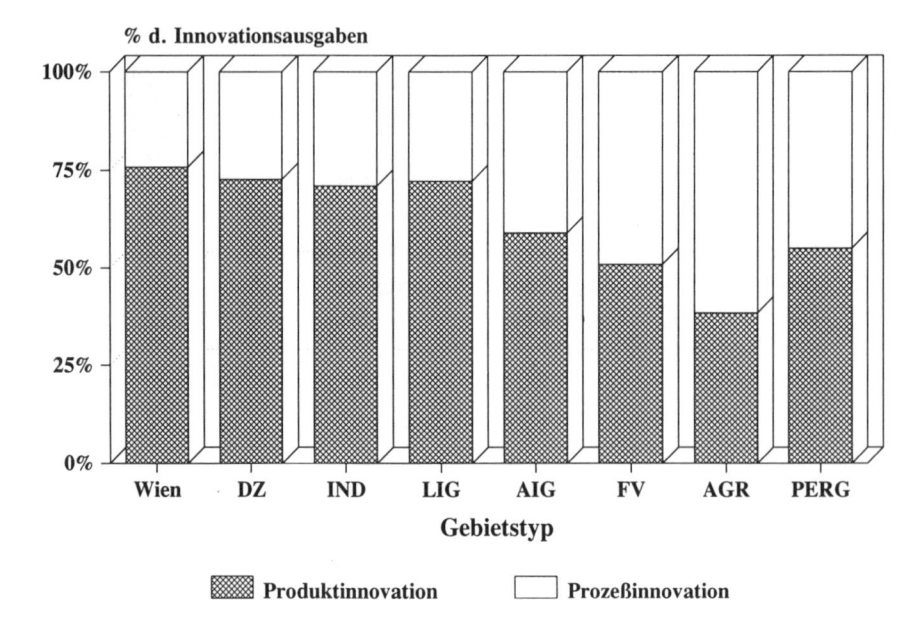

Abbildung 4.5: Ausgabenanteile für Produkt- und Prozeßinnovation an den Innovationsausgaben (Tödtling 1990, Daten des Technologie- und Innovationstest des WIFO 1985).

besondere Wien, aber auch die sonstigen Dienstleistungszentren und die Industriegebiete) überdurchschnittliche Ausgabenanteile für Produktinnovationen sowie für die frühen Innovationsphasen (Forschung, Entwicklung und Konstruktion). Besonders schwach ausgeprägt waren diese frühen Innovationsphasen in den ländlichen Gebieten sowie in den alten Industriegebieten. In diesen letzteren Regionen lag das Schwergewicht der Neuerungstätigkeit wesentlich stärker bei Prozeßinnovationen. Darüber hinaus war hier der Anteil von Betrieben, die technologische Neuerungen durchführten, generell unter dem Durchschnitt (Tödtling 1990).

4.2.2 Neue Industrien und neue regionale Wachstumszentren

Zu einem anderen Ergebnis als die Produktzyklustheorie gelangt Storper (1986). Er untersucht das Entstehen „neuer" Industrien und deren Lokalisation, wobei er zwar einzelne Elemente der Produktzyklustheorie übernimmt, diese jedoch modifiziert und erweitert. Neue Industrien sind nach seiner Definition solche, die auf neue Bedürfnisse gerichtet oder von einer neuen Basistechnologie geprägt sind. Wie Schumpeter (1935) und Markusen (1985) geht er davon aus, daß neu entstehende Industrien weniger stark dem

4.2 Technologie und Standortverhalten

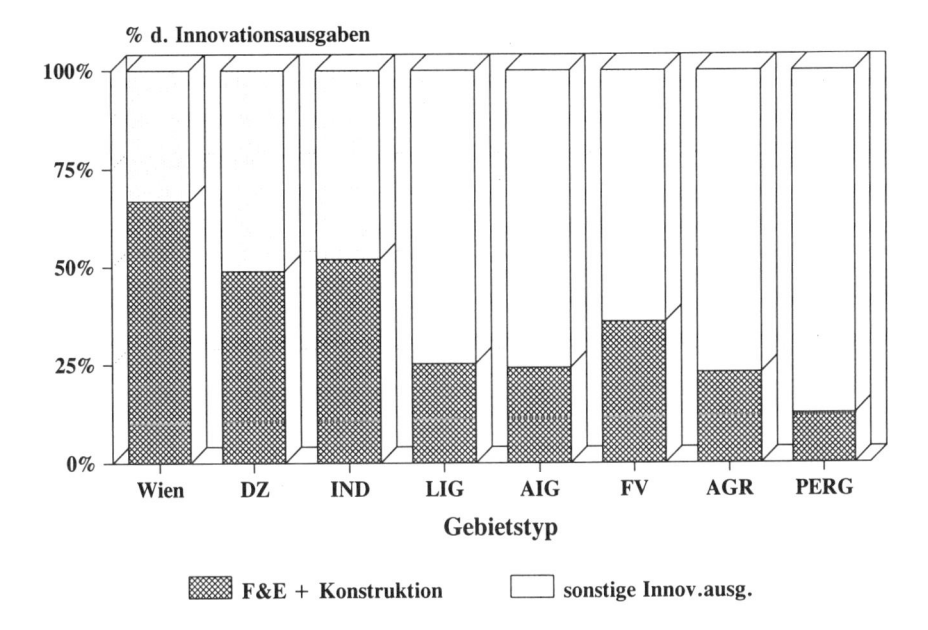

Abbildung 4.6: Ausgabenanteile für F&E und Konstruktion an den Innovationsausgaben (Tödtling 1990, Daten des Technologie- und Innovationstest des WIFO 1985).

Preiswettbewerb unterliegen und eine weniger preiselastische Nachfrage haben als ausgereiftere. Somit weisen sie nicht nur höhere Wachstumsraten, sondern auch höhere Profitraten auf. Aufgrund dieser Charakteristika sind sie weniger von Kostenaspekten in der Standortwahl determiniert. Da sie Produktionsfaktoren gut entlohnen können, haben sie für diese eine höhere Anziehungskraft. Storper stellt dazu fest: „... as sectors generate their innovations and market structures, so it can be said that they generate their own input histories" (1986, S. 62).

Die regionale Entwicklung wird damit zur „self fulfilling prophecy". langfristig ist das konkrete Faktorangebot einer Region das historische Ergebnis der konkreten Nachfrage der regionalen Schlüsselindustrie. Regionale Wirtschaften und Standortbedingungen werden somit ebenso wie die Technologien einer Industrie „produziert" und sind nicht etwa vorgegeben. In bezug auf die Lokalisierung der neuen Industrien argumentiert nun Storper, konträr zur Produktzyklustheorie, daß diese die Tendenz haben, sich nicht in etablierten Zentren, sondern an neuen Standorten anzusiedeln („leap-frogging in space"). Dies deshalb, weil die Unternehmer der neuen Industrien

- Faktor-Oligopsone etablierter Industrien in den entwickelten Regionen vermeiden und sie auch

- den sozialen und institutionellen Rigiditäten der entwickelten Regionen ausweichen wollen (etwa einer etablierten Schicht von Unternehmern, die existierende wirtschaftliche und soziale Netzwerke monopolisieren, oder starken Gewerkschaften)[17].

Aus diesem Ansatz ergibt sich somit ein wesentlich anderes räumliches Muster neuer Industrien und innovativer Betriebe als im Falle der oben dargestellten Produktzyklustheorie. Im Unterschied zur Produktzyklustheorie ist es nach Storper nicht möglich zu prognostizieren, wo sich neue Industrien ansiedeln werden. Er stellt fest, daß die neue Faktorkombination ein „window of enhanced locational opportunity" öffnet – also ein „Standortfenster", das verschiedene Möglichkeiten bietet (Storper und Walker 1989). Allerdings sind diese Möglichkeiten nicht unbeschränkt, da Ressourcen und Arbeitskräfte nicht beliebig transferiert werden können, und da in einzelnen peripheren Gebieten grundlegende Infrastruktur fehlt und die Aufschließungskosten sehr hoch sind. Nach Storper und Walker entwickeln sich neue Industrien somit vorzugsweise in „Zwischenzonen", etwa in mittelgroßen Zentren oder im Einflußbereich von Metropolitanregionen.

Ein weiterer wichtiger Unterschied ist, daß sowohl die Produktzyklustheorie als auch die übrigen der oben dargestellten Standortansätze von vorgegebenen regionalen Faktorausstattungen ausgehen (Betriebe mit bestimmten Anforderungen werden an den jeweils dafür ausreichend ausgestatteten Standorten angesiedelt), während Storper die Wirkungsrichtung umdreht: die neue Industrie zieht die jeweils notwendigen Produktionsfaktoren an und schafft sich somit das Angebot.

4.2.3 „Innovative Milieux"

Während die bisherigen Ansätze den Innovationsprozeß aus der Sicht des einzelnen Unternehmens (Produktzyklustheorie) bzw. der einzelnen Industrie (Storper und Walker) sehen und die jeweiligen Standortfaktoren in diesem Kontext untersuchen, stellt der Milieu-Ansatz die innovative Region in den Vordergrund. Das innovative Unternehmen wird gleichsam als das Produkt seiner lokalen Umgebung (des „Milieu") betrachtet und letzteres als der eigentliche Innovator angesehen (Aydalot und Keeble 1988).[18]

---

[17]Storper stellt dazu fest: „Entrepreneurs may, therefore, unconciously or consciously, gravitate towards regions where the slate is relatively clean, in which they can situate themselves at the centre of a growing economy and community, and reap all the tangible and intangible benefits thereof. They may also be able thereby to participate in the formation of the social, institutional, legal and political traditions of the area with which they must coexist as long as they are in the region. I propose that these new growth centres represent new social structures of accumulation" (Storper 1986, S. 67).

[18]Aydalot und Keeble stellen dazu fest: „... The firm, and the innovating firm, are not viewed as preexisting in or separate of the local environment, but as being a product of it.

4.2 Technologie und Standortverhalten

Ausgangspunkt für diesen Ansatz ist die Beobachtung, daß es in den USA, aber auch in Europa Regionen mit einer sehr hohen Dichte von Hochtechnologiebetrieben und innovativen Aktivitäten gibt. Ihr Entstehen steht in hohem Maße mit der Produktion oder Anwendung von Informationstechnologie, der Schlüsseltechnologie der jüngsten technologischen Revolution, im Zusammenhang (Castells 1989). Die berühmtesten und immer wieder genannten Beispiele von Hochtechnologieregionen werden wegen ihrer starken Konzentration auf Mikroelektronik-Produkte auch als „silicon-landscapes" bezeichnet (Hall und Markusen 1985, Hall 1985, Marshall 1987, Healey und Ilbery 1990).

Beispiele solcher Regionen sind in den USA etwa das Gebiet von „Silicon Valley" im Santa Clara Tal südlich von San Francisco. Hier wurden seit den 50er Jahren – ausstrahlend von der Stanford Universität – eine große Zahl von Mikroelektronik- und Software-Unternehmen gegründet. In der Folge entwickelte sich dieses Gebiet so dynamisch, daß in den 80er Jahren Ressourcenknappheiten und Umweltprobleme auftraten und einzelne Unternehmen begannen, ihre standardisierten Aktivitäten in Fernostländer auszulagern. Eine ähnlich starke Dynamik von innovativen Kleinunternehmen war auch an der Ostküste der USA in der Nähe von Boston an der „Route 128" festzustellen. Hier waren die Harvard Universität und das Massachusetts Institute of Technology die universitären Kristallisationskerne. In Europa zählen zu den herausragenden Beispielen der „M4-Corridor" westlich von London, das „Silicon Glen" in Schottland sowie „Sophia Antipolis" in der Nähe von Nizza. Neben diesen immer wieder genannten Beispielen „innovativer Regionen" gibt es eine große Zahl weniger spektakulärer Fälle mit zum Teil älterem Branchen-Mix. In der BRD etwa die Region Baden-Württemberg, in der ein gut funktionierendes System von Fachhochschulen die Vernetzung zwischen dem Forschungsbereich und den kleinen und mittleren Unternehmen besorgt. In der Schweiz gilt die Jura Region als ein von kleineren Unternehmen beherrschtes älteres Industriegebiet (Uhrenindustrie), das erfolgreich seine technologische Basis erneuern konnte.

Bezüglich ihrer Entstehung und Hauptakteure sind im einzelnen große Unterschiede zwischen innovativen Regionen festzustellen.[19] Zum einen gibt es solche, die im großen und ganzen autonom in der Nähe bestimmter Universitäten entstanden sind (Silicon Valley, Route 128, M4-Corridor). Zum anderen gibt es die „Technologie-Parks", die als solche geplant und von der öffentlichen Hand unterstützt wurden. Der größte dieser Art ist der Research Triangle Park in North Carolina in den USA (Luger und Goldstein 1991),

---

Local milieux are regarded as the nurseries, the incubators of innovation and innovative firms.... This line of argument leads naturally to the hypothesis that it is often the local environment which is, in effect, the entrepreneur and innovator, rather than the firm."

[19]Vgl. auch Breheney und MacQuaid 1987, Aydalot und Keeble 1988, Tödtling und Tödtling-Schönhofer 1990, Luger und Goldstein 1989, 1991.

andere finden sich unter anderem in Japan (Konzeption der Technopolen, Stöhr und Pöninghaus 1991), Großbritannien (Cambridge), in Frankreich (Sophia Antipolis, Grenoble) und der BRD (Berlin, Karlsruhe). Schließlich gibt es jenen Typ, bei dem forschungsintensive Zweige und Töchter von großen Unternehmungen mit Unterstützung regionalpolitischer Hilfen in peripheren Regionen angesiedelt wurden (Silicon Glen in Schottland, einzelne Technopolen in Japan). Sowohl in ihrer Größe und Dynamik als auch in ihrer Wirkung auf die gesamte Region sind diese Entwicklungen durchaus stark unterschiedlich.

In den Arbeiten zu den „innovativen Milieux" wird nun der Frage nachgegangen, welche Faktoren und Bedingungen das Innovationsklima dieser Regionen ausmachen. Da es sich bei den genannten Regionen um eine relativ kleine Anzahl von Gebieten handelt, von denen jedes seine eigene Geschichte und Besonderheiten aufweist, ist es allerdings schwierig, eine derartige Generalisierung vorzunehmen. Dennoch lassen sich einige gemeinsame Charakteristika erkennen, die diesen Ansatz deutlich von den oben dargestellten Konzepten, vor allem der Produktzyklustheorie, abheben:

- Innovation wird als arbeitsteiliger und kollektiver Prozeß gesehen, in den eine Vielzahl von Akteuren eingebunden sind: große und kleine Unternehmungen, private und öffentliche Forschungs-, Ausbildungs-, Transfer- und Beratungseinrichtungen, Produzentendienste und Förderstellen.

- Diese Akteure bilden Netzwerke, in die das einzelne Unternehmen eingebettet ist und die immer auch eine lokale Verankerung aufweisen. Diese lokalen Netzwerke sind wichtige Quellen von Information und Wissen, finanziellen Ressourcen und potentiellen Kooperationspartnern. Für einen Teil dieser Netzwerkbeziehungen gilt die räumliche Nähe als wichtig, und zwar insbesondere für jene, in denen regelmäßige persönliche Kontakte bedeutend sind, oder jene, die auf informellen Beziehungen beruhen. Perrin (1988) sieht in der Territorialität eine wichtige Komponente, die einem Netzwerk von Betrieben sowohl Stabilität als auch Flexibilität und Innovationskraft geben kann. Die räumliche Nähe garantiert allerdings noch keine Interaktionen zwischen Akteuren, weil Betriebe in großräumige Netzwerke eingebunden sein können oder soziokulturelle Hemmnisse bestehen können.

- Trotz der Bedeutung von räumlicher Nähe und geographischer Konzentration ist der Milieu-Ansatz kein geographischer, sondern ein kultureller. Als Basis eines Milieu wird ein gemeinsames Grundverständnis in bezug auf sozioökonomische Probleme und Lösungsmuster gesehen, erst die Kohärenz zwischen Produktionssystem, Kultur und Hauptakteuren läßt es entstehen.[20]

---

[20]Maillat (1991) stellt dazu fest: „From this point of view the milieu cannot be defined

- Die „Synergie", das Zusammenwirken von Faktoren, und nicht das Vorhandensein einzelner Faktoren wird für den Innovationsprozeß als wesentlich erachtet (Stöhr 1987, Perrin 1988).[21]

Die Arbeiten zu den „innovativen Milieux" stellen einen wesentlichen Beitrag zur räumlichen Dimension des technologischen Wandels dar, weil sie die Einbettung des Betriebes in seine regionale Umgebung hervorheben und damit eine Betrachtungsebene einführen, die in den Mikroansätzen (etwa der Produktzyklustheorie) vernachlässigt wird. Auch werden qualitative Aspekte des Innovationsprozesses wie etwa informelle, soziale und kulturelle Beziehungen zwischen Akteuren sowie die Wirkung historischer sozioökonomischer Strukturen stärker betont. Es gibt bei diesem Ansatz allerdings auch theoretische und methodische Probleme, wie etwa die dem Milieu-Begriff gleichsam inhärente begriffliche Unschärfe und damit verbundenen Probleme der Operationalisierung und der Messung (vgl. Tödtling 1990, Bergman et al. 1991).

4.3 Zusammenfassung

In diesem Kapitel haben wir behaviouristische Ansätze zur Standortwahl und zur räumlichen Struktur von Unternehmen behandelt. Diese untersuchen das tatsächliche Verhalten von Unternehmen und leiten Generalisierungen in erster Linie auf induktivem Wege ab. In Abschnitt 4.1 wurde zunächst auf den Einfluß der Unternehmensorganisation und insbesondere auf die Differenzierung zwischen Groß- und Kleinunternehmen im Standortverhalten eingegangen. Es zeigte sich, daß Großunternehmen eine bessere Fähigkeit der Informationssuche und -verarbeitung sowie eine höhere Mobilität und wesentlich großräumigere Aktionsradien aufweisen. Sie sind aus diesem Grunde gut in der Lage, Standortvorteile in verschiedenen Regionen oder Ländern zu nutzen. Obwohl die Art der räumlichen Arbeitsteilung im einzelnen von der zugrundeliegenden organisatorischen Struktur des Unternehmens abhängt, zeigte sich in den vergangenen Jahrzehnten (insbesondere den 50er und 60er Jahren) unter den stabilen Rahmenbedingungen des „Fordismus" das Grundmuster einer grundsätzlich hierarchischen Arbeitsteilung zwischen Regionen. Unternehmenszentralen und unternehmerische Schlüsselfunktionen wurden in den höchstrangigen Agglomerationen lokalisiert, qualifizierte Produktionsaktivitäten in den Industriegebieten, während standardisierte Aktivitäten stärker in den peripheren Regionen zu finden

---

merely as a geographical area, it must be envisaged as an organization, a complex system made up of economic and technological interdependencies. It groups together into a coherent whole a production system, a culture, and protagonists."

[21] Der Begriff „Synergie" stammt aus den Naturwissenschaften und bezeichnet den Fall, wo die gemeinsame Wirkung mehrerer Faktoren größer ist als die Summe der Wirkungen der einzelnen Faktoren.

waren. Für Regionen, die in stärkerem Ausmaß einer solchen „externen Kontrolle" unterlagen, ergaben sich negative Effekte für die weitere Regionalentwicklung wie etwa ein niedriges Qualifikations- und Einkommensniveau der Beschäftigten oder eine geringe Innovations- und Anpassungsfähigkeit der Betriebe.

Kleinunternehmen zeigen ein völlig anderes Standortverhalten als Großunternehmen: Informationssuche und -verarbeitung sowie auch die Mobilität und die räumliche Reichweite sind erheblich geringer. In vielen Fällen bleiben die Unternehmer in der Wohnstandortregion oder in der Region des früheren Unternehmens. Aus diesem Grunde liegt bei den Kleinunternehmen die entscheidende Differenzierung in den Unterschieden der Gründungsdynamik von Regionen. Es wurde dargestellt, daß eine Reihe von regionalen Faktoren die Gründung und Entwicklung von Unternehmen fördern oder bei deren Fehlen hemmen können. Wie die Entwicklung einzelner europäischer Regionen zeigt, ist insbesondere die Einbindung von kleinen und mittleren Unternehmen in regionale Netzwerke ein Faktor mit zunehmender Bedeutung.

In Abschnitt 4.2 haben wir die Rolle technologischer Veränderungen für das Standortverhalten von Unternehmen dargestellt. Zunächst wurde auf die Produktzyklustheorie eingegangen. Sie besagt, daß in Teilbereichen der Industrie die Produkte einem Alterungsprozeß unterliegen (Einführung, Wachstum, Schrumpfung), in dessen Verlauf sich auch die Standortanforderungen und -muster ändern. Junge Produkte und Unternehmen finden sich dementsprechend zuerst in den größeren Agglomerationen, ausgereifte werden in der Folge stärker in die peripheren Regionen verlagert. Jüngere Ansätze zur Entstehung neuer Industrien und Technologien wie jener von Storper oder der Milieu-Ansatz ergeben allerdings ein differenzierteres Bild. Neue Industrien und Innovationen können demnach bei Vorliegen gewisser Voraussetzungen auch systematisch außerhalb der großen Agglomerationen zuerst auftauchen. Solche Voraussetzungen sind nach dem Milieu-Ansatz etwa das Vorhandensein von Forschungs- und Ausbildungseinrichtungen, von hochqualifiziertem Personal sowie eine starke Vernetzung zwischen Unternehmen und öffentlichen Einrichtungen.

4.4 Übungsaufgaben und Kontrollfragen

1. Erläutern Sie, wie sich Unterschiede in der organisatorischen Struktur von Unternehmen auf deren Standortverhalten auswirken können.
2. Was versteht man unter räumlicher funktionaler Arbeitsteilung? Beschreiben Sie typische Formen dieser Arbeitsteilung.
3. Diskutieren Sie die Beziehung zwischen externer Kontrolle von Betrieben und Regionalentwicklung. Welche unterschiedlichen Standpunkte hat die Literatur zu dieser Frage eingenommen?
4. Diskutieren Sie die wichtigsten Unterschiede zwischen Klein- und Großunternehmen in bezug auf ihr Standortverhalten.
5. Welche Faktoren können dafür verantwortlich gemacht werden, daß in einigen Regionen besonders viele Kleinunternehmen neu gegründet werden? Nennen Sie Beispiele für derartige Regionen.
6. Erläutern Sie den Begriff des „Unternehmensnetzwerks". Inwiefern sind diese zwischen „Unternehmen" und „Märkten" angesiedelt?
7. Beschreiben Sie die Phasen des Produktzyklus hinsichtlich Umsatz, Konkurrenzsituation, Innovationstätigkeit und Standortfaktoren.
8. Welche theoretischen Einwände können gegen die Produktzyklustheorie vorgebracht werden? Beschreiben Sie mögliche Gegenpositionen.
9. Was verstehen Sie unter einem „innovativen Milieu"? Nennen Sie einige Beispiele für Regionen mit besonders innovativem Milieu.
10. Vergleichen Sie die Vorstellungen der Produktzyklustheorie mit jenen des Milieu-Ansatzes.

Kapitel 5
Interaktion von Standorten: Attraktion und Konkurrenz

In der bisherigen Diskussion haben wir uns nur sehr vage mit den Wechselwirkungen zwischen den Standortentscheidungen von Unternehmen beschäftigt. In den Kapiteln 2 und 3 haben wir sie überhaupt weitgehend als unabhängig voneinander betrachtet. Wir haben uns auf das Standortproblem eines Unternehmens konzentriert und untersucht, aufgrund welcher Überlegungen, Einflußfaktoren, Rahmenbedingungen etc. dieses Unternehmen seinen Standort wählen wird. Als wichtige Faktoren haben wir dabei die regionalen und lokalen Beschaffungs- und Absatzmärkte identifiziert, aber auch Gestaltungsmöglichkeiten des Unternehmens im Bereich der Organisation und der Technologie. In Kap. 4 haben wir am Rande und auf induktivem Niveau Wechselwirkungen zwischen Unternehmen in die Analyse einbezogen. Dies gilt insbesondere für die Diskussion der räumlichen Arbeitsteilung, von Unternehmensnetzwerken und von „Milieux".

In diesem Kapitel wollen wir uns auf diesen Aspekt der Standortentscheidung konzentrieren. In Abschnitt 5.1 diskutieren wir disperse und konzentrierte Standortmuster und sprechen die Faktoren an, die zu derartigen räumlichen Verteilungen von wirtschaftlichen Aktivitäten führen. Abschnitt 5.2 geht dann genauer auf Agglomerationseffekte ein und typisiert sie nach der Art der Interdependenz. Abschnitt 5.3 schließlich diskutiert deren wirtschaftspolitische Bedeutung vom gesamtwirtschaftlichen und regionalökonomischen Blickwinkel aus.

Für viele Industrien sind andere Unternehmen die primären Lieferanten von Vorprodukten oder Abnehmer der Endprodukte. Deren Standortentscheidungen bestimmen damit die räumliche Struktur des Beschaffungs- oder Absatzmarktes eines Unternehmens. Die Konzentration bestimmter Unternehmen in einer Region erlaubt Kostenvorteile aufgrund von Spezialisierung, die Ansiedlung spezialisierter Dienstleistungsunternehmen (Produzentendienstleistungen), die Entwicklung einer spezialisierten Arbeiterschaft, spezifische Infrastruktureinrichtungen etc. Diese Faktoren können die Attraktivität eines Standortes wesentlich verändern, sodaß über diese Zusammenhänge die Standortentscheidungen von Unternehmen zueinander in Wechselwirkung stehen.

5.1 Disperse und konzentrierte Standortmuster

In Kap. 3 haben wir gesehen, daß die Transportkosten den Produzenten die Möglichkeit geben, sich von ihren Konkurrenten teilweise abzuschotten. Nach den dort diskutierten Mechanismen werden neu hinzukommende Anbieter ihren Standort so wählen, daß sie ein *möglichst großes Marktgebiet* alleine und ohne Beeinträchtigung durch die Konkurrenz betreuen können. Diese Tendenz der Unternehmen, nach Möglichkeit eine räumliche Monopolstellung zu erreichen, führt dazu, daß sie voneinander Abstand halten werden. Ein derartiges Standortmuster bezeichnen wir als *dispers*.

Häufig benötigte Konsumgüter wie Lebensmittel, Drogeriewaren etc. werden überall dort angeboten werden, wo Menschen mit ausreichendem Einkommen angesiedelt sind (Hoover 1971, S. 62). Die räumliche Verteilung der Standorte dieser Branchen folgt daher weitgehend jener der Bevölkerung. Da die angebotenen Produkte standardisiert sind, sind detaillierte Angebotsvergleiche (z.B. in einer größeren Stadt) nicht notwendig und die Konsumenten werden das nächstgelegene Angebot wahrnehmen. Die einzelnen Anbieter werden daher danach trachten, sich möglichst weit voneinander entfernt anzusiedeln.[1] Hier sind jene Mechanismen am Werk, die wir in Kap. 3 diskutiert haben.

Die Tendenz zum räumlichen Monopol, das Vermeiden der räumlichen Nähe zu Konkurrenten, ist nicht der einzige Mechanismus, der zu einem dispersen Standortmuster führen kann. Ein weiterer wichtiger Grund liegt in der *Konkurrenz um Ressourcen*. Bestimmte rohstofforientierte Branchen wählen ihre Standorte nach den Vorkommen der Rohstoffe; so z.B. der Bergbau, die Holz- und Nahrungsmittelindustrie. Andere Branchen reagieren besonders sensibel auf die Preise bestimmter Produktionsfaktoren und suchen damit Standorte, an denen ein Überangebot an dem entsprechenden Faktor herrscht und er somit billig verfügbar ist. Ein extremes Beispiel für eine derartige Branche ist die Landwirtschaft, die sehr sensibel auf Bodenpreise reagiert und damit ein extrem disperses Standortmuster aufweist. Ein anderes Beispiel stellt der Fremdenverkehr dar, der oft auf landschaftliche Reize angewiesen ist, die nur an bestimmten Stellen vorhanden sind. Beide Branchen sind damit stark an eine immobile und unvermehrbare Ressource (Boden, Landschaft) gebunden. Auch bestimmte arbeitsintensive Branchen wie die Textil- und Elektroindustrie fallen in diese Kategorie. Sie benötigen vor allem billige Arbeitskräfte und meiden daher tendenziell jene Regionen, an denen viele wirtschaftliche Aktivitäten konzentriert und damit Arbeitskräfte teuer sind.

Die räumliche Konzentration von Aktivitäten in bestimmten Regionen

---

[1]In einem berühmten Artikel hat Hotelling (1929) einen Fall konstruiert, wo zwei Anbieter eines homogenen Gutes denselben Standort einnehmen. Sein Ergebnis resultiert allerdings aus den spezifischen Annahmen, die er trifft (Maier, 1995).

5.1 Disperse und konzentrierte Standortmuster

Tabelle 5.1: Räumliche Konzentration wirtschaftlicher Aktivitäten in Österreich.

Konzentration	Branche	Entropie[a]
hoch	Forschung	1,54
	Kultur	2,33
	Banken, Versicherungen	2,67
	Produzentendienste	2,70
	öffentliche Verwaltung	3,09
	pers., soz. Dienste	3,10
mittel	Handel	3,33
	Gesundheitswesen	3,40
	Kommunikation, Verkehr	3,42
	Sicherheit	3,48
	Bergbau	3,56
	Industrie, Gewerbe	3,77
	Wohnbevölkerung	**3,82**
niedrig	Bauwirtschaft	3,88
	Erziehung	3,90
	Fremdenverkehr	4,01

[a]Die Entropie stellt ein Maß für die Konzentration der räumlichen Verteilung der Aktivitäten dar. Niedrigere Werte repräsentieren eine stärkere räumliche Konzentration (siehe auch Maier und Tödtling 1985, 1987).

bringt auch noch andere Auswirkungen mit sich, die sie für bestimmte Branchen und Aktivitäten weniger attraktiv erscheinen lassen. Smith (1971, S. 87) nennt etwa Verkehrsstaus und den Mangel an freien Grundstücken. Auch verschiedene Umweltprobleme, wie Luftverschmutzung, Abfall- und Abwasserprobleme, sind hier zu nennen. Alle diese Faktoren können die Attraktivität von Standorten für bestimmte Nutzungen verringern und damit zur stärkeren räumlichen Streuung dieser Aktivitäten beitragen.

Im Rahmen einer Untersuchung über den industriellen Strukturwandel in Österreich haben Maier und Tödtling (1987) die räumliche Konzentration der Arbeitsplätze in verschiedenen Branchen analysiert. Die Ergebnisse sind in Tabelle 5.1 dargestellt. Dabei zeigt sich, daß nur drei der untersuchten Branchen, nämlich die Bauwirtschaft, das Erziehungswesen und der Fremdenverkehr, räumlich weniger stark konzentriert sind als die Bevölkerung. Sie zeigen also ein *disperses Standortmuster*. Viele Aktivitäten sind wesentlich stärker konzentriert als die Bevölkerung. Am stärksten ist die Konzentration im Bereich Forschung, der in Österreich fast ausschließlich

Manufacturing: Motor Vehicles and Equipment

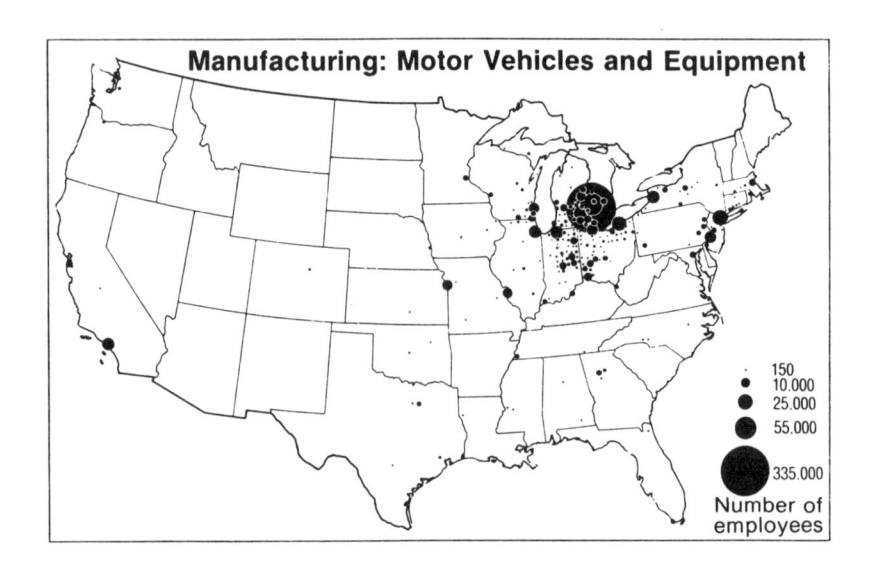

```
150
10.000
25.000
55.000
335.000
Number of employees
```

Abbildung 5.1: Die räumliche Verteilung der amerikanischen Automobilindustrie (Boyce und Williams 1979, S. 200).

in den größeren Städten zu finden ist. Auch Kultureinrichtungen, Banken, Versicherungen und sonstige Produzentendienstleistungen zeigen ein stark *konzentriertes Standortmuster*.

Dieses Ergebnis steht in Einklang mit den Resultaten anderer Untersuchungen (z.B. Carlino 1978, Stanback und Noyelle 1982). Auch sie ergeben für viele Aktivitäten – insbesondere für die hochspezialisierten informationsverarbeitenden Aktivitäten – eine ausgeprägte räumliche Konzentration. Ein klassisches Beispiel für ein konzentriertes Standortmuster ist die amerikanische Automobilindustrie, das sehr stark von der Stadt Detroit dominiert wird (siehe Abb. 5.1).

Die Ursachen für die räumliche Konzentration wirtschaftlicher Aktivitäten liegen zum Teil in den Charakteristika dieser Aktivitäten, zum Teil in der räumlichen Konzentration anderer, damit verbundener Aktivitäten. Viele Güter benötigen eine bestimmte *Mindestnachfragemenge*, um überhaupt gewinnbringend angeboten werden zu können (siehe auch Abschnitt 3.3 und Abschnitt 6.1). Diese Aktivitäten werden sich auf jene Gebiete konzentrieren, die die entsprechend hohe Nachfrage aufweisen. Beispiele gibt es sowohl im privaten (z.B. Spezialbanken, Markt- und Meinungsforschungsinstitute) als auch im staatlichen und halbstaatlichen Bereich (z.B. Universitäten, Forschungseinrichtungen, international bedeutende Theater). Die Verfügbarkeit derartiger Einrichtungen in einer Region kann wiederum ihre *Attraktivität für andere Aktivitäten* verbessern. Eine Konzentration von Theatern wird dazu führen, daß sich auch Schauspieler, Bühnenbildner, Kostümbildner, Künstleragenturen etc. ansiedeln werden. Die Konzentration dieser Personen und Aktivitäten wird in weiterer Folge die Attraktivität der Region als Theaterstandort weiter erhöhen. Die wechselseitige Anziehung dieser Aktivitäten, die sich aus ihren besonderen Charakteristiken und ihren Märkten ergibt, führt zur Ausbildung eines räumlich konzentrierten Standortmusters.

Ähnliche Argumente, wie wir sie für den Kulturbereich angeführt haben, lassen sich für viele andere Aktivitäten finden. So hat etwa die Konzentration der US-Automobilindustrie in Detroit auch zu einer starken Konzentration der Automobil-Zulieferindustrie geführt, die ihrerseits wiederum einen Standortvorteil für die Automobilindustrie darstellt. Differenzieren wir die Wirtschaft nach funktionalen Gesichtspunkten, so sehen wir, daß Verwaltungsfunktionen und Unternehmenszentralen stark in größeren Städten konzentriert sind (vgl. Kap. 4). Diese Konzentration erleichtert die Entstehung und Ansiedlung von Produzentendienstleistungen (Werbeagenturen, Betriebsberatern, Marktforschung etc.). Durch Spezialisierung können sie ihre Dienste kostengünstiger anbieten, als sie die Unternehmenszentralen intern bereitstellen könnten, sodaß die räumliche Konzentration von Unternehmenszentralen indirekt zu niedrigeren Kosten der Unternehmen führt, wodurch sich die Konzentrationstendenz weiter verstärkt (Maier und Weiss 1991).

Konzentrationsfördernde Effekte treten allerdings nicht nur zwischen Unternehmen auf, sondern auch in der *Beziehung zwischen den Unternehmen und den Konsumenten*. Boutiquen, Schuhgeschäfte, Autohändler u. dgl. zeigen oft deutliche Tendenzen zu räumlicher Konzentration. Die Ursache dafür liegt darin, daß sie Produkte anbieten, die in vielfacher Hinsicht differenziert sind und deren Charakteristika vom Konsumenten meist nur durch persönliche Inspektion ermittelt werden können. Durch die räumliche Ballung derartiger Geschäfte findet der Konsument ein vielfältigeres Angebot vor, wodurch die Chancen größer sind, daß er eine seinen Vorstellungen entsprechende Variante des Produkts findet. Damit erhöht sich durch die Ballung der Geschäfte die Attraktivität des entsprechenden Gebiets für den Konsumenten und das Gebiet kann mehr Nachfrage anziehen, als die einzelnen Geschäfte alleine in der Lage wären.

Vielfach trägt auch die *Infrastruktur* dazu bei, räumliche Konzentrationstendenzen zu verstärken. Obwohl sie vom Staat normalerweise kostenlos zur Verfügung gestellt wird, muß ihre räumliche Ausgestaltung dennoch auf Nachfrageaspekte Rücksicht nehmen.[2] Ähnlich wie privat produzierte Güter erfordern auch viele Infrastruktureinrichtungen eine Mindestnachfragemenge. Flughäfen und internationale Schnellzuganschlüsse sind üblicherweise nur in größeren Städten verfügbar. Auch moderne Kommunikationstechno-

---

[2]Dies ist notwendig, weil auch der Staat mit seinen knappen Ressourcen haushalten muß.

logien (ISDN, Computernetze) werden zuerst in den Städten installiert oder sind von Städten aus leichter und kostengünstiger erreichbar.

Die Unterscheidung zwischen dispersem und konzentriertem Standortmuster ist oft schwieriger, als es unsere bisherige Diskussion vermuten läßt. Sie hängt einerseits wesentlich von der räumlichen Ebene ab, auf der wir eine bestimmte Aktivität betrachten, andererseits von der Definition der Aktivität. Die in Tabelle 5.1 dargestellte geringe räumliche Konzentration von Industrie und Gewerbe ist ganz wesentlich darauf zurückzuführen, daß es sich dabei um das Aggregat verschiedener Branchen handelt, wobei die einzelnen Branchen wahrscheinlich recht unterschiedliche Standortmuster aufweisen.

Aber auch innerhalb einer Branche oder Aktivität können wir auf verschiedenen räumlichen Ebenen unterschiedliche Ergebnisse erhalten. Bei großräumiger Betrachtung zeigen etwa Gaststätten und Restaurants ein disperses Standortmuster, kleinräumig können sie sich dennoch stark konzentriert ansiedeln. Ein Beispiel dafür stellt etwa das sogenannte „Bermuda Dreieck" in Wien dar. Abbildung 5.2 zeigt ein anderes Beispiel für das Nebeneinander von Konzentration und Dispersion. Die Filialen der großen Warenhäuser (Sears, The Bay, Eaton's, Woodwards, Zellers) sind alle in der West Edmonton Mall vertreten, konzentrieren sich also an diesem Standort. Innerhalb der Mall haben sie sich allerdings – im Gegensatz etwa zu den Möbelgeschäften – möglichst weit voneinander entfernt angesiedelt (Dispersion).[3]

5.2 Agglomerationseffekte

Wie aus der vorangegangenen Diskussion ersichtlich ist, ergeben sich disperse und konzentrierte Standortmuster aus Interdependenzen zwischen den Standortentscheidungen von Unternehmen, Haushalten und der öffentlichen Hand. Die zu einem bestimmten Zeitpunkt gegebene räumliche Verteilung von Aktivitäten beeinflußt die Standortbedingungen für neu hinzukommende Aktivitäten. Neu hinzukommende Aktivitäten können dabei entweder Erweiterungen von bestehenden Betrieben sein oder neue Betriebe.

In diesem Abschnitt wollen wir diese Einflüsse, die in der Literatur üblicherweise als Agglomerationseffekte bezeichnet werden, etwas systematischer behandeln. Vor allem wollen wir Gemeinsamkeiten und Unterschiede zwischen den möglichen Arten des Zusammenhangs herausarbeiten. Im nächsten Abschnitt werden wir die gesamtwirtschaftliche Bedeutung dieser Interdependenzen untersuchen.

Abbildung 5.3 gibt einen Überblick über die von uns verwendete Gliederung der Agglomerationseffekte. Nachfolgend werden wir die angeführten

---

[3]Die Warenhäuser selbst können ihrerseits als Ergebnis der räumlichen Konzentration verschiedener Warengruppen aufgefaßt werden.

5.2 Agglomerationseffekte

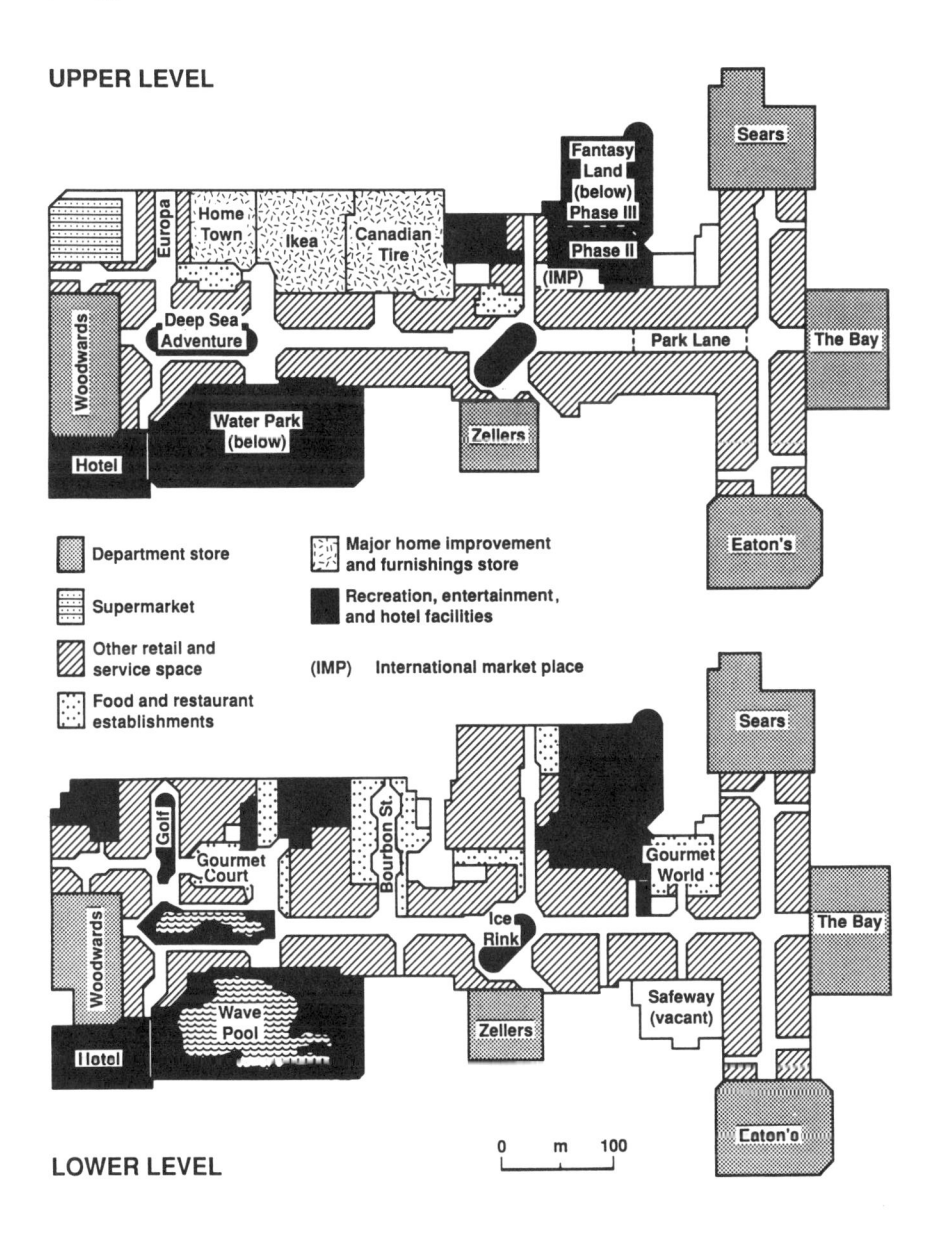

Abbildung 5.2: Lageplan der West Edmonton Mall, Alberta, Kanada (Johnson 1987, S. 56; nach Healey und Ilbery 1990, S. 261).

```
                    Agglomerationseffekte
                   /                    \
                  /                      \
        Interne Effekte              Externe Effekte
                                     /            \
                                    /              \
                        Lokalisationseffekte    Urbanisationseffekte
```

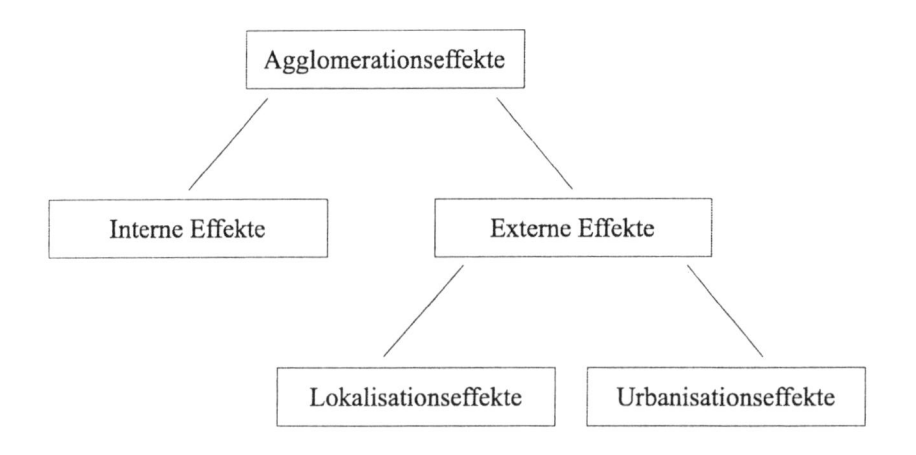

Abbildung 5.3: Systematisierung von Agglomerationseffekten.

Begriffe einzeln erläutern.

5.2.1 Interne Effekte

Interdependenzen zwischen den in einem Gebiet bereits vorhandenen und neu hinzukommenden Aktivitäten treten nicht nur zwischen Unternehmen oder zwischen Unternehmen und Konsumenten auf, sondern auch innerhalb von Unternehmen und Betrieben. In diesem Falle sprechen wir von internen Effekten. Bestehen beispielsweise unausgenutzte Kapazitäten, so führt eine Erweiterung der Produktion dazu, daß jede neu hinzukommende Einheit billiger erzeugt werden kann als die vorangegangene. Da dabei Größenvorteile des Unternehmens genutzt werden, sprechen wir auch von *Skalenvorteilen* oder *Skalenerträgen* (engl.: „economies of scale"). Dieser Effekt kann sich durch bessere Ausnutzung von Maschinen oder Grund und Boden, bessere Nutzung von Verwaltungseinrichtungen, gemeinsame Beschaffungs- und Vertriebsorganisationen etc. ergeben. Eine größere Betriebseinheit erlaubt oft eine kostengünstigere Betriebsorganisation (Massenproduktion, Fließband) oder den Einsatz einer anderen Technologie (siehe auch Kap. 4). Implizit haben wir Skalenvorteile bereits in Kap. 3 behandelt. Die Grenzkostenkurve der Produktionsfunktion in Abb. 3.7 weist einen fallenden Bereich auf. Dies entspricht genau dem obigen Argument, daß eine zusätzliche Einheit billiger produziert wird als die vorangegangene. Dieser Abschnitt der Kurve repräsentiert also Skalenerträge.

Allerdings weist die Grenzkostenkurve in Abb. 3.7 auch einen steigenden Bereich auf. In diesem Abschnitt der Produktionsfunktion wird eine zusätzliche Einheit *teurer* produziert als die vorangegangene, es bestehen also *Skalennachteile* (engl.: „diseconomies of scale"). Mögliche Ursachen dafür sind etwa zu lange Vertriebswege, eine Verbürokratisierung der Verwaltung oder der Umstand, daß sich Produktionsschritte gegenseitig beeinträchtigen oder behindern (Staueffekte).

5.2.2 Externe Effekte

Als externe Effekte werden jene Agglomerationseffekte bezeichnet, die *zwischen* ökonomischen Akteuren (Betrieben, Haushalten, Staat) bestehen. Die Ökonomik definiert die externen Effekte als Einflüsse, die das wirtschaftliche Ergebnis eines Akteurs (Gewinn, Nutzen) mitbestimmen, aber von anderen Wirtschaftssubjekten kontrolliert werden (Gravell und Rees 1981, S. 509). Wie aus Abb. 5.3 hervorgeht, können die externen Effekte weiter unterteilt werden in *Lokalisationseffekte* und *Urbanisationseffekte*. Wie die Skaleneffekte können auch die externen Effekte als positive oder negative Effekte auftreten. Erstere führen zur räumlichen Ballung von Aktivitäten, zweitere zu einem dispersen Standortmuster.

5.2.2.1 Lokalisationseffekte

Lokalisationseffekte sind Effekte, die zwischen verschiedenen Betrieben einer Branche auftreten. Sie sind extern für die Betriebe, aber intern für die Branche (Carlino 1978, S. 12). Die Argumente für positive Lokalisationseffekte (*Lokalisationsvorteile*) sind zahlreich. Sie reichen von der Konzentration an Rohstoffvorkommen (z.B. das traditionelle Standortmuster der Eisen- und Stahlindustrie), über die Generierung spezieller Zulieferindustrien (siehe z.B. unsere Argumente im Zusammenhang mit Automobilindustrie und Theatern in Abschnitt 5.1) bis zur Entstehung eines spezialisierten Arbeitsmarktes. Weitere Beispiele für Mechanismen, die zu Lokalisationsvorteilen führen, sind Forschungs- und Entwicklungseinrichtungen, die sich auf die entsprechende Branche spezialisiert haben, spezialisierte Schulen und Universitäten (z.B. die Montanuniversität in Leoben), spezialisierte Konstruktionsbüros und Designer etc. Die Ballung von Betrieben einer Branche führt häufig auch zum Ausbau spezialisierter Infrastruktur (z.B. Spezialhäfen) und wegen der insgesamt größeren Mengen, die transportiert werden, für den einzelnen Betrieb zu niedrigeren Frachtraten.

Ob für ein Unternehmen in seiner Standortentscheidung Lokalisationsvorteile von Bedeutung sind, hängt unter anderem auch von seiner Größe ab. Viele Effekte, die sich für kleine Unternehmen als externe Lokalisationsvorteile darstellen, können von großen Unternehmen als (interne) Skalenvorteile genutzt werden. Die Grenze zwischen Lokalisationseffekten und Skaleneffekten ist damit fließend. Skalenvorteile bieten gegenüber Lokalisationsvorteilen für das Unternehmen den Vorteil, daß sie von ihm kontrolliert werden können. In wirtschaftlich stabilen Situationen besteht damit für Unternehmen, die mit anderen über Lokalisationsvorteile verbunden sind, der Anreiz, diese Unternehmen zu erwerben und damit die Lokalisationsvorteile zu internalisieren. In wirtschaftlichen Krisenzeiten können die Vorteile allerdings leicht in Nachteile umschlagen, etwa dadurch, daß die komplexe Betriebsstruktur nur schwer umstrukturiert werden kann. Für die 70er und 80er Jahre zeigen empirische Untersuchungen daher häufig Dekonzentrationstendenzen in der Wirtschaft (siehe etwa Holms 1986, Shutt und Whittington 1987). Die neuere Diskussion stellt *Netzwerke* von Unternehmen in den Vordergrund (Kap. 4) (Grabher 1991, Johansson 1991), wobei argumentiert wird, daß diese Form der Kooperation, die von einer losen Zusammenarbeit bis zu einer engen vertraglichen Verbindung reichen kann, die Skalenerträge internalisiert, zugleich aber die Rigidität von Großunternehmen vermeidet.

Die Ballung von Aktivitäten einer Branche kann natürlich auch zu *Lokalisationsnachteilen* führen, die letztlich die räumliche Konzentration einer Branche beschränken. Sie ergeben sich etwa durch steigende Lohnkosten und Grundstückspreise bei zu starker regionaler Faktornachfrage. Die Ballung von Fremdenverkehr führt in manchen Regionen dazu, daß die regionalen Besonderheiten (Landschaft, dörfliche Struktur, kulturelle Eigenarten etc.), die ursprünglich die Touristen angezogen haben, beeinträchtigt oder gar zerstört werden.

5.2.2.2 Urbanisationseffekte

Im Gegensatz zu den Lokalisationseffekten, die zwischen den Unternehmen einer Branche auftreten, treten Urbanisationseffekte zwischen den Unternehmen *verschiedener* Branchen und zwischen *verschiedenen Aktivitäten* auf. Urbanisationseffekte sind jene positiven und negativen Einflüsse auf das Ergebnis eines Wirtschaftssubjekts, die sich aus dem gesamten Umfang der wirtschaftlichen Aktivitäten in einer Region ergeben. Auch die Trennungslinie zwischen Lokalisations- und Urbanisationseffekten kann nicht wirklich scharf gezogen werden. Die Zuordnung hängt insbesondere davon ab, wie wir die Branchen definieren.

Unter dem Begriff Urbanisationseffekte können eine Vielzahl von Einflüssen zusammengefaßt werden. Bei den positiven Effekten (*Urbanisationsvorteile*) sind insbesondere zu nennen

- die Größe des Absatzmarktes,
- die Entstehung eines großen Marktes qualifizierter Arbeitskräfte,
- die Verfügbarkeit von Produzentendienstleistungen, Forschungseinrichtungen, hochwertiger Verkehrsinfrastruktur etc.,

5.2 Agglomerationseffekte   113

- die Möglichkeit zu direkten wirtschaftlichen und sozialen Kontakten zu anderen Unternehmen und Entscheidungsträgern,
- die Verfügbarkeit eines spezialisierten Angebots an Kultur-, Freizeit- und Konsumeinrichtungen (Theater, Galerien, verschiedenartige Restaurants, Spezialgeschäfte etc.).

Viele den Urbanisationsvorteilen zuzurechnende Effekte hängen eng mit der Größe und Diversifikation von regionalen Märkten zusammen. Der positive externe Effekt liegt dabei vor allem darin, daß etwa bei Ausfall eines Lieferanten oder Abnehmers leicht Ersatz gefunden werden kann oder daß Betriebsberater, Forschungsinstitute, spezialisierte Finanzinstitutionen etc. für den Fall der Fälle in der Region verfügbar sind. Urbanisationsvorteile sind daher in Situationen der Unsicherheit von besonderer Bedeutung (Greenhut 1956, Webber 1972). Urbanisationsvorteile wirken daher besonders in Phasen der wirtschaftlichen Umstrukturierung, die von besonderer Unsicherheit gekennzeichnet sind, und auf Branchen und Betriebe mit hoher Unsicherheit. Darunter fallen beispielsweise Branchen mit ständig wechselnden Kunden und einem wenig spezifizierten Produkt (z.B. Beratung, Informationsverarbeitung), junge Betriebe und Betriebe mit Produkten in einer frühen Phase des Produktzyklus (vgl. Kap. 4). Alle diese Branchen und Betriebe tendieren dazu, sich in größeren Städten anzusiedeln, unter anderem weil sie dort eine Fülle von positiven Urbanisationseffekten realisieren können.

Ob in einer Region Urbanisationsvorteile (in geringerem Ausmaß auch Lokalisationsvorteile) realisiert werden können, hängt unter anderem auch von der Organisationsform der regionalen Wirtschaft ab (Chinitz 1961). Während Kleinbetriebe gezwungen sind, die zuvor genannten Leistungen auf den lokalen und regionalen Märkten nachzufragen, werden diese Leistungen von Großbetrieben häufig intern bereitgestellt. Damit sind sie aber für andere Betriebe nicht nutzbar, sodaß sie keinen positiven externen Effekt generieren. Vor allem Großbetriebe mit Monopol- oder Oligopolstellung können ihre Marktmacht dafür einsetzen, um positive externe Effekte auf andere regionale Unternehmen möglichst gering zu halten und sich damit vor potentieller Konkurrenz zu schützen. Derartige Probleme treten häufig in Regionen auf, die dem Typus der „alten Industriegebiete" zuzuordnen sind.[4]

Den Urbanisationsvorteilen stehen wiederum negative Urbanisationseffekte (*Urbanisationsnachteile*) gegenüber. Die Ballung von wirtschaftlichen Aktivitäten und Bevölkerung geht üblicherweise einher mit Luftverschmut-

---

[4] „Alte Industriegebiete" sind charakterisiert durch eine lange industrielle Tradition, eine einseitig auf eine Branche ausgerichtete Struktur, große Betriebseinheiten und eine stark organisierte Arbeiterschaft. Beispiele sind etwa die Mur-Mürz-Furche in Österreich oder das Ruhrgebiet in Deutschland.

zung, Verkehrsstaus, höheren Bodenpreisen und höheren Faktorkosten. Diese Effekte wirken in Richtung auf eine räumliche Streuung der wirtschaftlichen Aktivitäten (siehe auch Kap. 8).

5.3 Die wirtschaftspolitische Bedeutung externer Effekte

Externe Effekte (Lokalisations- und Urbanisationseffekte) haben eminente Bedeutung für die räumliche Struktur der Wirtschaft (für eine empirische Untersuchung siehe etwa Carlino 1978). Sie führen dazu, daß sich manche Aktivitäten im Raum konzentrieren, andere verstreut ansiedeln, und tragen letztlich wesentlich zur Differenzierung des Raumes, zur Herausbildung von Städten, Industrie-, Agrargebieten etc., bei.

Da positive externe Effekte dazu beitragen, wirtschaftliche Aktivitäten in eine bestimmte Region zu ziehen, versucht auch die regionale Wirtschaftspolitik, durch Stärkung der positiven externen Effekte die Attraktivität einer Region als Wirtschaftsstandort zu fördern. In theoretischer Hinsicht greifen etwa das Wachstumspolkonzept (Hansen 1972, Moseley 1974) und die Konzepte der endogenen Regionalentwicklung (Stöhr 1985) darauf zurück.

Wie wir gesehen haben, sind mit der Ballung von Aktivitäten normalerweise nicht nur positive, sondern auch negative Agglomerationseffekte verbunden. Überwiegen die negativen Effekte, so ist das Ballungsoptimum überschritten und es ist wirtschaftlich sinnvoll, das Ausmaß der Ballung von Aktivitäten zu reduzieren. Treten allerdings externe Effekte auf, so gestaltet es sich sehr schwierig, dieses optimale Ausmaß der Ballung zu erreichen (siehe auch Abschnitt 5.4). Anders als bei den internen Effekten, wo die Balance zwischen Skalenvor- und -nachteilen in der Entscheidung *eines* Unternehmens liegt, tragen zu den Lokalisations- und Urbanisationseffekten *verschiedene* Wirtschaftssubjekte bei. Jedes einzelne Wirtschaftssubjekt reagiert in seinen Entscheidungen zwar auf die von anderen ausgehenden externen Effekte, nicht jedoch auf die von ihm selbst verursachten. Trägt seine Ansiedlung dazu bei, das Ballungsoptimum zu überschreiten, so erhält es dennoch kein Signal dafür, daß durch seine Ansiedlung mehr Nachteile als Vorteile entstehen. Da außerdem jedes Wirtschaftssubjekt danach trachten wird, positive externe Effekte zu nutzen und negative auf die Allgemeinheit abzuwälzen[5], führen Lokalisations- und Urbanisationseffekte tendenziell dazu, daß das Ballungsoptimum überschritten wird.

---

[5]Beispielsweise ist es für viele Unternehmen selbstverständlich, daß sie den Urbanisationsvorteil des großen Marktes in einer Stadt nutzen. Für die Beseitigung der mit ihrer Ansiedlung einhergehenden Verkehrsstaus ist allerdings der Staat „zuständig".

5.3.1 Externe Effekte und gesamtwirtschaftliche Effizienz

Externe Effekte spielen auch in der Wohlfahrtsökonomik eine wichtige Rolle. Da die wohlfahrtsökonomische Bedeutung der externen Effekte sowohl für die Einschätzung der regionalen Wirtschaftspolitik wichtig ist als auch unsere obige Diskussion in einen allgemeineren Rahmen stellt, wollen wir sie nachfolgend kurz darstellen.

5.3.1.1 Das Pareto-Kriterium

Die Frage nach der Effizienz einer Volkswirtschaft ist eng mit der Vorstellung des Pareto-Optimums verbunden. Darunter versteht man einen Zustand, bei dem kein Wirtschaftssubjekt besser gestellt werden kann, ohne daß ein anderes Wirtschaftssubjekt schlechter gestellt wird. In einer Wirtschaft im Pareto-Optimum kann also niemand seinen Nutzen oder Gewinn erhöhen, ohne daß der Nutzen oder Gewinn eines anderen beeinträchtigt wird. Eine derartige Wirtschaft wird als effizient bezeichnet, weil sich durch Tausch von Gütern und Ressourcen kein Zustand erreichen läßt, der von allen als besser betrachtet wird.

Das Pareto-Kriterium bezieht sich ausschließlich auf die Effizienz einer Wirtschaft und läßt die Frage der Verteilungsgerechtigkeit völlig außer acht. Ausgangspunkt ist eine vorgegebene Verteilung von Gütern und Ressourcen, die nach allgemeinen Wertvorstellungen auch als sehr ungerecht empfunden werden kann. Da Nutzen nur ordinal gemessen wird und daher zwischen Individuen nicht verglichen werden kann, beschränkt sich das Pareto-Kriterium darauf, die Effizienz einer Wirtschaft festzustellen.

5.3.1.2 Pareto-Effizienz und neoklassischen Wirtschaft

Die Wohlfahrtsökonomik kann zeigen (siehe etwa Gravelle und Rees 1981, S. 474ff.), daß eine neoklassische Wirtschaft unter bestimmten Voraussetzungen *automatisch* einen Pareto-optimalen Zustand erreicht. Kurz gefaßt lautet das Argument dafür etwa folgendermaßen: Da in einer neoklassischen Wirtschaft Geschäfte nur dann getätigt werden, wenn beide Partner dabei ihren Nutzen erhöhen, und auch nur dann produziert wird, wenn dabei Gewinn gemacht werden kann, bedeutet jedes Geschäft und jeder Produktionsvorgang eine Verbesserung im Sinne des Pareto-Kriteriums. Wegen der Annahmen von Nutzen- und Gewinnmaximierung werden die Wirtschaftssubjekte auch keine Möglichkeit einer Verbesserung auslassen, bis nicht ein Zustand erreicht ist, an dem sie ihre Situation nicht mehr verbessern können, also ein Pareto-optimaler Zustand. Dieser Zustand wird allein durch Marktvorgänge erreicht. Eingriffe des Staates, d.h. der Wirtschaftspolitik, sind dafür nicht erforderlich. Ja sie sind sogar zu vermeiden, weil sie nur den Prozeß zu einem Pareto-optimalen Zustand stören, verzögern und schlimmstenfalls dazu führen, daß gar kein optimaler Zustand erreicht wird. Dieses theoretische Ergebnis der Wohlfahrtsökonomik liefert die Basis für die Ideologie der neokonservativen Wirtschaftspolitik, die ihre Aufgabe darin sieht, den Marktkräften die ungestörte Entfaltung zu ermöglichen.

Damit eine ungestörte Entfaltung der Marktkräfte auch tatsächlich zu einem Pareto-Optimum führt, müssen allerdings drei Voraussetzungen erfüllt sein (Gravelle und Rees 1981, S. 480).

1. Es müssen auf allen Märkten Konkurrenzverhältnisse herrschen, d.h., niemand darf über eine Marktposition verfügen, sodaß er seinen Marktpreis aktiv beeinflussen kann.

2. Es darf weder positive noch negative externe Effekte geben. Jedes Wirtschaftssubjekt muß alle Variablen in seiner Nutzen- oder Produktionsfunktion vollständig kontrollieren.

3. Es darf keine öffentlichen Güter geben.

Trifft eine dieser Voraussetzungen nicht zu, so kommt es zu *Marktversagen* und die Marktkräfte führen nicht mehr automatisch zu einem Paretooptimalen Zustand.

Während Marktversagen in der ökonomischen Theorie oft als „Ausnahmefall" dargestellt wird, zeigt die räumliche Diskussion, daß die Situation, in der zumindest eine der genannten Voraussetzungen nicht erfüllt ist, eher der Regelfall zu sein scheint. In Kap. 3 haben wir gesehen, daß auch in Märkten mit vielen Anbietern die Unternehmen durch entsprechende Standortwahl für ein bestimmtes Gebiet Monopolstellung einnehmen können. In diesem Gebiet können sie sehr wohl die Marktpreise aktiv gestalten. Ballen sich die wirtschaftlichen Aktivitäten im Raum, so können die einzelnen Unternehmen zwar nicht mehr die Position des räumlichen Monopolisten einnehmen, dafür treten aber positive und negative externe Effekte in Form von Lokalisations- und Urbanisationseffekten auf.

5.3.1.3 Öffentliche Güter

Auch daß die dritte Voraussetzung erfüllt ist, das Nicht-Vorhandensein öffentlicher Güter, ist aus räumlicher Sicht eher unwahrscheinlich. Öffentliche Güter sind charakterisiert durch die Nicht-Rivalität[6] und durch Nicht-Ausschließbarkeit[7] des Konsums (Schofield 1987, S. 17). Als Beispiel für ein reines öffentliches Gut wird oft die Landesverteidigung genannt.

---

[6]Konsumiert Wirtschaftssubjekt A eine Einheit des Gutes, so wird die Möglichkeit der Inanspruchnahme durch Wirtschaftssubjekt B nicht in gleichem Ausmaß verringert.

[7]Wird das Gut für A zur Verfügung gestellt, so kann B nicht gehindert werden, das Gut zu nutzen.

Viele Infrastruktureinrichtungen weisen zumindest zum Teil die Eigenschaften öffentlicher Güter auf. In der finanzwissenschaftlichen Literatur wird der Öffentliche-Gut-Charakter häufig als konstituierendes Merkmal von Infrastruktur genannt (etwa Frey 1978, Zimmermann und Hencke 1987, Nowotny 1987). Beispiele sind verschiedene Versorgungsnetze (Straßen, Telefon, Wasser, Kanal), öffentliche Sicherheit, Ausbildung etc.

Für öffentliche Güter versagt der neoklassische Marginalkalkül als Allokationsmechanismus. Dadurch, daß ein Konsument nicht von der Nutzung öffentlicher Güter ausgeschlossen werden kann, ist es für ihn sinnvoll, seine Einschätzung des öffentlichen Gutes nicht bekannt zu geben. Er wird andere für die Bereitstellung bezahlen lassen und dann versuchen, das öffentliche Gut gratis mitzubenutzen („Trittbrettfahrerverhalten"). Da jeder nutzenmaximierende Konsument versuchen wird, diese Strategie anzuwenden, kann der Markt nur wenig wirtschaftlichen Anreiz für die Bereitstellung des öffentlichen Gutes generieren. Private Anbieter werden daher nicht bereit sein, das Gut zu produzieren. Dies auch, wenn die Bereitstellung des öffentlichen Gutes zu einer Verbesserung im Sinne des Pareto-Kriteriums führt.

5.3.1.4 „Prisoner's Dilemma"

Im Falle von öffentlichen Gütern befinden sich die Wirtschaftssubjekte in einer Situation ähnlich der, die in der Spieltheorie als „Prisoner's Dilemma" beschrieben wird (Luce und Raiffa 1957; Zagare 1984, S.51ff). Nur wenn möglichst viele Konsumenten bereit sind, für die Bereitstellung des öffentlichen Gutes einen adäquaten Preis zu bezahlen, wird es auch angeboten werden. Wenn das Gut angeboten wird, ist es für den einzelnen Konsumenten allerdings vorteilhaft, es als Trittbrettfahrer gratis zu konsumieren. Eine ähnliche Situation kann auch bei starken externen Effekten auftreten. Ein Beispiel dafür liefern Verfallsprozesse, wie sie in vielen Städten beobachtet werden können. Ist der bauliche Zustand in einem Stadtviertel schlecht, so unterbleiben Investitionen oft deshalb, weil der einzelne Hauseigentümer wegen der geringen Attraktivität des Stadtviertels (externer Effekt) keine ausreichende Rendite erreichen kann. Entschließen sich die Hauseigentümer, das gesamte Gebiet zu sanieren, oder werden sie etwa durch ein Sanierungsprogramm der Gemeinde dazu angehalten, so kann die Investition für jeden einzelnen der Hauseigentümer durchaus profitabel sein. Allerdings kann auch in diesem Fall das Problem von Trittbrettfahrern auftreten. Sie unterlassen zwar die entsprechenden Verbesserungsinvestitionen, partizipieren aber durch Mieterhöhungen oder Wertsteigerung ihres Hauses an der Attraktivitätssteigerung des Gesamtgebiets. Ähnliche Effekte treten in vielen Bereichen auf, die durch starke externe Effekte gekennzeichnet sind. So etwa beim Umweltschutz und bei der Entwicklung technischer Neuerungen.

5.3.2 Wirtschaftspolitische Konsequenzen

Wie oben dargestellt wurde, kann der Marktmechanismus beim Vorliegen von Monopolen, externen Effekten oder öffentlichen Gütern nicht mehr automatisch die beste Allokation der vorhandenen Ressourcen gewährleisten. Es treten also gesamtwirtschaftliche Wohlfahrtsverluste auf, die Wirtschaft befindet sich nicht in einem Pareto-optimalen Zustand. Bei räumlicher Betrachtung hat sich gezeigt, daß die Faktoren, die zu Marktversagen führen, sehr häufig anzutreffen sind. Aus diesem Blickwinkel betrachtet ist Marktversagen eher die Regel als die Ausnahme.

5.3.2.1 Kooperation und staatliche Eingriffe

Wie kann ein derart suboptimaler Zustand überwunden werden? Nur dadurch, daß die individuelle Nutzen- und Gewinnmaximierung durch stärker gesellschaftlich orientierte Handlungsmaximen ergänzt wird. Die Hausbesitzer in unserem Beispiel könnten sich zusammenschließen und versuchen, durch Kooperation das „Prisoner's Dilemma" zu überwinden und die für alle bessere Situation zu erreichen. Dabei ist es notwendig, daß dieser Zusammenschluß verhindern kann, daß einzelne Hausbesitzer die Vereinbarung als Trittbrettfahrer unterlaufen.

Eine andere Möglichkeit besteht in direkten staatlichen Eingriffen. Der Staat kann etwa durch Gebote oder Verbote bestimmtes Verhalten der Wirtschaftssubjekte erzwingen oder verhindern. Er kann aber auch Anreize schaffen und so erreichen, daß sich das gewünschte Verhalten für die Wirtschaftssubjekte auch gemäß ihrem individuellen Kalkül lohnt. Beispielsweise könnte der Staat durch Investitionsanreize erreichen, daß sich Verbesserungsinvestitionen für einen Teil der Hauseigentümer auch dann lohnen, wenn nicht das gesamte Gebiet saniert wird. Damit könnte der Staat erreichen, daß die „Prisoner's Dilemma"-Situation überwunden wird.

Derartige staatliche Eingriffe sind mit einer Reihe von Problemen verbunden. Zwei der wichtigsten sind:

1. Der Staat ist kein außenstehender Steuermann, sondern in vielfältiger Weise in den Wirtschaftsprozeß als Akteur eingebunden (vgl. Kap. 1).

2. Um Ineffizienzen korrigieren zu können, muß der Staat eine Vorstellung davon haben, wie die (Pareto-)effiziente Ressourcenallokation auszusehen hat.

Die Vorstellung vom Staat als jener Instanz, die durch ihre Eingriffe eine suboptimale Ressourcenallokation in einen Pareto-optimalen Zustand transformiert, setzt voraus, daß der Staat außerhalb des Wirtschaftslebens steht und seine Aktivitäten ausschließlich am gesamtgesellschaftlichen Wohl orientiert. Tatsächlich ist der Staat aber in vielfältiger Weise in das Wirtschaftsleben eingebunden. Er ist Eigentümer von Unternehmen, Investor, Steuereintreiber etc. Seine Institutionen verfolgen zum Teil eigene Ziele. Sie versuchen, ihre finanzielle Basis auszubauen, ihre Macht zu erhalten oder zu erweitern, oder treffen Entscheidungen einfach aus bürokratischer Schwerfälligkeit. Selbst wenn man unterstellt, daß die Aktivitäten des Staates ausschließlich von den demokratisch legitimierten politischen Entscheidungsträgern bestimmt werden, kann der Staat die ihm zugedachte Rolle nicht vollständig erfüllen. Arrow (1951) hat in seinem „Unmöglichkeitstheorem" gezeigt, daß unter bestimmten, plausiblen Annahmen die in einer Gesellschaft vorhandenen Präferenzordnungen nicht widerspruchsfrei aggregiert werden können.

Sieht der Staat seine Aufgabe darin, Marktversagen durch seine Eingriffe zu korrigieren, so muß er nicht nur wissen, daß ein ineffizienter Zustand herrscht, sondern auch, wie die Pareto-optimale Ressourcenallokation auszusehen hätte. Das Instrument der Kosten-Nutzen-Analyse (Mishan 1982, Schofield 1987) versucht, dem Staat hierbei Hilfestellung zu gewähren. Dabei werden die wohlfahrtsökonomischen Kriterien auf staatliche Aktivitäten umgelegt, um zu errechnen, wie einzelne staatliche Aktivitäten (Infrastrukturprojekte, bestimmte Investitionen, Steuerungseingriffe) die gesamtgesellschaftliche Wohlfahrt beeinflussen. In diesem Zusammenhang müssen regelmäßig auch die Einflüsse von Monopolen und externen Effekten ermittelt werden, was sich ebenso regelmäßig als sehr schwierig erweist.

Die Kosten-Nutzen-Analyse ist ein sehr aufwendiges Instrument und wird daher nur auf einzelne staatliche Aktivitäten angewandt. Da Marktversagen üblicherweise auch die Preisrelationen verändert, breitet sich der Einfluß von externen Effekten, Monopolen und öffentlichen Gütern allerdings im gesamten Wirtschaftssystem aus, sodaß nur eine allgemeine, das gesamte Wirtschaftssystem umfassende Kosten-Nutzen-Analyse wirklich schlüssige Aussagen zuläßt. In der Praxis ist ein derartiges Projekt aufgrund der benötigten Informationen und des Zeit- und Rechenaufwandes nicht realisierbar, sodaß der Staat ohne eine klare Vorstellung vom anzustrebenden Optimalzustand seine Entscheidungen treffen muß.

5.3.2.2 Die räumliche Verteilung externer Effekte

Während aus wohlfahrtsökonomischer Sicht klar ist, daß *sowohl positive als auch negative* externe Effekte zu einer suboptimalen Ressourcenallokation führen, sind bei räumlicher Betrachtung mit den Lokalisations- und Urbanisationseffekten wichtige Verteilungsprozesse verbunden. Während die räumliche Ballung von Aktivitäten aufgrund von positiven Urbanisationseffekten für das gesamte Wirtschaftssystem einen Wohlfahrtsverlust impliziert, ist diese Ballung für die Stadt und ihre Bewohner eindeutig vorteilhaft.[8] Allerdings nur so lange, als für jeden Stadtbewohner und Betrieb in der Stadt die positiven Urbanisationseffekte die negativen überwiegen. Ist dies nicht der Fall, so führt die weitere Ballung von Aktivitäten in der Stadt zu Wohlfahrtsumverteilung zwischen den Wirtschaftssubjekten, also zu Wohlfahrtsgewinnen der einen und Wohlfahrtsverlusten der anderen.

Dieser Zustand stellt den „Normalzustand" einer Stadt dar.[9] Er impliziert potentielle Konflikte zwischen den beiden Gruppen. Diese Konflikte können auf verschiedenen politischen, sozialen und wirtschaftlichen Ebenen ausgetragen werden. Meistens führt diese Situation aber auch dazu, daß die eine Gruppe (oder Aktivität) die andere verdrängt. Es kommt also zu einem Nebeneinander von Konzentrations- und Dekonzentrationsprozessen.

5.4 Die optimale Stadtgröße

Wie oben bereits kurz angerissen, können wir uns dem Problem positiver und negativer Lokalisations- und Urbanisationseffekte auch dadurch nähern, daß wir die Stadt als organisatorische Einheit betrachten und die Frage nach ihrer optimalen Größe stellen. Diese Frage hat die Regionalökonomen schon sehr lange beschäftigt (etwa Clark 1945, Hirsch 1959). Die ersten Arbeiten untersuchten die Kosten, zu denen Städte ihre Leistungen zur Verfügung stellen (für einen Überblick siehe Vanhove und Klaassen 1987, S. 195ff). Sie fanden typischerweise, daß die Kosten pro Kopf bei zunehmender Größe der Stadt zuerst sinken, später steigen; also einen U-förmigen Verlauf aufweisen, wie er in Abb. 5.4 dargestellt ist. Die Einwohnerzahl, bei der die Kurve ihr Minimum erreicht, wurde als optimale Stadtgröße interpretiert.

Dieser Ansatz berücksichtigt normalerweise nur einen Teil der Kosten und vernachlässigt auch die Erlösseite des Problems. Für die optimale Stadtgröße relevant sind nicht die Kosten, die für die Stadtverwaltung anfallen, sondern die gesellschaftlichen Kosten und Erlöse (oder Nutzen in der Terminologie der Kosten-Nutzen-Analyse). Selbst bei vollständiger Berücksichtigung der Kosten entspricht der ermittelte Optimalpunkt dem Minimum der Durchschnittskosten im Optimierungskalkül des Unternehmens (siehe Abb. 3.7). Tatsächlich liegt die optimale Stadtgröße dort, wo die Differenz zwischen Erlösen und Kosten am größten ist, also an jenem Punkt, wo die durch die Ausweitung der Stadt entstehenden positiven Effekte gerade von den negativen kompensiert werden (Alonso 1971). Dies entspricht der üblichen Bedingung, daß die Grenzkosten gleich den Grenzerlösen sein müssen

---

[8] Die mögliche Konsequenz, daß damit die Wirtschaft in peripheren Regionen zu wenig Kapital und Arbeit einsetzen kann, wird die Politiker und Bewohner der Stadt nicht berühren.

[9] Die beiden anderen Möglichkeiten, nämlich daß alle Wirtschaftssubjekte positive oder alle negative Urbanisationseffekte realisieren, führen zu ungehinderter Konzentration bzw. Dekonzentration und sind damit instabil.

5.4 Die optimale Stadtgröße

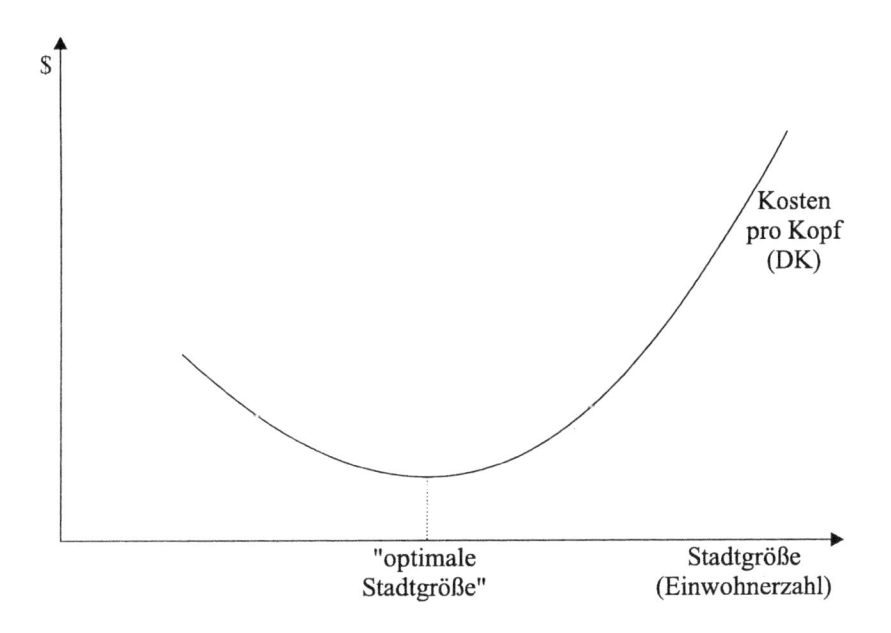

Abbildung 5.4: Pro-Kopf-Kosten für städtische Leistungen.

(siehe Abb. 5.5). Die optimale Stadtgröße wird damit normalerweise erst bei größeren Einwohnerzahlen erreicht, als sich aus der Bedingung des Minimums der Durchschnittskosten ergibt.

Die Probleme der Ermittlung der optimalen Stadtgröße liegen auf der Hand. Da es sich um gesellschaftliche Kosten und Erlöse handelt, beinhalten sie alle positiven und negativen externen Effekte und müßten im Rahmen einer Kosten-Nutzen-Analyse ermittelt werden. Bei der Vielzahl der Interdependenzen zwischen den Wirtschaftssubjekten in einer Stadt, die sich darüber hinaus relativ rasch ändern können, ist dies in der Praxis kaum möglich. Außerdem führen die oben angeschnittenen Verteilungsprobleme der Wohlfahrt zu Verdrängung und Standortverlagerungen, sodaß sich die Wirtschafts-, Sozial- und Bevölkerungsstruktur der Stadt infolge des Wachstums ändert. Wir können daher bei der Ermittlung der gesellschaftlichen Kosten und Erlöse nicht von konstanten Strukturen ausgehen, sondern müssen auch die Strukturveränderung in der Analyse berücksichtigen.

Aus diesen Gründen haben die Untersuchungen zur optimalen Stadtgröße keine allgemein anerkannten Ergebnisse erbracht. Es muß speziellen Analysen überlassen bleiben, zu ermitteln, ob in einer bestimmten Stadt bei weiterem Wachstum die Zuwächse an positiven Auswirkungen jene an

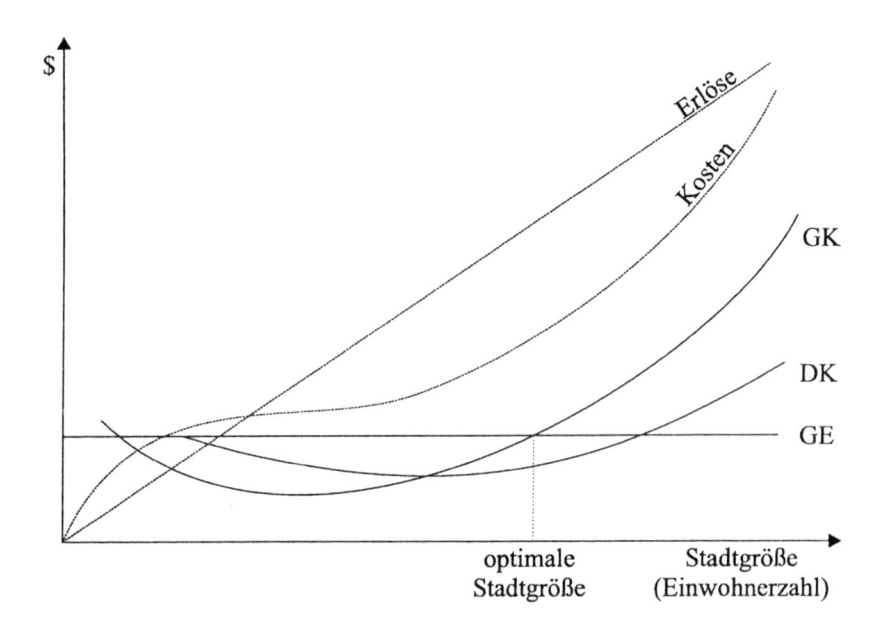

Abbildung 5.5: Bedingung für die optimale Stadtgröße.

negativen kompensieren oder nicht. In den meisten Fällen beschränken sich selbst diese Untersuchungen auf einen bestimmten Teilbereich der Stadt (etwa den Verkehrssektor) und können damit selbst für den Einzelfall keine generellen Aussagen machen.

5.5 Zusammenfassung

In diesem Kapitel stehen die Wechselwirkungen zwischen Wirtschaftssubjekten und ihr Einfluß auf deren Standortentscheidungen im Vordergrund. Wie wir in Abschnitt 5.1 gezeigt haben, sind verschiedene Aktivitäten unterschiedlich stark im Raum konzentriert. Die meisten ballen sich stärker als die Bevölkerung, einige Aktivitäten zeigen aber auch ein stärker gestreutes Standortmuster.

Die Gründe für derart konzentrierte oder disperse Standortmuster sind vielfältig. In Abschnitt 5.2 haben wir sie unter dem Begriff der „Agglomerationseffekte" zusammengefaßt. Sie können sowohl positiv (anziehend) als auch negativ (abstoßend) auf wirtschaftliche Aktivitäten wirken. Je nachdem auf welcher organisatorischen Ebene sie wirken, sprechen wir von „internen Effekten" (innerhalb von Unternehmen) oder „externen Effekten" (zwischen Unternehmen oder Wirtschaftssubjekten). Letztere unterteilen

5.5 Zusammenfassung

wir in „Lokalisationseffekte" – Effekte, die zwischen den Wirtschaftssubjekten eines Typs (Branche) wirken – und „Urbanisationseffekte" – Effekte, die sich aus der Konzentration verschiedener Branchen und Aktivitäten (Wirtschaftssubjekte) ergeben.

In Abschnitt 5.3 haben wir die Frage nach der gesamtwirtschaftlichen Bedeutung der Agglomerationseffekte diskutiert. Dabei zeigt sich, daß die externen Effekte zu Verzerrungen der Preise führen und damit die Allokationsfunktion des Marktmechanismus stören. Dies führt normalerweise zu Effizienzverlusten im Wirtschaftssystem.

Betrachten wir aus räumlicher Sicht die Voraussetzungen für einen vollkommenen Markt, also einen Markt, der den effizienten Einsatz der Ressourcen sicherstellt, so erscheinen alle Voraussetzungen als problematisch. Räumliche Monopole, Agglomerationseffekte und der Öffentliche-Gut-Charakter der Infrastruktur verletzen die Vorbedingungen für einen effizienten Marktmechanismus (Abschnitt 5.3.1). In Abschnitt 5.3.2 haben wir kurz die wirtschaftspolitischen Konsequenzen diskutiert, die sich daraus ergeben.

Abschnitt 5.4 hat die Frage der optimalen Stadtgröße angeschnitten. Wie wir sehen, machen gerade die Interdependenzen zwischen den Standortentscheidungen von Wirtschaftssubjekten, die die Existenz von Städten erst verständlich machen, die Bestimmung der optimalen Stadtgröße besonders schwierig. Die Bestimmung des Zusammenhangs zwischen Kosten und Erlösen einerseits und der Größe der Stadt andererseits setzt die adäquate Berücksichtigung aller dieser Interdependenzen voraus, was in der Praxis kaum möglich ist.

5.6 Übungsaufgaben und Kontrollfragen

1. Geben Sie Beispiele für positive und negative Wechselwirkungen zwischen Unternehmen, die nicht über den Preismechanismus wirken.
2. Nennen Sie Aktivitäten, die sich besonders konzentriert (dispers) ansiedeln. Welche Gründe sind dafür jeweils maßgeblich?
3. In einem Teilbereich der Wiener Ringstraße sind fast ausschließlich Autos geparkt, die von Privatpersonen zum Kauf angeboten werden. Wodurch läßt sich dieses Phänomen erklären?
4. Erläutern Sie die Begriffe „Agglomerationseffekte", „Interne Effekte" und „Externe Effekte". Worin bestehen die wichtigsten Unterschiede? Inwiefern ist die Größe eines Unternehmens für diese Unterscheidung von Bedeutung?
5. Geben Sie Beispiele für positive und negative Urbanisationseffekte.
6. Umweltauflagen werden von Vertretern der betroffenen Branchen häufig mit dem Argument abgelehnt, daß die damit verbundenen Kostenerhöhungen die Konkurrenzfähigkeit der Branche schwächen und an die Konsumenten in Form von Preiserhöhungen weitergegeben werden müssen. Können Sie sich diesem Einwand gegen Umweltauflagen anschließen?
7. Welche Argumente lassen sich aus regionalökonomischer Perspektive gegen die Vorstellung vorbringen, daß die Aufgabe der Wirtschaftspolitik darin besteht, den Marktkräften die ungestörte Entfaltung zu ermöglichen?
8. Mit welchen Problemen ist der Staat konfrontiert, wenn er für eine effiziente Allokation der Ressourcen sorgen will? Inwiefern ist die räumliche Differenzierung des Staates (z.B. Länder, Gemeinden) für diese Frage von Bedeutung?
9. Wodurch ist theoretisch die optimale Stadtgröße bestimmt und warum ist dieses Kriterium praktisch kaum brauchbar?

Kapitel 6
Strukturen der Bodennutzung

In unserer bisherigen Diskussion haben wir uns mit der Standortentscheidung aus der Sicht des einzelnen Unternehmens beschäftigt. Vor allem in den Kapiteln 4 und 5 haben wir dabei bereits mehrfach die Zusammenhänge zwischen den wirtschaftlichen Akteuren, vor allem zwischen ihren Standortentscheidungen, angesprochen. In diesem Kapitel stehen diese Zusammenhänge im Mittelpunkt des Interesses. Es beschäftigt sich mit der Frage, wie die Interdependenzen zwischen den Wirtschaftssubjekten (v.a. Unternehmen und Haushalte) räumliche Strukturen hervorbringen können.

6.1 Die Bodennutzungstheorie von Thünens

Johann Heinrich von Thünen war der erste, der sich mit der Frage beschäftigt hat, ob die ökonomischen Kräfte dazu führen, daß unterschiedliche Strukturen im Raum auftreten (Thünen 1826). Obwohl er seine Theorie bereits in der ersten Hälfte des 19. Jahrhunderts formuliert hat, ist sie auch heute noch von Relevanz. Vor allem die modernen Theorien zur internen Struktur von Städten bauen wesentlich auf den Überlegungen von Thünens auf (siehe Abschnitt 6.2).

Die Bedeutung der Theorie von Thünens liegt vor allem darin, daß sie zeigt, daß die Marktkräfte alleine ausreichen, um räumliche Unterschiede in der Bodennutzung hervorzurufen. Nicht nur, wie vor ihm angenommen, Unterschiede in Bodenbeschaffenheit und Fruchtbarkeit führen zu einer Differenzierung der Bodennutzung. Wie von Thünen zeigt, spielt die Lage zu den Märkten eine wesentliche Rolle.

Obwohl von Thünen seine Überlegungen anhand der landwirtschaftlichen Produktion dargelegt hat und sein Modell gerne als „Modell der landwirtschaftlichen Bodennutzung" bezeichnet wird, sind die Mechanismen, die er aufzeigt, doch von allgemeiner Bedeutung. Sie hinterlassen ihre Spuren in jeder ökonomischen Entscheidung im Raum.

Von Thünen hat in seinen Überlegungen ein vollständiges Modell der räumlichen Bodennutzung und Einkommensverteilung erstellt und sich auch eingehend mit Austauschbeziehungen und den Auswirkungen auf die Löhne an verschiedenen Standorten beschäftigt. Er verwendete als erster den Marginalkalkül der neoklassischen Ökonomik und entwickelte eines der ersten Modelle eines allgemeinen Gleichgewichts (Samuelson 1983). Seine Überlegungen fügen sich damit auch heute noch nahtlos in die vorherrschende ökonomische Theorie ein.[1]

Wir stellen hier nicht das vollständige Modell von Thünens dar, sondern beschränken uns auf den für die Frage der räumlichen Struktur der Bodennutzung relevanten Teil. In ihren Grundzügen geht diese Form der Darstellung auf Dunn (1954) zurück. Wir knüpfen in unserer Diskussion an die Darstellung in Abschnitt 3.3 an. Das Thünensche Modell verwendet das dort dargestellte Konzept einer räumlich konzentrierten Nachfrage (mit vielen Nachfragern) und einem über die Fläche gestreuten Angebot. Während uns im Abschnitt 3.3 der Zusammenhang zwischen Transportkosten, Produktionsmenge und Technologie interessiert hat, wollen wir nun analysieren, welche Beziehungen zwischen den einzelnen Produzenten bestehen und wie sie sich auf die räumliche Struktur der Wirtschaft auswirken.

6.1.1 Die Annahmen

Bevor wir auf den bereits in Abschnitt 3.3 erwähnten Begriff der Lagerente genauer eingehen werden, wollen wir die Annahmen rekapitulieren, auf denen unsere Überlegungen basieren. Wie in Kap. 3 leiten wir auch hier unsere Erkenntnisse deduktiv aus einem Satz vereinfachender Annahmen ab. Diese Vorgangsweise dient dazu, um den uns eigentlich interessierenden Zusammenhang deutlicher herauszuarbeiten. Allerdings muß gesagt werden, daß viele der Annahmen der Theorie von Thünens sehr leicht modifiziert werden können und die grundlegenden Ergebnisse dennoch erhalten bleiben.

Bei der Darstellung der Bodennutzungstheorie von Johann Heinrich von Thünen gehen wir von folgendem Satz von Annahmen aus:

- Es existiert ein von anderen isolierter Wirtschaftsraum („isolierter Staat"), der sich über eine homogene Ebene erstreckt. In seiner Mitte liegt eine einzige Stadt. Es gibt keine topographischen Merkmale wie Flüsse, Berge etc. und keine Unterschiede in der Bodenbeschaffenheit.

- Alle Konsumenten sind in der Stadt konzentriert, sodaß auch alle Güter in der Stadt umgesetzt werden. Preis und Nachfragemenge werden auf diesem Markt gemäß Angebot und Nachfrage unter Konkurrenzbedingungen bestimmt. Die Produzenten haben ihre Produktionsstandorte auf der homogenen Ebene.

- Alle Produzenten haben dieselbe Produktionsfunktionen für die verschiedenen Güter. Alle Produktionsfaktoren außer Boden sind vollkommen mobil und überall zu den gleichen Preisen verfügbar.[2]

---

[1] „Thünen belongs in the Pantheon with Leon Walras, John Stuart Mill, and Adam Smith. As Schumpeter would say, it is the inner ring of Valhalla they occupy" (Samuelson 1983, S. 1482).

[2] In diesem Punkt unterscheidet sich diese Darstellung grundlegend von von Thünens

- Die Verkehrsverbindungen in die Stadt sind aus allen Richtungen gleich. Die Transportkosten sind damit direkt proportional zur Entfernung von der Stadt. Die Transportkosten sind güterspezifisch. In sie gehen auch Dinge wie Volumen und Verderblichkeit der Güter ein.
- Die Produzenten trachten danach, ihren Gewinn zu maximieren. Sie passen sich daher möglichst rasch den Nachfragebedingungen in der Stadt an.

Durch den verstärkten Einsatz von Arbeit und Kapital kann die Menge eines bestimmten Gutes, die auf einer Flächeneinheit produziert werden kann, erhöht werden. Dieser Zusammenhang wird durch eine güterspezifische Produktionsfunktion beschrieben. Wegen der Annahme einer homogenen Fläche herrschen an allen Standorten identische Produktionsbedingungen, es gilt also überall die gleiche güterspezifische Produktionsfunktion.

6.1.2 Die Lagerente

Die Lagerente ist ein zentraler Begriff der Thünenschen Theorie. Sie liefert das Kriterium dafür, welches Produkt an welchem Standort produziert wird. Bereits in Abschnitt 3.3 haben wir die Lagerente abgeleitet (siehe Abb. 3.8). Die Lagerente repräsentiert den potentiellen Gewinn, den der Produzent *mit einem bestimmten Gut* bei *einem bestimmten Marktpreis* dann erzielen kann, wenn ihm der *Boden kostenlos zur Verfügung* steht. Ist der Boden im Besitz von Verpächtern, so werden diese, weil auch sie annahmegemäß ihren Gewinn maximieren wollen, die Pacht an einem bestimmten Standort so ansetzen, daß sie die Lagerente voll abschöpfen. Der Produzent erzielt damit einen Gewinn von null.[3] Die Lagerente ist damit auch *jener Betrag, den der Produzent maximal an einen Verpächter zahlen kann.* Egal an welchem Standort der Produzent sitzt, deckt sein Stückerlös immer gerade die Durchschnittskosten. Da die Lagerente den potentiellen Gewinn unter den genannten Voraussetzungen repräsentiert, ist sie unabhängig von derartigen institutionellen Gegebenheiten. Für die räumliche Struktur ist es auch irrelevant, wer die Lagerente abschöpft. Egal, ob sie als Pacht an einen Verpächter fließt oder dem Produzenten als Gewinn oder als Verzinsung seines für den Kauf des Bodens eingesetzten Kapitals verbleibt, es ergibt sich dieselbe Produktionshöhe und räumliche Struktur der Bodennutzung.

Die Lagerente hängt ab von

Modell. Er hat sich gerade mit der Frage der Auswirkung auf den Arbeitsmarkt intensiv beschäftigt. Außerdem steht diese Annahme in Konflikt mit der, daß die gesamte Nachfrage in der Stadt konzentriert ist.

[3]Im rechten Teil von Abb. 3.7 verschiebt sich dabei die Durchschnittskostenkurve entlang der Grenzkostenkurve nach oben bis in jenen Punkt, wo die Grenzkosten gleich dem Stückerlös an diesem Standort sind.

- der Entfernung des Produzenten vom Nachfragestandort,
- dem produzierten Gut (Kostenfunktion) und
- dem Preis, der dafür am Markt zu erzielen ist.

Mathematisch können wir die Lagerente definieren als

$$L(x) = (p - \mathrm{DK}^* - tx)q^* \ . \tag{6.1}$$

Dabei bezeichnet q^* die optimale Produktionsmenge pro Flächeneinheit, wie sie sich aus den Überlegungen in Abschnitt 3.3 ergibt. DK^* bezeichnet die q^* entsprechenden Durchschnittskosten. Wie wir auch schon aus Abschnitt 3.3 wissen, variieren diese beiden Komponenten im allgemeinen mit der Entfernung vom Nachfrageort.

Damit hängt die Lagerente, $L(x)$, von der Entfernung des Produzenten vom Nachfragestandort aufgrund von drei Faktoren ab:[4]

1. den direkten Transportkosten, die dafür anfallen, um eine Einheit des Gutes auf den Markt zu bringen,
2. der Veränderung der optimalen Produktionsmenge, die bei größerer Entfernung abnimmt, und
3. der daraus folgenden Veränderung der durchschnittlichen Gesamtkosten der Produktion einer Einheit des Gutes.

Es ist leicht zu zeigen, daß unter unseren Annahmen die Lagerente mit zunehmender Entfernung abnimmt. Obwohl andere Darstellungen dies suggerieren (etwa Schätzl 1988), ist die Lagerentenkurve auch bei linearen Transportkosten nicht notwendigerweise eine Gerade. Sie spiegelt auch die Veränderung der Durchschnittskosten wider, die sich aus dem Einfluß der Entfernung auf die optimale Produktionsmenge ergibt, und weist damit einen konvexen Verlauf auf.

Da die Lagerente die güterspezifischen Transport- und Produktionskosten widerspiegelt, ist klar, daß sie selbst auch güterspezifisch ist. Je nach dem Verlauf der Produktionsfunktion und der Transportkostensensibilität ergeben sich für verschiedene Güter unterschiedliche Lagerenten.

Der Preis, den ein Gut am Markt erzielt, bestimmt direkt den Stückerlös des Produzenten für dieses Gut. Steigt der Preis, so erhöht sich auch der Stückerlös und die Lagerentenkurve verschiebt sich nach oben. Allerdings führt eine Preiserhöhung auch zu einer Intensivierung der Produktion, wodurch sich die optimale Produktionsmenge pro Flächeneinheit (q^*) und die entsprechenden Durchschnittskosten (DK^*) erhöhen. Der kombinierte indirekte Einfluß der Preiserhöhung auf die Lagerente kann den direkten Effekt

---

[4]Die Schreibweise $L(x)$ soll diese Abhängigkeit symbolisieren.

nur weiter verstärken, nicht verringern. Dies deshalb, weil der Produzent die ursprüngliche Produktionsintensität beibehalten kann und daher nur dann intensiver produzieren wird, wenn er damit seinen Gewinn (d.h. auch seine Lagerente) erhöht. Nach unserer bisherigen Diskussion sollte klar sein, daß der indirekte Effekt normalerweise mit der Entfernung vom Zentrum variieren wird, daß eine Preisänderung also nicht unbedingt zu einer Parallelverschiebung der Lagerentenkurve führt.

6.1.3 Lagerente und räumliche Produktionsstruktur

Bisher haben wir die Produktionsbedingungen und die Lagerente für ein bestimmtes Produkt an verschiedenen Standorten betrachtet. Nun wollen wir zeigen, daß die Lagerenten dazu führen, daß an verschiedenen Standorten unterschiedliche Produkte produziert werden.

Abbildung 6.1 zeigt die Lagerentenkurven für zwei Güter, sagen wir Weizen und Salat, bei den im Zentrum bestehenden Marktpreisen. Wir bezeichnen mit L^S die Lagerente von Salat und mit L^W jene für Weizen.

Salat muß frisch auf den Markt gebracht und auch wesentlich vorsichtiger transportiert werden als Weizen. Er weist damit höhere Transportkosten pro Entfernungseinheit und Menge auf. Da diese Differenz kaum durch Unterschiede in der Produktionsfunktion kompensiert wird, wird die Lagerente für Salat steiler abfallen als jene für Weizen. Zu beachten ist, daß für jeden Produzenten an seinem jeweiligen Standort immer beide Lagerenten existieren, weil ja jeder Produzent Salat oder Weizen anbauen kann. Baut der Produzent am Standort 1 beispielsweise Salat an, so realisiert er eine Lagerente von $L^S(1)$. Baut er hingegen Weizen an, so erreicht er eine Lagerente von $L^W(1)$. Da er annahmegemäß danach trachtet, seinen Gewinn zu maximieren, wird der Produzent an diesem Standort Salat produzieren, weil ihm dies die höhere Lagerente liefert. In Abb. 6.1 gilt dies für alle Produzenten zwischen dem Zentrum und dem Standort i, also jenem Standort, an dem sich die Lagerentenkurven schneiden. Außerhalb dieses Standortes (bis zur Anbaugrenze x) erreicht Weizen eine höhere Lagerente, dort wird also Weizen angebaut werden.

Rotieren wir diese Bereiche um die Stadt, so ergibt sich wegen der Annahmen einer homogenen Fläche und einheitlicher Transportmöglichkeiten ein kreisförmiges Salatanbaugebiet, das von einer ringförmigen Zone mit Weizenanbau eingeschlossen ist (Abb. 6.1). Bei mehr Gütern erhalten wir entsprechend mehr Ringe („Thünensche Ringe"). Deren Abfolge wird von der *Steigung der Lagerentenfunktionen* bestimmt, die sich wiederum wesentlich – allerdings nicht ausschließlich – aus der Transportkostensensibilität der Güter ergibt. Das Gut mit der am steilsten abfallenden Lagerente okkupiert das innerste Anbaugebiet, anschließend kommt das Gut mit der zweitsteilsten Lagerente usw., bis zur äußersten Anbauzone, die vom Gut

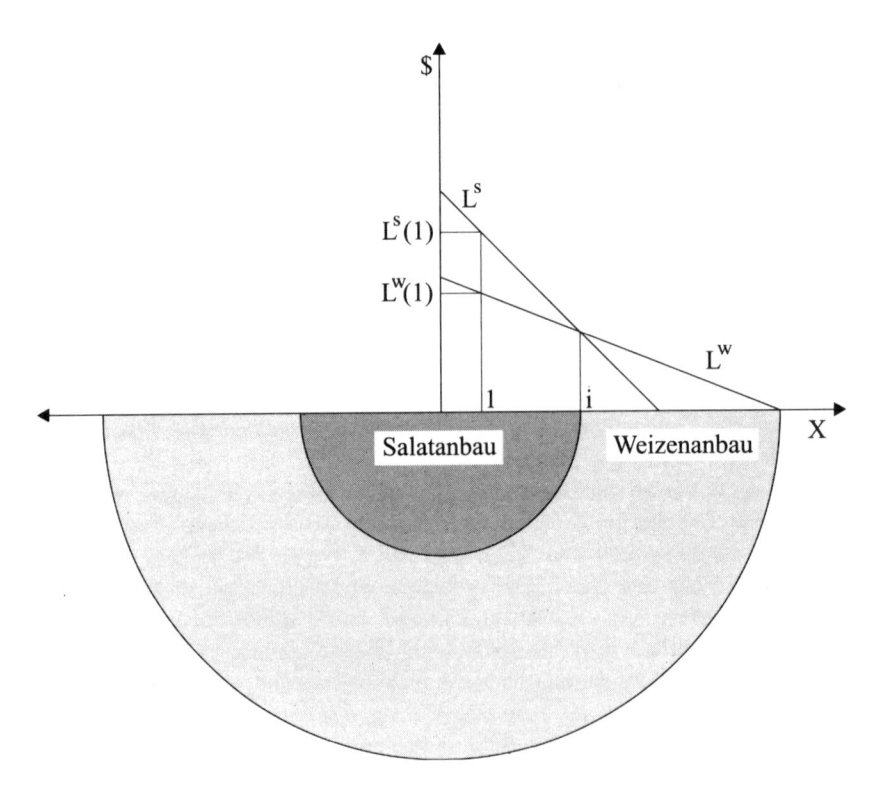

Abbildung 6.1: Lagerenten und Produktionsgebiete bei zwei Gütern.

mit der flachsten Lagerente beansprucht wird. Da dieses Produkt die niedrigste Transportrate aufweist, kann es auch aus dieser Entfernung noch gewinnbringend in die Stadt transportiert werden. Aus diesem Grund ist es in dieser Entfernung in der Lage, eine höhere Lagerente als die anderen Güter zu erreichen und diese damit auszukonkurrenzieren.

In unserem Beispiel haben wir die Kurvenverläufe so gezeichnet, daß sich sowohl ein Salat- als auch ein Weizenanbaugebiet ergibt. Was passiert aber, wenn die Lagerente für Salat überall unter jener für Weizen liegt? In diesem Fall wird kein Salat produziert und auf den Markt gebracht. Damit besteht allerdings unbefriedigte Nachfrage nach Salat, sodaß der Salatpreis steigen und sich die Lagerente L^S nach oben verschieben wird. Die Lagerenten werden sich schneiden und um die Stadt wird ein Salatanbaugebiet entstehen. Da damit weniger Weizen produziert wird, wird auch der Weizenpreis ansteigen, womit die Lagerente für Weizen nach oben und die Anbaugrenze nach außen verschoben werden wird. Zugleich verkleinert sich wegen des höheren Weizenpreises wiederum das Anbaugebiet für Salat, sodaß der Marktpreis

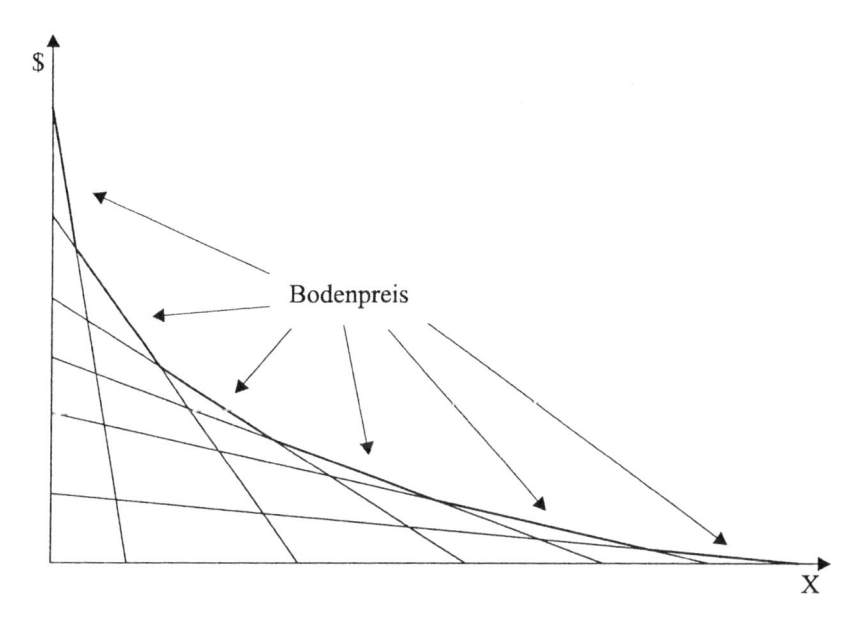

Abbildung 6.2: Lagerenten und Bodenpreise.

für Salat weiter ansteigen wird. Dies wird so lange ablaufen, bis für beide Güter Angebot und Nachfrage am Markt im Gleichgewicht sind. Aus diesen Prozessen ergibt sich ein Kurvenverlauf ähnlich dem in Abb. 6.1 dargestellten. Wir sehen dabei, daß das Zusammenspiel zwischen dem Gütermarkt im Zentrum und dem Bodenmarkt dazu geführt hat, daß der Weizenanbau von der Fläche um die Stadt verdrängt wurde. Die Weizenbauern können nun aber Flächen bewirtschaften, die in der Ausgangssituation brach gelegen sind.

Die Konkurrenz der Nutzungsarten ist der Selektionsmechanismus in Thünens Modell, der schließlich zu einer differenzierten Bodennutzung führt. Sie führt dazu, daß an jedem Standort jeweils jenes Gut produziert wird, das dort die höchste Lagerente erreicht. Diese Konkurrenz wird durch den Bodenmarkt verstärkt. Existiert ein funktionierender Bodenmarkt, so wird für jedes Grundstück ein Preis zu erzielen sein, der dem auf die Gegenwart abgezinsten zukünftig erreichbaren Ertragsstrom entspricht. Die Bodenpreise ergeben sich damit als Umhüllende der Lagerentenkurven, wie dies in Abb. 6.2 dargestellt ist. Diese Bodenpreise eliminieren an jedem Standort den Übergewinn, sodaß die Produzenten an allen Standorten einen Gewinn von null realisieren und damit zwischen den Standorten indifferent sind.

6.1.4 Die Bedeutung von Thünens aus heutiger Sicht

Johann Heinrich von Thünen hat wichtige Anregungen für seine Bodennutzungstheorie aus der Erfahrung mit seinem eigenen Landgut bezogen. Er hat seine theoretischen Überlegungen auch mit diesen Erfahrungswerten – etwa die Abfolge der Nutzungszonen – illustriert. Diese Tatsache führt manchmal zu zwei Kritikpunkten an von Thünen, die sich allerdings bei genauerer Betrachtung als Fehlinterpretationen herausstellen:

1. Thünens Theorie sei ausschließlich eine Theorie der *landwirtschaftlichen* Bodennutzung.
2. Da die konkrete Abfolge der Nutzungszonen, die von Thünen aus seinen theoretischen Überlegungen herleitet und auf seinem Landgut bestätigt findet, heute nicht mehr zu beobachten ist, seien auch seine theoretischen Überlegungen nicht mehr zeitgemäß.

Betrachtet man die Annahmen, so zeigt sich, daß nur jene, daß die Nachfrage räumlich konzentriert ist und daß auf dem Markt Konkurrenzbedingungen herrschen, für die theoretischen Überlegungen unverzichtbar ist. Diese Voraussetzung trifft häufig, wenn auch nicht immer, auf die Landwirtschaft zu. Allerdings treten derartige Bedingungen auch in anderen Branchen auf, vor allem dann, wenn sie kleinbetrieblich organisiert (Konkurrenzbedingungen) und auf den städtischen Markt ausgerichtet sind (räumlich konzentrierte Nachfrage). Beispiele sind etwa verschiedene Bereiche des Einzelhandels, oder das Baugewerbe und verwandte Branchen. Auch auf diese können von Thünens Überlegungen direkt angewendet werden.

Daß die Abfolge von Nutzungszonen, wie sie von Thünen beobachten konnte, heute nicht mehr gegeben ist, ist nicht besonders überraschend, steht aber mit seiner Theorie in Einklang. Die Ursache für diese Veränderungen liegen in den Änderungen der Produktions- und Transporttechnologie, die seither eingetreten sind. In der Landwirtschaft haben etwa die massive Mechanisierung, der Einsatz von Kunstdünger, von Pestiziden, die Entwicklung neuer Sorten etc. die Produktionsfunktion für alle Produkte grundlegend verändert. Im Transportbereich gibt es heute nicht nur wesentlich schnellere Transportmittel als zur Zeit von Thünens, sondern auch Frischhaltetechnologien (z.B. Konservierung, Tiefkühlen), die die kostengünstige Überwindung von Entfernungen erlauben. Alle diese Änderungen führen zu einer Veränderung der Lagerentenkurven und damit zu Veränderungen der räumlichen Struktur der Bodennutzung.

Wegen ihres deduktiven Charakters und der getroffenen Annahmen zeigt von Thünens Theorie die ökonomischen Komponenten der Bodennutzung in sehr eleganter und einfacher Weise auf. Allerdings stellt sich die Frage, ob nicht gerade diese Charakteristika den praktischen Wert dieser Theorie sehr schmälern.

Das zentrale Element der Thünenschen Theorie ist die Lagerente, ihre zentrale Aussage lautet, daß an jedem Standort jenes Produkt produziert wird, das dort die höchste Lagerente erreicht. Dieser Mechanismus benötigt nur einige wenige der von uns getroffenen Annahmen, nämlich jene über den Marktmechanismus und die Annahme gewinnmaximierenden Verhaltens. Alle übrigen Annahmen erleichtern zwar die Darstellung, sind aber für den Kern der Theorie nicht essentiell. Erlauben wir etwa unterschiedliche Bodenqualitäten, so führt dies dazu, daß sich die Produktionsfunktionen an den verschiedenen Standorten unterscheiden werden. Dennoch können wir für diese Standorte für jedes Produkt eine Lagerente ableiten, sodaß wiederum jenes Produkt produziert werden wird, das die höchste Lagerente bietet. Ähnlich können wir auch argumentieren, wenn wir die Annahme gleichförmiger Verkehrsverbindungen aufgeben. Anstelle der Luftlinienentfernung verwenden wir die Entfernung entlang des Verkehrsnetzes oder überhaupt direkt die Transportkosten, ohne daß die Möglichkeit der Ermittlung der Lagerente davon betroffen wird. Natürlich ergeben sich in diesen Fällen nicht mehr ringförmige Anbaugebiete. Stattdessen erhalten wir ähnliche Gebilde, wie wir sie in Abschnitt 3.5 (siehe Abb. 3.14) bereits kennengelernt haben.

6.2 Theorie der Stadtstruktur

Ihr wichtigstes „Anwendungsgebiet" findet die Theorie von Thünens heute wahrscheinlich im Bereich der Stadtstrukturtheorie. Diese beschäftigt sich mit der Frage, wie Aktivitäten innerhalb von Stadtregionen verteilt sind. Ihre formale Spielart, die in der englischsprachigen Literatur oft als „New Urban Economics" bezeichnet wird (siehe etwa Richardson 1977), zeigt eine enge Verwandtschaft zu von Thünen. Besonders deutlich wird diese Verwandtschaft beim Stadtstrukturmodell von William Alonso (1964), einem der Klassiker der „New Urban Economics".

Wir wollen uns hier auf den Bevölkerungsteil von Alonsos Ausführungen konzentrieren. Im Zentrum seiner Überlegungen steht die Frage, wo in einer Stadtregion sich ein Haushalt ansiedeln und wie er sein verfügbares Einkommen auf verschiedene Güter aufteilen wird. Alonsos Theorie ist damit sehr eng mit der mikroökonomischen Theorie des Konsumentenverhaltens verwandt und verwendet auch deren grundlegende Konzepte (Nutzen, Budgetrestriktion, Nutzenmaximierung).

6.2.1 Die Optimierung des Haushaltes

Ausgangspunkt der Theorie ist die vereinfachende Vorstellung, daß sich alle Transaktionen in einer Stadt im Zentrum, dem sogenannten „central business district" (CBD) abspielen. Nur dort erhält der Haushalt sein Einkommen und kann er auch Konsumgüter kaufen. Siedelt sich der Haushalt nahe am CBD an, so hat er nur einen geringen Aufwand, um zur Arbeit oder zum Einkaufen zu fahren. Dafür muß er normalerweise an diesem Standort hohe Bodenpreise auf sich nehmen und kann sich daher nur wenig Grund und Boden leisten. Siedelt er sich weiter vom CBD entfernt an, so kann er sich mehr Boden leisten, muß dafür aber weitere Strecken fahren.

Im Detail unterscheidet Alonso drei Arten von Ausgaben, die der Haushalt zu tragen hat, nämlich jene für

1. Nahverkehrsmittel,

2. Grund und Boden und

3. alle übrigen Güter und Dienstleistungen.

Die Höhe der Ausgaben für Nahverkehrsmittel hängt davon ab, in welcher Entfernung vom Zentrum sich der Haushalt ansiedelt. Die Ausgaben für Grund und Boden werden einerseits von der Größe des Grundstücks, andererseits vom Bodenpreis am entsprechenden Standort bestimmt. Der Bodenpreis wird vereinfachend als Funktion der Entfernung vom Zentrum angesehen. Die Preise der übrigen Güter und Dienstleistungen seien unabhängig von der Standortentscheidung des Haushaltes. Aus diesem Grund können wir sie gemäß dem „composite commodity theorem" (siehe etwa Green 1976) zu einem zusammengesetzten Gut[5] aggregieren.

Bezeichnen wir mit y das Einkommen des Haushaltes, mit p_z den Preis des zusammengesetzten Gutes, mit z dessen Menge, mit $P(x)$ den Bodenpreis in der Entfernung x vom CBD, mit q die Menge an Boden und mit $t(x)$ die Kosten des Nahverkehrs bei Entfernung x, so können wir die Budgetrestriktion des Haushaltes anschreiben als

$$y = p_z z + P(x)q + t(x) \ . \qquad (6.2)$$

Graphisch beschreibt sie die in Abb. 6.3 dargestellte dreidimensionale Fläche. Jeder Punkt auf dieser Fläche repräsentiert eine Kombination von Menge des zusammengesetzten Gutes, Bodenfläche und Entfernung zum Zentrum, die sich der Haushalt mit seinem Einkommen leisten kann (für eine ausführliche Beschreibung siehe Alonso 1964, 1975).

Der Haushalt wählt aus den Punkten auf der Budgetrestriktion aufgrund seiner Präferenzen aus. Dabei besteht zwischen dem zusammengesetzten Konsumgut und Grund und Boden der übliche Zusammenhang, wie er durch konvexe Indifferenzkurven beschrieben ist. Allerdings beeinflußt auch die

---

[5] Obwohl es sich dabei eigentlich um ein Güterbündel handelt, können wir das zusammengesetzte Gut wie ein einzelnes Konsumgut behandeln und ihm auch eine Menge und einen Preis zuweisen.

6.2 Theorie der Stadtstruktur

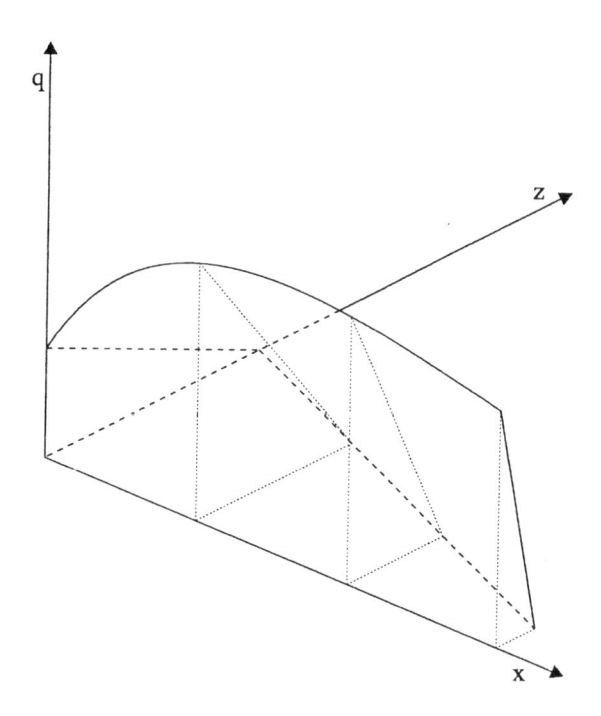

Abbildung 6.3: Die Budgetrestriktion.

Entfernung zum CBD das Nutzenniveau des Haushaltes. Die längere Fahrzeit bei einem weiter entfernten Standort wird das Nutzenniveau verringern. Daraus ergeben sich die in Abb. 6.4 dargestellten Indifferenzflächen. Die Punkte auf einer derartigen Fläche repräsentieren alle Kombinationen von Bodenfläche, Entfernung vom CBD und Menge des zusammengesetzten Gutes, die dem Haushalt den gleichen Nutzen stiften. Die Nutzenfunktion des Haushaltes kann angeschrieben werden als

$$U = U(z, q, x) \quad \text{mit} \quad \frac{\partial U}{\partial z} > 0, \frac{\partial U}{\partial q} > 0, \frac{\partial U}{\partial x} < 0 \ . \qquad (6.3)$$

Der optimale Standort ist dort erreicht, wo eine Indifferenzfläche die Fläche der Budgetrestriktion gerade berührt. Der entsprechende Punkt – eine Kombination von x, z und q – gibt an, in welcher Entfernung vom CBD sich der Haushalt ansiedeln wird und wieviel Grund und Boden und zusammengesetztes Konsumgut er konsumieren wird. Der Haushalt realisiert an diesem Punkt den höchsten Nutzen, den er mit seinem Einkommen erreichen kann.

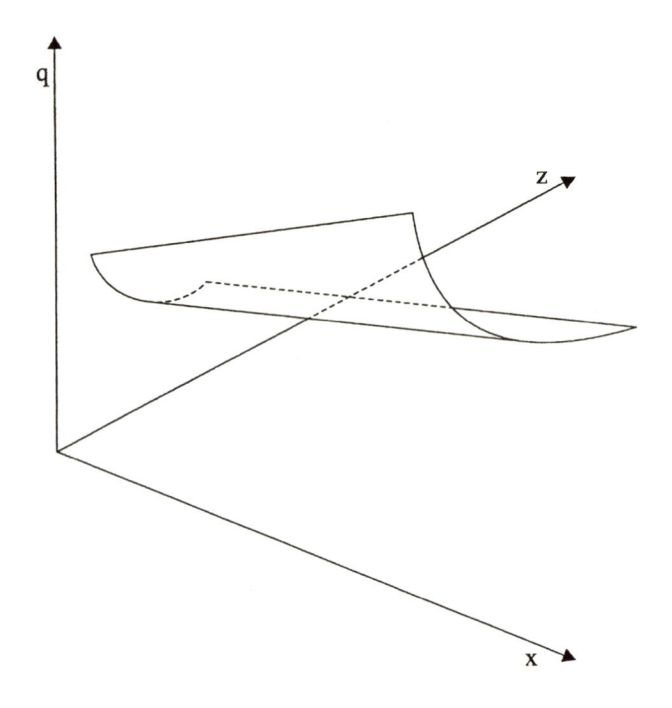

Abbildung 6.4: Eine Indifferenzfläche.

6.2.2 Das Rentengebot des Haushaltes

In der bisherigen Darstellung hat das Stadtstrukturmodell von Alonso mehr Parallelen mit der mikroökonomischen Konsumtheorie als mit dem Bodennutzungsmodell von Thünens gezeigt. Dies deshalb, weil wir von vorgegebenen Bodenpreisen ausgegangen sind und überlegt haben, wo der Standort liegt, der den höchsten Nutzen stiftet. Die enge Verbindung zu von Thünen wird deutlich, wenn wir die Argumentation umdrehen. Dazu gehen wir von einem bestimmten Nutzenniveau, U^0, aus und fragen uns, welchen *Bodenpreis* der Haushalt in den verschiedenen Entfernungen vom CBD gerade noch zahlen kann, wenn er ein Nutzenniveau von U^0 realisieren will.

Betrachten wir einen Standort in der Entfernung x_0 vom CBD. Wir erhalten damit Schnittebenen parallel zu den z- und q-Achsen in den Abb. 6.3 und 6.4. Übereinandergelegt ergeben sie das in Abb. 6.5 dargestellte Bild. Die Parallele zur Konsumtheorie wird in dieser Abbildung offensichtlich. Allerdings suchen wir nun nicht jene Indifferenzkurve, die gerade noch die vorgegebene Budgetgerade berührt, sondern jenen Bodenpreis, der dazu führt, daß die Budgetgerade die vorgegebene Indifferenzkurve berührt. Verringern wir den Bodenpreis, so dreht sich die Budgetgerade um ihren

6.2 Theorie der Stadtstruktur

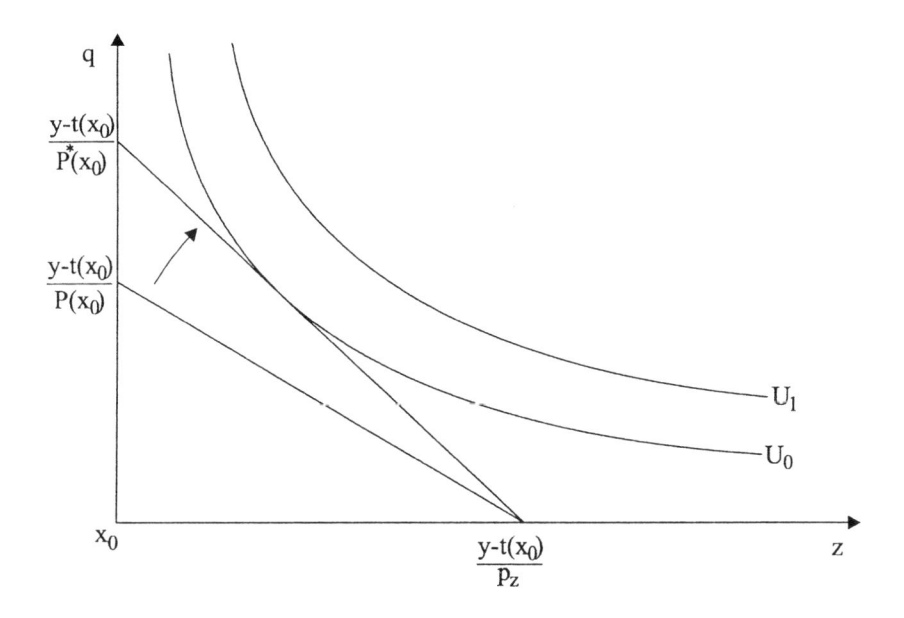

Abbildung 6.5: Die Ableitung des Rentengebots.

Schnittpunkt mit der z-Achse nach oben. Dies kann leicht anhand der Beschriftungen der Achsenabschnitte in Abb. 6.5 nachgeprüft werden. Beim Preis $P^*(x_0)$ berührt die Budgetgerade die Indifferenzkurve. Dies ist also jener Bodenpreis, bei dem der Haushalt in der Entfernung x_0 das Nutzenniveau U^0 gerade noch erreicht.

Führen wir diese Analyse für jede Entfernung durch, so erhalten wir eine Kurve, die beschreibt, wieviel der Haushalt in verschiedenen Entfernungen vom CBD für Grund und Boden zu zahlen bereit ist, wenn er das Nutzenniveau U^0 erreichen will (siehe die mit U^0 bezeichnete Kurve in Abb. 6.6). Diese Kurve wird *Rentengebotskurve* genannt. Da bei größerer Entfernung vom CBD der Haushalt einerseits mehr Geld für Nahverkehr aufwenden muß und die längere Fahrt andererseits auch sein Nutzenniveau verringert, wird die Rentengebotskurve mit zunehmendem x fallen. Wegen des Einflusses der Präferenzstruktur werden sich die Rentengebotskurven verschiedener Haushalte unterscheiden.

Die Rentengebotskurve ist ein enger Verwandter der Lagerente. Betrachten wir die Lagerente nicht als potentiellen Gewinn, sondern als jenen Betrag, den ein Produzent maximal an einen Verpächter zahlen kann (siehe S. 127), so wird die Verwandtschaft ganz klar. Der einzige Unterschied liegt darin, daß sich die Lagerente auf ein bestimmtes Gewinnniveau (Nullgewinn), die Rentengebotskurve auf ein bestimmtes Nutzenniveau bezieht. Die Lage-

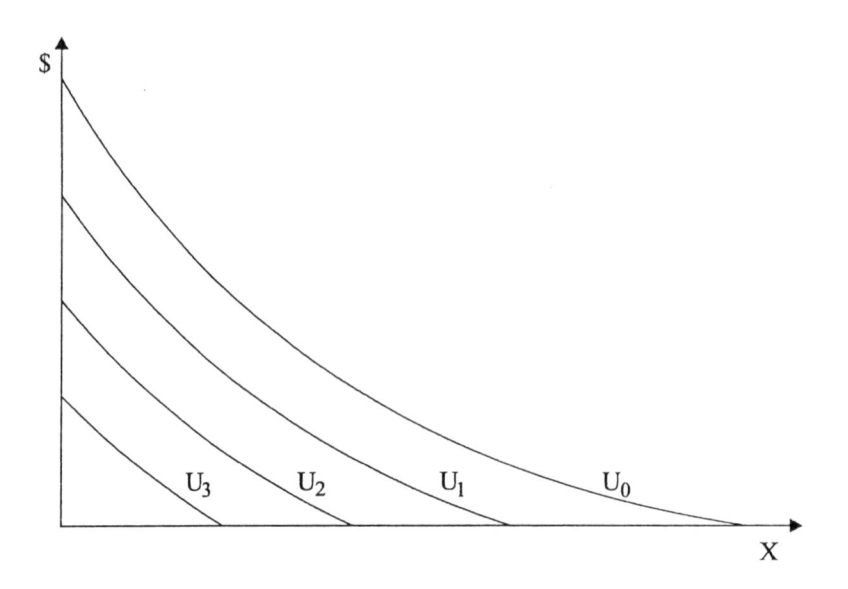

Abbildung 6.6: Rentengebotskurven.

rente ist jener Betrag, den der Produzent eines bestimmten Gutes an einem bestimmten Standort bei optimierter Produktion und einem Gewinniveau von null für Grund und Boden zahlen kann. Das Rentengebot beschreibt den Betrag, den ein bestimmter Haushalt an einem bestimmten Standort für Grund und Boden zahlen kann, wenn er seine Konsumausgaben optimiert und ein bestimmtes Nutzenniveau anstrebt.

Während der Nullgewinn bei Produktion unter Konkurrenzbedingungen eine natürliche Referenz darstellt, existiert für den Haushalt kein entsprechendes Nutzenniveau. Variieren wir in den vorangegangenen Überlegungen das Nutzenniveau, so erhalten wir unterschiedliche Rentengebotskurven; für jedes Nutzenniveau eine. Für jeden Haushalt erhalten wir also eine *Schar* von Rentengebotskurven, die – ähnlich wie die Indifferenzkurven – unendlich dicht liegen, sich aber nicht schneiden (Abb. 6.6). Im Unterschied zu Indifferenzkurven repräsentieren *tiefer* liegende Rentengebotskurven *höhere* Nutzenniveaus, weil der Haushalt dabei weniger für Grund und Boden bezahlt. Außerdem schneiden die Rentengebotskurven im Unterschied zu Indifferenzkurven die Achsen.

6.2.3 Das Rentengebot als Auswahlmechanismus

Ähnlich wie bei der Lagerente bestimmt die Steigung der Rentengebots-

6.2 Theorie der Stadtstruktur

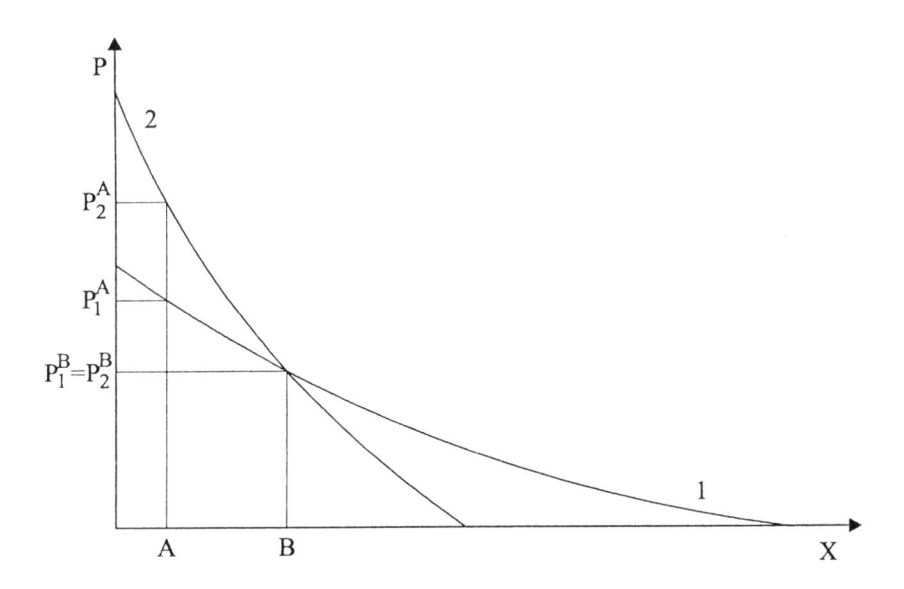

Abbildung 6.7: Der Auslesemechanismus.

kurve eines Haushaltes, in welcher Entfernung vom CBD er sich ansiedeln wird. Der Haushalt mit der am steilsten abfallenden Rentengebotskurve okkupiert den dem CBD nächstgelegenen Standort, der Haushalt mit der nächststeilen Rentengebotskurve den nächsten usw. Den Auswahlmechanismus, der zu dieser Anordnung führt, wollen wir in Abb. 6.7 anhand von zwei Haushalten (1, 2) und zwei Standorten (A, B) illustrieren. Standort A liegt näher zum CBD als Standort B. Haushalt 1 weist eine flacher abfallende Rentengebotskurve auf als Haushalt 2. Bei den Preisen P_1^A und P_1^B erreicht Haushalt 1 an den beiden Standorten das gleiche Nutzenniveau, U_1, ist also indifferent zwischen den beiden Standorten. Bietet Haushalt 2 am Standort B den gleichen Preis wie Haushalt 1, so erreicht er ein Nutzenniveau von U_2. Um dieses Nutzenniveau am Standort A zu erreichen, kann Haushalt 2 einen wesentlich höheren Preis, P_2^A, als Haushalt 1 bieten. Oder, anders ausgedrückt, Haushalt 2 kann das Rentengebot von Haushalt 1 am Standort A überbieten und dabei ein Nutzenniveau realisieren, das über dem liegt, mit dem er an Standort B mit Haushalt 1 gerade noch konkurrieren kann. Folglich wird sich Haushalt 2 am Standort A, Haushalt 1 am Standort B ansiedeln.

Gehen wir von einer homogenen Fläche und einem in alle Richtungen gleichmäßigen Verkehrssystem aus und ordnen wir die verschiedenen Verläufe der Rentengebotskurven unterschiedlichen Typen von Haushalten zu, so werden sich diese Haushaltstypen wiederum ringförmig um das Zentrum anordnen. Auch der gleichgewichtige Bodenpreis ergibt sich wie in Abb. 6.2 als Umhüllende der Rentengebotskurven.

6.2.4 Die Wirkung von Parameteränderungen

Einige wichtige ökonomische Variable gehen in das Modell Alonsos als Parameter ein. So vor allem das Haushaltseinkommen und die Transportkosten. Beide wirken sich in der Budgetrestriktion des Haushaltes aus. Sowohl ein Anstieg des Einkommens als auch ein Sinken der Transportkosten führt dazu, daß der Haushalt mehr Möglichkeiten in seiner Optimierungsentscheidung hat. Entsprechend seinen Präferenzen wird der Haushalt seine Nachfrage nach Grund und Boden, nach dem zusammengesetzten Konsumgut und die Pendelentfernung anpassen.

Die Modellformulierung Alonsos ist zu allgemein als daß sie eindeutige Aussagen über die Wirkung derartiger Parameteränderungen erlaubt. In restriktiveren Modellversionen[6] (siehe etwa Richardson 1977) läßt sich zeigen, daß eine Einkommenserhöhung oder ein Sinken der Transportkosten immer dazu führt, daß sich die Bewohner weiter vom CBD entfernt ansiedeln werden. Eine derartige Änderung impliziert

- größere Pendelentfernungen,
- geringere Bevölkerungsdichte nahe am CBD und
- höhere Bevölkerungsdichte am Stadtrand.

Dies sind Entwicklungen, wie wir sie in vielen Städten entwickelter Länder beobachten können.

6.2.5 Kritik und Alternativen

Die Arbeit Alonsos, die in ihrer grundlegenden Struktur auf von Thünen zurückgreift, hat wesentlich zur Entwicklung eines eigenen Zweiges der Stadtökonomik, der „New Urban Economics", beigetragen. Sie versucht, auf deduktive Art und unter starkem Einsatz formaler Methoden Aussagen über die Struktur von Städten zu gewinnen. Allerdings hat es diese Richtung, wie von Böventer und Hampe (1988, S. 120) kritisieren, „trotz großer Fortschritte in den siebziger Jahren" noch nicht geschafft, „eine modellmäßig befriedigende Ableitung unterschiedlicher *differenzierter* Stadtstrukturen aus Standortentscheidungen von (wohnungssuchenden) Haushalten und (Produktionsstandorte suchenden) Unternehmen" zu entwickeln. Dafür sind vor allem zwei Gründe maßgeblich.

---

[6]Beispielsweise wenn wir eine CES-Nutzenfunktion – $U = r \log z + (1-r) \log q$ – unterstellen.

6.2 Theorie der Stadtstruktur

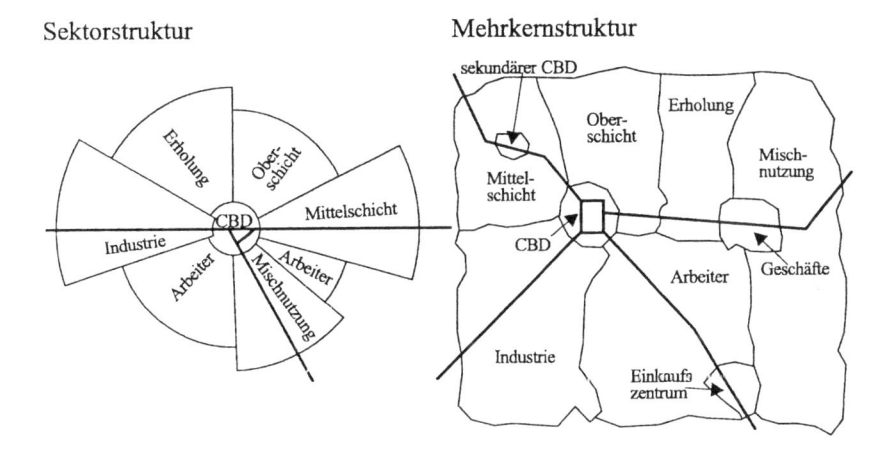

Abbildung 6.8: Zwei alternative Stadtstrukturen.

1. Die formalen Modelle können nur eine beschränkte Anzahl von Wechselwirkungen handhaben. Reale Städte sind aber durch eine Vielzahl positiver und negativer Interdependenzen gekennzeichnet, die zur Ballung oder wechselseitigen Abstoßung von Aktivitäten (Segregation) führen: zwischen Unternehmen einer Branche, verschiedener Branchen, zwischen verschiedenen sozialen Gruppen, Anbietern und Nachfragern auf verschiedenen Märkten, zwischen Teilmärkten etwa des Bodenmarkts oder des Arbeitsmarkts etc. Anders ausgedrückt, sind die Agglomerationseffekte – positive wie negative – in Städten zwar von ganz besonderer Bedeutung (siehe auch Kap. 5), können in den formalen Modellen aber nur rudimentär berücksichtigt werden.

2. Die Verlagerung von Aktivitäten und die Veränderung der Nutzungsart eines bestimmten Standortes sind meist nur unter hohen Kosten möglich (vgl. Kap. 2). Gebäude, Anlagen, Infrastruktureinrichtungen haben üblicherweise lange Nutzungszeiten, sodaß sie, einmal implementiert, die Nutzungsmöglichkeiten eines bestimmten Standortes prägen. Grundlegende Veränderungen der städtischen Struktur sind damit nur über längere Zeiträume möglich. Zugleich wird die Entwicklung der Stadt und ihrer Teilgebiete von der vorhandenen Struktur wesentlich beeinflußt. Die resultierende komplexe Dynamik[7] fehlt in den überwiegend statischen Modellen der „New Urban Economics".

---

[7]Die Chaostheorie (siehe etwa Gleick 1987, Dendrinos 1990) läßt es fraglich erscheinen, ob derartige Entwicklungsprozesse *überhaupt* formal abbildbar sind.

Der Theorie Alonsos und seiner Nachfolger stehen eine Reihe von alternativen Modellen der städtischen Struktur gegenüber. Sie leiten sich zum Teil induktiv aus empirischen Beobachtungen ab, zum Teil sind sie das Ergebnis normativer Überlegungen. Eine enge Verwandtschaft zum oben diskutierten Ringmodell zeigen etwa das Konzept der radialen Stadt und die Mehrkernstruktur (Abb. 6.8; siehe auch Button 1976).

Für Stadtplaner und Architekten stellt sich die Frage, wie Städte strukturiert sein sollen, damit sie ihre verschiedenen Funktionen möglichst gut erfüllen können und von den Bewohnern auch als lebenswert empfunden werden (Lynch 1981, Hall 1988). Bei der Anlage von Städten oder Stadtteilen – prominente Beispiele sind New York, Paris, Madrid, New Delhi, Washington, Brasilia – haben sie unterschiedliche Muster und Konzepte entwickelt.

6.3 Zusammenfassung

In diesem Kapitel haben wir uns mit der Frage auseinandergesetzt, wie die Wechselwirkungen zwischen den Wirtschaftssubjekten, wie sie vor allem durch Transportkosten entstehen, räumliche Strukturen hervorbringen.

Bei der Diskussion der Bodennutzungstheorie von Thünens (Abschnitt 6.1) haben wir auf die Darstellung in Abschnitt 3.3 zurückgegriffen, wo wir bereits den Zusammenhang zwischen der Lage eines Unternehmens zum Markt und seiner Produktionsstruktur kennengelernt haben. Diese Überlegungen führen uns direkt zum Konzept der „Lagerente", einem zentralen Element in von Thünens Theorie (Abschnitt 6.1.2). Die Lagerente bestimmt nicht nur die Intensität der Nutzung eines Standortes, sondern auch welches Gut produziert wird. Unter den vereinfachenden Annahmen unserer Darstellung ergeben sich dabei ringförmige Produktionsgebiete („Thünensche Ringe", Abschnitt 6.1.3). Das Instrument der Lagerente ist allerdings flexibel genug, sodaß es unter allgemeineren Bedingungen komplexere räumliche Strukturen hervorbringen kann.

Eng verwandt mit von Thünens Theorie ist die moderne Stadtstrukturtheorie, deren berühmtestes Modell, jenes von William Alonso, wir in Abschnitt 6.2 dargestellt haben. Zum Unterschied von von Thünen steht bei Alonso der private Haushalt im Mittelpunkt des Interesses. Ausgehend von der mikroökonomischen Konsumtheorie gelangt Alonso zu sehr ähnlichen Mechanismen und räumlichen Strukturen wie von Thünen. Die Optimierung des Haushaltes (Abschnitt 6.2.1) führt dazu, daß er, je nach der Entfernung vom Stadtzentrum, unterschiedliche Beträge bereit ist für Grund und Boden zu bezahlen. Diesen Zusammenhang repräsentieren die Rentengebotskurven (Abschnitt 6.2.2). Ähnlich wie die Lagerente liefert das Rentengebot einen Auswahlmechanismus, der bestimmt, welcher Haushalt sich an welchem Standort ansiedeln wird (Abschnitt 6.2.3). In Abschnitt

6.2.4 haben wir kurz untersucht, wie sich Parameteränderungen im Stadtstrukturmodell Alonsos auswirken. In Abschnitt 6.2.5 wurde auf Kritik und mögliche Alternativen eingegangen.

6.4 Übungsaufgaben und Kontrollfragen

1. Erläutern Sie den Begriff der „Lagerente". Welche unterschiedlichen Interpretationen können diesem Begriff gegeben werden?
2. Welche Faktoren bestimmen – unter den getroffenen Annahmen – die Lagerente? Erläutern Sie, wie jeder dieser Faktoren die Lagerente beeinflußt.
3. Zwei Güter (A, B) werden am Markt nachgefragt. Die Lagerente des Gutes B verläuft flacher als jene des Gutes A, liegt aber überall unter dieser. Was bedeutet dies für die räumliche Produktionsstruktur und die Nachfrage? Welche ökonomischen Prozesse werden – wenn überhaupt – eintreten und welches Endergebnis wird sich einstellen?
4. Erläutern Sie den Zusammenhang zwischen Lagerente und Bodenpreis. Warum ist die Behauptung falsch, daß „die Lagerente gleich dem Bodenpreis" sei?
5. Läßt sich aus den Beobachtungen,

    (a) daß die Landwirtschaft in der heutigen Wirtschaft nur mehr von geringer Bedeutung ist und

    (b) daß die von von Thünen identifizierte Abfolge der Bodennutzungszonen heute nicht mehr zu finden ist,

    der Schluß ziehen, daß von Thünens Theorie heute nicht mehr von Bedeutung ist?
6. Vergleichen Sie die Theorien von Thünens und Alonsos hinsichtlich

    - der mikroökonomischen Fundierung,
    - des räumlichen Auswahlmechanismus und
    - der sich ergebenden räumlichen Struktur.

7. Wie wirken sich

    - eine Erhöhung des Haushaltseinkommens,
    - eine Erhöhung der Transportkosten

    auf die Rentengebotsfunktionen eines Haushalts in Alonsos Modell aus?

Kapitel 7
Siedlungsstrukturen und Stadtsysteme

In diesem Kapitel wollen wir die räumliche Perspektive unserer Diskussion etwas erweitern. Nachdem wir uns bereits gefragt haben, wie die räumlichen Strukturen im Umkreis und innerhalb von Städten zustande kommen, wollen wir nun untersuchen, wie es zur Entwicklung von *Städtesystemen* im Raum kommt. Wir knüpfen dabei an den Überlegungen über die Transportkosten (Kap. 3) an.

Wir werden anschließend (Abschnitt 7.1) zwei Theorien über räumliche Siedlungssysteme etwas ausführlicher behandeln: jene von Walter Christaller und jene von August Lösch. Ähnlich wie von Thünens Theorie repräsentieren auch sie klassische Konzepte der Regionalökonomie, die auch heute noch allgemeine Gültigkeit haben. Mit deduktiven Methoden entwickeln sie aus einigen grundlegenden ökonomischen Zusammenhängen Aussagen über die räumliche Verteilung von Produktionsstandorten.

In Abschnitt 7.2 stellen wir neuere, stärker induktiv orientierte Überlegungen zu Stadtsystemen dar. Sie greifen die grundlegenden Vorstellungen von Christaller und Lösch auf und verbinden sie mit Argumenten zum Transfer von Innovation und Information.

7.1 Die Theorie der zentralen Orte

Die theoretischen Überlegungen der Zentrale-Orte-Theorie gehen wiederum von einer homogenen Ebene und einem in alle Richtungen gleichförmigen Verkehrssystem aus. Außerdem unterstellen wir gewinnmaximierende Produzenten und nutzenmaximierende Konsumenten. Die Homogenität der Ebene bezieht sich auch auf die Verfügbarkeit von Produktionsfaktoren. Auch die Bevölkerung und damit die Nachfrage sei gleichmäßig über die Ebene verteilt. Die Produktionsbedingungen entsprechen den in Kap. 3 diskutierten. Wir unterstellen ein räumlich konzentriertes Angebot bei verteilter Nachfrage und einheitliche Ab-Werk-Preise. Zur Vereinfachung der Darstellung nehmen wir Konkurrenzbedingungen an.

7.1.1 Die Reichweiten von Gütern

Wie wir aus Kap. 3 wissen, ist das Marktgebiet eines Anbieters räumlich dadurch beschränkt, daß der effektive Preis für die Konsumenten – Ab-

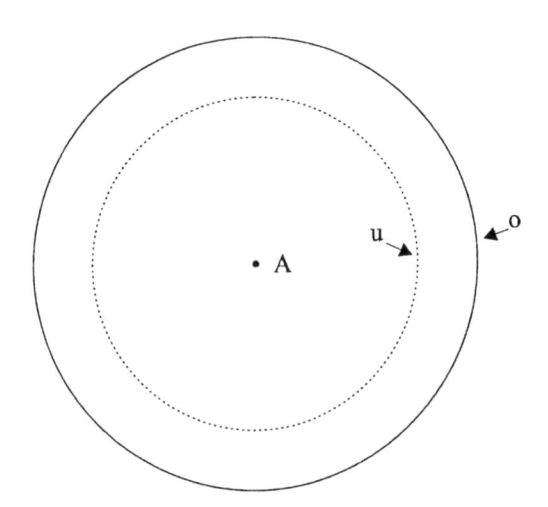

Abbildung 7.1: Die Reichweitengrenzen.

Werk-Preis plus Transportkosten – in einer bestimmten Entfernung so hoch wird, daß sie das entsprechende Gut nicht mehr nachfragen. In der Theorie der zentralen Orte wird diese Grenze des Marktgebiets als *obere Grenze der Reichweite* bezeichnet. Bei gegebenen Transportkosten und gegebenem Preis wird sie durch das Verhalten des Konsumenten bestimmt.

Fallen für den Produzenten Fixkosten an, so kann er erst ab einer bestimmten Mindestabsatzmenge ohne Verlust produzieren. Dieser Mindestabsatzmenge entspricht ein Mindestmarktgebiet, das genau diese Nachfrage generiert. Seine Grenze wird als *untere Grenze der Reichweite* bezeichnet. Unter den getroffenen Annahmen wird sie durch die Produktionsfunktion des Anbieters einerseits sowie die Dichte der Konsumenten und ihr Nachfrageverhalten andererseits bestimmt.

In Abb. 7.1 ist ein Produktionsstandort A mit den darumliegenden Reichweitengrenzen abgebildet. Dabei bezeichnet u die untere Grenze der Reichweite, o die obere. Nur wenn er ein Marktgebiet versorgen kann, das mindestens so groß ist, wie das von u begrenzte, wird der Produzent das entsprechende Gut überhaupt anbieten.[1] Ist sein Marktgebiet kleiner, so erleidet er Verluste und wird früher oder später aus dem Markt ausscheiden. Ist sein Marktgebiet größer als der von u begrenzte Kreis, so erwirtschaftet

---

[1] Diese und die nachfolgenden Aussagen über die Größe des Marktgebietes sind nicht ganz exakt, weil die Nachfrage wegen des Einflusses der Transportkosten auch von der *Form* des Marktgebiets abhängt. Der Leser kann dies anhand der Ausführungen in Kapitel 3 nachvollziehen. Um uns auf den Kern des Arguments zu konzentrieren, nehmen wir diese geringfügige Unschärfe hier in Kauf.

der Produzent (Über-)Gewinne. Auch ohne Konkurrenten ist der Anbieter allerdings dadurch begrenzt, daß er maximal das von o begrenzte Gebiet versorgen kann. Außerhalb dieser Grenze sind die Konsumenten nicht mehr bereit, die Transportkosten zum Produktionsort A auf sich zu nehmen.

Neben der Produktionsfunktion des Anbieters und dem Nachfrageverhalten der Konsumenten hängen die obere und untere Grenze der Reichweite auch von der Siedlungsdichte und der Transportrate ab. Die beiden Reichweitengrenzen reagieren unterschiedlich auf Veränderungen dieser Parameter. Steigt die Siedlungsdichte, so erreicht der Produzent in einem kleineren Marktgebiet seine Mindestnachfragemenge. Die untere Grenze der Reichweite sinkt. Die obere Grenze der Reichweite bleibt von einer Änderung der Siedlungsdichte unberührt. Anders bei einer Verringerung der Transportrate: Sie führt zu einer effektiven Verbilligung des Produkts für die Konsumenten, sodaß sie bereit sein werden, auch aus größerer Entfernung vom Produktionsstandort die – nun niedrigeren – Transportkosten auf sich zu nehmen. Die obere Grenze der Reichweite steigt also. Die untere Grenze der Reichweite sinkt hingegen, weil die einzelnen Konsumenten größere Mengen des Produkts konsumieren werden, sodaß der Produzent schon bei einem kleineren Marktgebiet seine Mindestnachfragemenge erreicht.

7.1.2 Die Entstehung optimaler Marktgebiete

Außerhalb der oberen Grenze der Reichweite unseres Produzenten bleibt die Nachfrage nach seinem Gut unbefriedigt. Hier können sich weitere Produzenten ansiedeln. Da damit ein Übergewinn erwirtschaftet werden kann, ist die Produktion dieses Gutes durchaus attraktiv, sodaß sich die Ebene nach und nach mit Anbietern füllen wird. Wie lange werden Anbieter in den Markt drängen und wie eng werden sie zusammenrücken?

Abbildung 7.2 zeigt drei mögliche Konstellationen. Die beiden Kreise repräsentieren wiederum die oberen und unteren Grenzen der Reichweite. In Abb. 7.2a berühren einander die oberen Grenzen der Reichweiten gerade. Die Produzenten realisieren ihre maximalen Gewinne und zwischen ihren Marktgebieten existieren unversorgte Gebiete. Weitere Anbieter werden in den Markt eintreten und die bereits vorhandenen Produzenten näher aneinander drängen. Geht dieser Prozeß zu weit, so kann die Situation in Abb. 7.2b entstehen. Hier überschneiden einander die Marktgebiete so weit, daß zumindest der in der Mitte gelegene Produzent nicht mehr seine Mindestnachfrage erreicht. Durch die Nähe seiner Konkurrenten wandern auch Nachfrager innerhalb der unteren Grenze der Reichweite zur Konkurrenz ab. Der in der Mitte gelegene Produzent akkumuliert daher Verluste und wird aus dem Markt ausscheiden. In Abb. 7.2c ist ein stabiles Gleichgewicht erreicht. Jeder Anbieter versorgt gerade seine Mindestnachfrage und realisiert

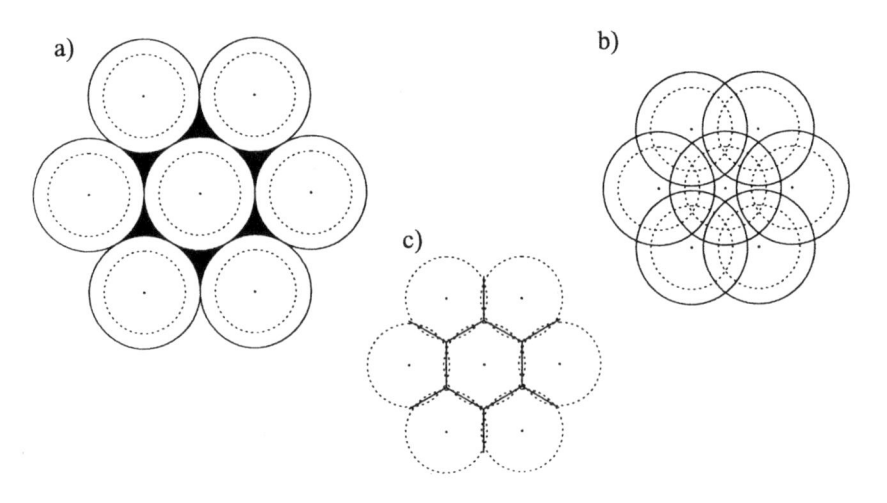

Abbildung 7.2: Die Entstehung sechseckiger Marktgebiete.

damit einen Nullgewinn. Außerdem existieren keine unversorgten Gebiete.[2] Es bilden sich sechseckige Marktgebiete, mit denen die Fläche lückenlos und mit den geringsten Transportkosten versorgt werden kann.

7.1.3 Marktgebiete bei mehreren Gütern

Diese Überlegungen gelten für ein ganz bestimmtes Gut. Da die Reichweitengrenzen von den Nachfrage-, Transport- und Produktionsbedingungen bestimmt werden, weisen verschiedene Güter unterschiedliche Reichweitengrenzen auf. Betrachten wir n Güter, so können wir sie nach ihren unteren Grenzen der Reichweite ordnen. Wir bezeichnen die Güter mit G_1, G_2, ..., G_n. Gut G_1 habe die höchste, Gut G_n die niedrigste untere Grenze der Reichweite. Eine Buchhandlung benötigt beispielsweise ein größeres „Einzugsgebiet" als eine Bäckerei oder ein Lebensmittelgeschäft. Ähnlich verhält es sich mit der Dienstleistung eines Facharztes und der eines praktischen Arztes. Hier werden die Reichweitengrenzen des Facharztes größer sein als jene des praktischen Arztes.

Gehen wir von den Marktgebieten des Gutes G_1 aus. Seine Produzenten werden sich, so haben wir oben argumentiert, so nahe aneinander ansiedln, daß die entstehenden wabenförmigen Marktgebiete gerade die Mindestnachfrage hervorbringen werden. Die Produzenten von G_1 realisieren damit einen

---

[2]Liegen die Reichweitengrenzen nahe beieinander, so kann es auch im Gleichgewicht unversorgte Gebiete geben, weil die Produzenten nicht nahe genug aneinander rücken können.

7.1 Die Theorie der zentralen Orte   149

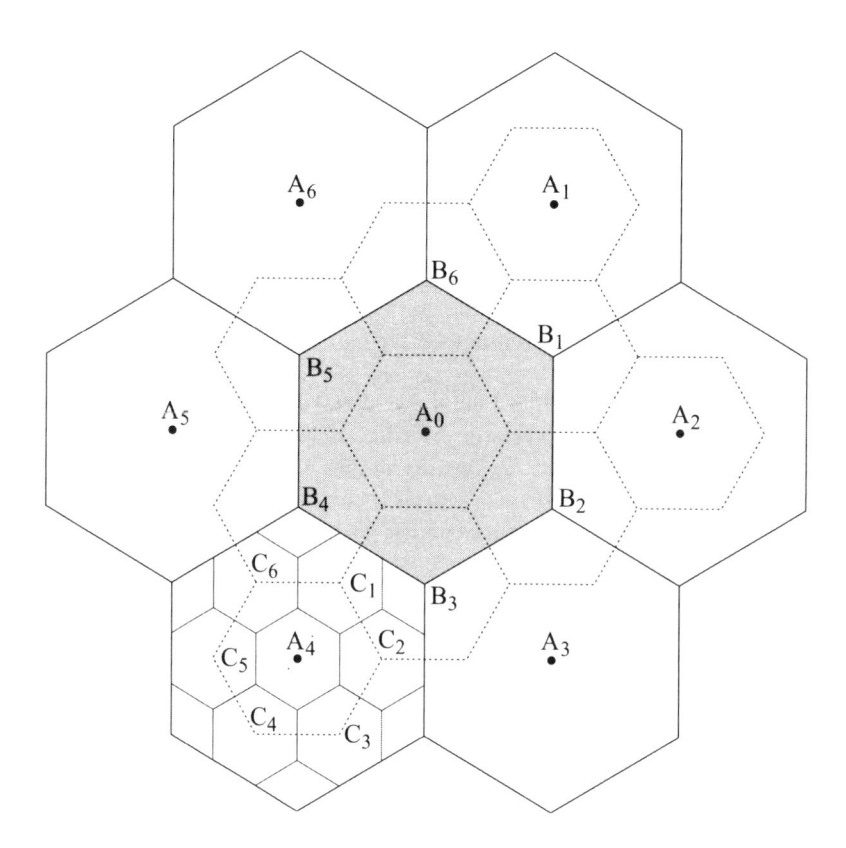

Abbildung 7.3: Die Überlagerung von Marktgebieten.

Nullgewinn. In Abb. 7.3 sind die Standorte dieser Produzenten mit A_0 bis A_6 bezeichnet. Wegen der Nachfrage, die die Produzenten von G_1 anziehen, werden sich auch die Anbieter von G_2 an diesen Standorten ansiedeln. Auch sie versorgen die gleichen Marktgebiete. Da allerdings ihre untere Grenze der Reichweite kleiner ist als die von G_1, realisieren die Anbieter von G_2 einen Übergewinn. Wie wir bereits in Kap. 3 gesehen haben, kann auch diese Situation stabil sein. Hier ist sie es deshalb, weil die Standorte durch die Produzenten von G_1 vorgegeben sind und die untere Grenze der Reichweite von G_2 nicht um so viel unter der von G_1 liegt, daß sich zwischen den A-Standorten weitere Anbieter etablieren könnten.

Fügen wir weitere Güter hinzu, so werden wir auf ein Gut stoßen, dessen untere Grenze der Reichweite so klein ist, daß sich zwischen den A-Standorten weitere Produktionsstandorte etablieren können. Nehmen wir an, dies sei das Gut G_5. Es werden sich auch an den in Abb. 7.3 eingezeichneten B-Standorten Produzenten von G_5 ansiedeln, die Marktgebiete für dieses Gut sind nun entsprechend kleiner.[3] Das Gut G_5 wird nicht nur an den B-Standorten angeboten werden, sondern auch an den A-Standorten. Konsumenten im schattierten Marktgebiet um A_0 werden die Güter G_1 bis G_4 am Standort A_0 kaufen, das Gut G_5 entweder auch am Standort A_0 oder an einem der Standorte B_1 bis B_6, je nachdem welcher ihnen am nächsten liegt.

Auch die Güter G_6, G_7 etc. werden so lange wie G_5 an den A- und B-Standorten angeboten werden, bis die untere Grenze der Reichweite so klein geworden ist, daß sich C-Standorte etablieren können (beispielsweise beim Gut G_{11}). Die Produzenten der Güter G_6, G_7 etc. können wiederum Übergewinne realisieren.

Jene Güter in der Güterhierarchie, die den Übergang von einer Zentralitätsstufe zur nächsten markieren, werden *hierarchische Grenzgüter* genannt. In unserem Beispiel ist G_1 das hierarchische Grenzgut für die erste Zentralitätsstufe (A-Standorte), G_5 jenes für die zweite (B-Standorte) und G_{11} jenes für die dritte Zentralitätsstufe (C-Standorte).

7.1.4 Ein System zentraler Orte

Das Ergebnis dieses Prozesses ist ein *hierarchisches System von Produktionsstandorten*, das auch als *System der zentralen Orte* bezeichnet wird. Es ist durch folgende Eigenschaften charakterisiert (siehe auch Schätzl 1988, S. 77f):

1. Je größer die untere Grenze der Reichweite eines Gutes, umso höher ist seine Zentralität. Das räumliche Verteilungsmuster ihrer Produktionsstandorte (der *zentralen Orte*) und Marktgebiete hängt von der unteren Grenze der Reichweite ab.

2. Jeder zentrale Ort bietet die seine Zentralitätsstufe definierenden Güter *und alle Güter niedrigerer Zentralität* an. Die A-Standorte versorgen ihre unmittelbare Umgebung also auch mit den Gütern der B- und C-Standorte.

3. Jeder zentrale Ort bildet mit den in seinem Marktgebiet gelegenen zentralen Orten und Marktgebieten niedrigerer Ordnung ein geschlossenes funktionales System. Güter der entsprechenden und darunter liegenden Zentralität werden nicht über Marktgebietsgrenzen hinweg transportiert. In unserem Beispiel werden also die Güter $G_5, \ldots, G_n$ nicht über die Marktgrenzen der B-Standorte hinweg transportiert.

---

[3]Die untere Grenze der Reichweite muß zumindest kleiner sein als 5/16 der Entfernung zwischen den A-Standorten. Die Entfernung der B-Standorte zu den nächstgelegenen A-Standorten beträgt $\sqrt{5}/4$ jener zwischen den A-Standorten.

Für Güter höherer Zentralität sind die Marktgebietsgrenzen der B-Standorte nicht relevant.

4. Alle Standorte einer Zentralitätsstufe bieten die gleiche Versorgung. Es gibt keine Spezialisierung zwischen diesen Standorten. Auch vernachlässigt die Theorie der zentralen Orte alle Agglomerations- und Skaleneffekte, die sich daraus ergeben, daß an Standorten höherer Zentralität mehr Güter und Dienstleistungen produziert und angeboten werden.

Der Mechanismus, der die zentralen Orte und ihre Marktgebiete anordnet, führt dazu, daß an der Grenze des Marktgebietes eines zentralen Ortes sechs zentrale Orte der nächstniedrigeren Zentralitätsstufe angeordnet sind. Er versorgt jeden dieser zentralen Orte zu je einem Drittel mit den Gütern seiner eigenen Zentralitätsstufe. In Abb. 7.3 liegt das Marktgebiet des zentralen Ortes B_1 zu je einem Drittel in den A-Marktgebieten von A_0, A_1 und A_2. Daraus ergibt sich ein festes Verhältnis der Größe der Marktgebiete: Ein A-Marktgebiet ist dreimal so groß wie ein B-Marktgebiet, dieses ist wiederum dreimal so groß wie ein C-Marktgebiet usw. Damit existiert für die Marktgebiete ein fixer *Zuordnungsfaktor* $K = 3$. Auf ein A-Marktgebiet kommen drei B-, neun C-, 27 D-, 81 E-Marktgebiete usw.

Dieser Zuordnungsfaktor ergibt sich daraus, daß wir getrachtet haben, die Fläche mit der jeweils geringsten Zahl von zentralen Orten zu versorgen. Dies wird als *Versorgungs*- oder *Marktprinzip* bezeichnet. Daneben wurden von Christaller noch zwei weitere Prinzipien entwickelt, nämlich das *Verkehrsprinzip* und das *Verwaltungsprinzip*. Beim ersten wird danach getrachtet, die Marktgebiete so anzuordnen, daß ein effizientes Verkehrssystem integriert werden kann, beim zweiten, daß jeder zentrale Ort eindeutig einem zentralen Ort übergeordneter Zentralität zugeordnet ist. Diese Prinzipien führen zu Zentrale-Orte-Systemen mit Zuordnungsfaktoren von 4 bzw. 7 (vgl. Deiters 1978, Heinritz 1979).

7.1.5 Veränderungen der Zentrale-Orte-Struktur

Die bisherigen Ausführungen betrafen im wesentlichen die Zentrale-Orte-Struktur im Gleichgewichtszustand, also eine statische Perspektive. In der Realität allerdings unterliegen zentralörtliche Systeme ständig Änderungen, etwa aufgrund von Veränderungen der Bevölkerungs- und Siedlungsdichte, der Kaufkraft oder der Verkehrserschließung. Veränderungen des Zentrale-Orte-Systems lassen sich zum Teil auf Einflüsse zurückführen, die innerhalb der Christallerschen Theorie anzusiedeln sind, zum Teil auf solche außerhalb dieser. Kaniak (1983, S. 3f) nennt folgende theorieinterne Einflüsse:

1. *Gestiegene Kaufkraft* führt zu einem zusätzlichen Angebot an neuen hochrangigen Gütern und damit – ceteris paribus – zu einer Erwei-

terung der zentralörtlichen Hierarchie nach oben. Darüber hinaus bewirkt sie auch eine geringfügigere Erweiterung des Angebotes in den niedrigrangigeren Zentren.

2. *Zunehmende Wohnbevölkerung* führt auch bei konstantem Einkommen zu einer regionalen Kaufkraftsteigerung und zu einer Verdichtung der zentralörtlichen Angebotsorte.

3. Durch eine *erhöhte Mobilität der Wohnbevölkerung* wird zum Teil die niedrigrangige Stufe der Zentren übersprungen und diese Kaufkraft in den nächsthöheren Stufen wirksam.

4. *Steigende Einkommensansprüche der Unternehmer* heben die minimalen Betriebsgrößen und damit die Umsatzschwellen der Betriebe an. Dies ist bei konstanter räumlicher Nachfrageverteilung nur durch eine Vergrößerung der Einzugsgebiete der Betriebe möglich, durch die ein Teil der weniger rentabel arbeitenden Anbieter aus dem Markt gedrängt werden. Wie bei Hypothese 3 wird dadurch die „Maschenweite" der zentralörtlichen Struktur weiter.

Die folgenden Einflüsse sind nach Kaniak (1983) als theorieextern zu betrachten, sie sind also außerhalb des Christallerschen Modells angesiedelt. Ihnen kommt vermutlich eine höhere empirische Bedeutung zu:

1. *Verkehrserschließung* wirkt differenzierend: Besser erschlossene Standorte werden in die Lage versetzt, ihre Einzugsgebiete zu Lasten abgelegener auszuweiten.

2. *Horizontale und vertikale Koppelungsvorteile* (Agglomerationseffekte) in großflächigen Einkaufszentren führen zu umfangreichen Aufwands- und Zeitersparnissen für die Konsumenten bei der Güterbeschaffung. Sie führen zu einer stärkeren Konzentration von Kaufkraft in solchen Zentren und zu einer Benachteiligung von Standorten außerhalb.

3. Durch zunehmendes *Pendeln vom Wohn- zum Arbeitsort* wird auch das Einkaufsverhalten verändert: Güter werden zum Teil nicht in den dem Wohnstandort zugeordneten zentralen Orten bezogen, sondern in den Einkaufszentren des Arbeitsortes.

4. Schließlich bewirken *verbesserte Lagerungsmöglichkeiten* (z.B. Kühlschränke) eine Verringerung der Einkaufshäufigkeit. Dies führt analog zur gestiegenen Mobilität zu einem teilweisen Überspringen der niedrigrangigen Zentren.

Von den dargestellten Veränderungen bewirken nur die gestiegene Kaufkraft und die zunehmende Wohnbevölkerung eine Expansion der Zentrenhierarchie, also eine Ausweitung in bezug auf die Anzahl der zentralen Orte und/oder ihres Güterangebotes. Alle anderen Einflüsse führen zu deren

a) Marktnetze   b) wie a jedoch ohne Netze

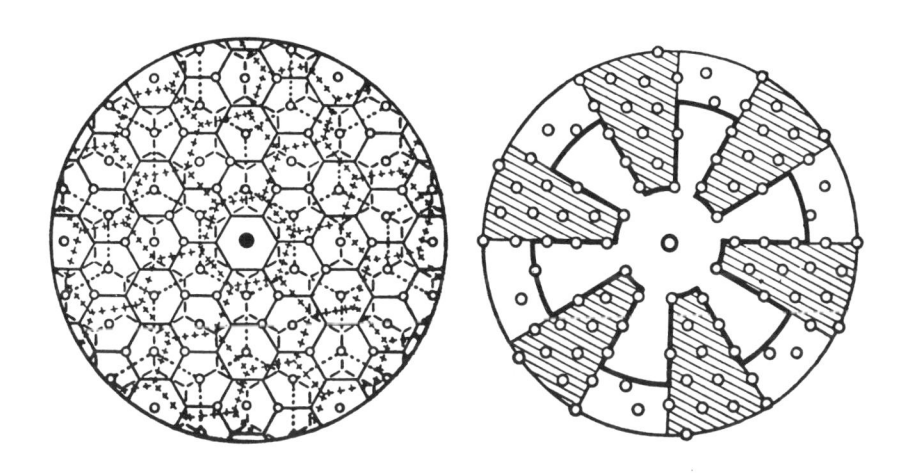

Abbildung 7.4: Die Zentrale-Orte-Struktur Löschs (1962, S. 87).

Kontraktion. Darüber hinaus sind dynamische Regionen (Kernräume) einerseits und stagnierende periphere Regionen andererseits von einzelnen dieser Veränderungen in unterschiedlichem Maße betroffen. Abnehmende Bevölkerung und Kaufkraft sowie gestiegene Mobilität verschlechtern die zentralörtliche Versorgung in peripheren Regionen, die Kopplungsvorteile von Einkaufszentren und das Einkaufsverhalten von Pendlern begünstigen die Kernräume.

7.1.6 Die Version von August Lösch

August Lösch entwickelt die Überlegungen Christallers zu seiner Theorie der Marktnetze weiter (Lösch 1938, 1962). Auch er geht von einer homogenen Ebene aus, auf der Produktionsfaktoren und Nachfrage gleichförmig verteilt sind. Aus sehr ähnlichen Überlegungen wie Christaller leitet er sechseckige Marktgebiete ab, deren Größe von den Nachfrage- und Produktionsbedingungen bestimmt ist. Die Produzenten der Güter rücken aus Konkurrenzgründen so lange zusammen, bis die nachgefragte Menge der Mindestnachfrage entspricht, also die Situation des Nullgewinns erreicht ist. Verschiedene Güter weisen damit wabenförmige Marktnetze unterschiedlicher Größe auf.

Was die Analyse Löschs von jener von Christaller unterscheidet, ist die Art und Weise, wie er die Marktnetze kombiniert. Während Christaller sie mit Hilfe der hierachischen Grenzgüter in eine starre Struktur einbindet und damit für die übrigen Güter Übergewinne zuläßt, behält Lösch die unterschiedlich großen Marktgebiete bei und überlagert die Marktnetze auf geordnete Weise. Er wählt ein gemeinsames Zentrum und rotiert darum die Marktnetze so lange, bis eine maximale Zahl von Produktionsstandorten zusammenfällt, um die Transportkosten zu minimieren (Greenhut et al. 1987, S. 267). Ergebnis dieses Prozesses ist eine Struktur um das gemeinsame – dominante – Zentrum, in der Sektoren mit vielen Produktionsstandorten und solche mit wenigen einander abwechseln (Abb. 7.4).

Löschs zentrale Orte unterscheiden sich ganz grundlegend von jenen Christallers. Im Löschschen System bietet nicht mehr jeder zentrale Ort neben seinen typischen Gütern auch alle Güter niedrigerer Zentralität an. Durch die Art der Überlagerung der Marktnetze entstehen zentrale Orte, die Güter verschiedener Zentralitätsstufen anbieten und sich von Standorten mit der gleichen Zahl an Produktionsstätten unterscheiden. Löschs Vorgangsweise erlaubt also verschiedenen Produktionsstandorten sich zu spezialisieren. Sie weisen damit Unterschiede in der Produktions- und Angebotsstruktur auf.

7.1.7 Kritik der Theorie der zentralen Orte

Die Theorie der zentralen Orte zeigt, daß die ökonomischen Kräfte allein dazu führen können, daß auf einer völlig gleichförmigen Ebene ein komplexes System von Produktionsstandorten entsteht. Bei Christaller weist dieses System eine ausgeprägte Hierarchie auf, während Löschs Marktnetze zu einer flexibleren Verteilung führen. Dennoch dürfen über diesem wichtigen Beitrag die Schwächen der Theorie nicht übersehen werden.

Der wichtigste Einwand gegen die Theorie der zentralen Orte ist wohl der, daß sie eine sehr partielle Analyse ist. Sie läßt wichtige Beziehungen zwischen den Betrieben (Lokalisations- und Agglomerationseffekte) ebenso außer acht wie die Wechselwirkung zu den Standortentscheidungen der Bevölkerung. Auch Lösch offeriert außer der abstrakten Idee des Minimierens der Transportkosten im Gesamtsystem keine Gründe für die Ballung von Aktivitäten und die Spezialisierung von Produktionsstandorten. Agglomerationseffekte und Kostenvorteile aufgrund der räumlichen Nähe zu Vorlieferern kommen in seinem System ebensowenig vor wie bei Christaller.

Die Konzentration von Produktionsstandorten wirkt nicht auf die Standortentscheidungen der Konsumenten zurück. Die Bewohner der homogenen Ebene dürfen nicht darauf reagieren, daß durch die Konzentration von Betrieben in den zentralen Orten diese sowohl wegen des konzentrierten Güterangebots als auch wegen der konzentrierten Arbeitsnachfrage als Wohnstandorte wesentlich an Attraktivität gewonnen haben. Die zentralen Orte präsentieren sich damit bei genauerer Betrachtung als eigenartige Gebilde, die mit unseren Vorstellungen von Orten (auch zentralen Orten) nur wenig gemeinsam haben. In ihnen ist nur das Güterangebot konzentriert. Die Bevölkerung ist weiterhin gleichmäßig über die Ebene verteilt. Wäre sie das nicht, sondern würde sich ebenfalls in den zentralen Orten ballen, so könnten die gleichen Betriebe in den zentralen Orten höherer Ordnung ihre Mindestnachfrage bei kleineren Marktgebieten erreichen als in zentralen Orten niedrigerer Ordnung. Dies einerseits deshalb, weil wegen der höheren Bevölkerungsdichte die gleiche Bevölkerungszahl auf kleinerem Raum zu erreichen ist. Andererseits fragt der einzelne Konsument wegen der im Schnitt niedrigeren Transportkosten mehr nach, sodaß der Anbieter schon mit weniger Konsumenten seine Mindestnachfrage realisieren kann. Damit wird die Größe der Marktgebiete zu einem endogenen Teil der Hierarchie der zentralen Orte, was die Theorie ganz wesentlich verkompliziert.

Das Christallersche System der zentralen Orte stellt ein ausgeprägt statisches Konzept dar. Die Hierarchie, in die die zentralen Orte eingebunden sind, läßt keinen Platz für dynamische Veränderungen. Verändert sich eine der theoretischen Grundlagen (Transportkosten, Nachfragestruktur, Produktionstechnologie etc.), so muß sich das gesamte zentralörtliche System anpassen. Es müssen sich alle zentralen Orte an ihren neuen optimalen Standort verschieben. Wegen der weniger starren Verbindung der verschiedenen Marktnetze ist das Löschsche System weniger rigide als jenes von Christaller. Dynamische Veränderungen, zumindest bei einzelnen Marktnetzen, können damit leichter berücksichtigt werden.

7.1.8 Der konzeptuelle Wert der Theorie der zentralen Orte

Das Zentrale-Orte-Konzept wurde für eine Reihe von Ländern empirisch untersucht. Christaller selbst illustrierte seine Überlegungen anhand der Siedlungsstruktur im süddeutschen Raum. Für Österreich wurden entsprechende Untersuchungen beispielsweise von Hans Bobek und Maria Fesl durchgeführt (Bobek und Fesl 1978, Fesl und Bobek 1983; siehe Tabelle 7.1).

Bobek und Fesl (1978) kommen in ihrer Untersuchung zu folgenden wichtigen Schlüssen:

- *„Der Rang von zentralen Orten* kann befriedigend nur vom ‚Rang' der in ihnen vertretenen zentralen Dienste (Einrichtungen) abgeleitet werden" (S. 274).
- Die Ausstattung der zentralen Orte variiert beträchtlich mit ihrer sozioökonomischen Struktur. Wegen der geringeren Kaufkraft und am Markt wirksamen Nachfrage erreichen zentrale Orte in Agrargebieten meist niedrigere Ränge als Orte vergleichbarer Größe in Industrie- und Fremdenverkehrsgebieten.
- Außer mit der sozioökonomischen Struktur ändert sich die Versorgung auch mit der räumlichen Lage. Die Versorgungsintensität sinkt bei

Tabelle 7.1: Die Zentrale-Orte-Struktur Österreichs (Bobek und Fesl, 1978).

Zentralitätsstufen	Orte
Bundeshauptstadtstufe	Wien
Landeshauptstadtstufe	Innsbruck, Salzburg, Klagenfurt, Linz, Graz, Bregenz, Eisenstadt
Viertelhauptstadtstufe	Feldkirch, Dornbirn, Wels, Steyr, Leoben, Villach, St. Pölten, Krems, Wr. Neustadt
Mittlere Zentralitätsstufe	Baden, Amstetten, Vöcklabruck, Bruck/Mur, Ried i.I., Mödling, Wolfsberg, Lienz, Judenburg, Gmunden, Spittal/Drau, Braunau, Kufstein, Bludenz, Zell/See, Horn, Leibnitz, St. Veit/Glan, Knittelfeld, Kitzbühel, Tulln, Liezen, Neunkirchen, Oberwart, Mistelbach

einem Übergang vom Zentrum in die Peripherie.

- Große Zentren üben oft eine hemmende Wirkung auf die in ihrer Umgebung gelegenen zentralen Orte niedrigerer Ordnung aus. Sie saugen einen Teil der Nachfrage ab, die nach der Theorie den Zentren niedrigerer Ordnung zukommen müßte.

Die sehr starken theoretischen Aussagen der Zentrale-Orte-Theorie über die Form der Marktgebiete und die Zuordnung der zentralen Orte niedriger Ordnung zu denen höherer Ordnung konnten in keiner dieser Studien empirisch belegt werden. Dies geht auch aus den angeführten Ergebnissen der Arbeit von Bobek und Fesl hervor. Allerdings wäre es, wie Morill (1970, S. 72) argumentiert, auch naiv dies zu erwarten. Das real existierende Siedlungssystem wird von vielen Faktoren beeinflußt, die in der Theorie der zentralen Orte keine Berücksichtigung finden. Neben unterschiedlichen Angebots- und Nachfragebedingungen und Agglomerationseffekten sind etwa noch der Einfluß der Topographie und von Grenzen und das Verkehrssystem von besonderer Bedeutung.

Der konzeptuelle Wert der Zentrale-Orte-Theorie ist weitgehend unbestritten. Die Theorie zeigt, warum sich Siedlungen von verschiedener Größe relativ regelmäßig im Raum verteilen und warum sie bestimmte typische

Güter anbieten. Die einzelnen Siedlungen sind dabei keineswegs unabhängig voneinander, sondern über die Zentrale-Orte-Hierarchie untereinander verbunden. Sie üben ein gewisses Maß an Kontrolle über die in ihrem Einflußbereich gelegenen zentralen Orte niedrigerer Ordnung aus, sind selbst aber der Kontrolle der ihnen übergeordneten Orte ausgeliefert.

7.2 Städtesysteme und Stadtentwicklung

Die grundlegenden Ideen und Überlegungen der Zentrale-Orte-Theorie haben eine Reihe neuerer Theorien der räumlichen Struktur beeinflußt und befruchtet. Einige davon wollen wir in diesem Abschnitt kurz darstellen. Typischerweise folgen diese Theorien nicht der deduktiven Struktur der Zentrale-Orte-Theorie, sondern verwenden das Zentrale-Orte-Schema als ein Konzept, gemäß dem sie induktive Überlegungen strukturieren. Manche Theorien verwenden das zentralörtliche System als vorgegebene räumliche Struktur, die den Ablauf von Interaktionsprozessen im Raum wesentlich beeinflußt. Besondere Bedeutung kommt hier den Überlegungen zur Innovationsdiffusion zu, die eine Verbindung aufbauen zu den Regionalentwicklungstheorien, die wir im zweiten Band, Regionalentwicklung und Regionalpolitik, ausführlicher behandeln werden. Andere Theorien beschäftigen sich direkt mit dem Städtesystem und untersuchen, wie sich dieses System und die darin eingebetteten Städte entwickeln.

7.2.1 Die „Rank Size Rule"

Ein sehr einfaches Konzept im Zusammenhang mit Städtesystemen stellt die „Rank Size Rule" dar (Steward 1947; Zipf 1949). Dabei wird behauptet, daß die Größe einer Stadt und ihre Position im Städtesystem in folgendem einfachen Zusammenhang stehen:

$$P_r = \frac{P_1}{r} \ . \tag{7.1}$$

Dabei repräsentiert r den Rang einer Stadt, P_1 die Bevölkerungszahl der größten Stadt (jener mit Rang 1) und P_r jene der Stadt mit Rang r. Den Rang einer Stadt erhalten wir dadurch, daß wir alle Städte im entsprechenden Städtesystem nach ihrer Bevölkerungszahl ordnen und ihnen anschließend von der größten bis zur kleinsten die Ränge $1, 2, \ldots$ zuweisen.

Wie die Zentrale-Orte-Theorie behauptet auch die „Rank Size Rule", daß es in einem Städtesystem wenige große Städte gibt und viele kleine. In der Form (7.1) legt die „Rank Size Rule" fest, daß die größte Stadt des Städtesystems doppelt so groß sein muß wie die zweitgrößte, dreimal so groß wie die drittgrößte usw. (siehe Abb. 7.5a). Im Gegensatz zur Zentrale-Orte-Theorie berücksichtigt die „Rank Size Rule" nicht die räumliche Lage der Städte zueinander. Sie trifft nur eine Aussage über die Größenverteilung der

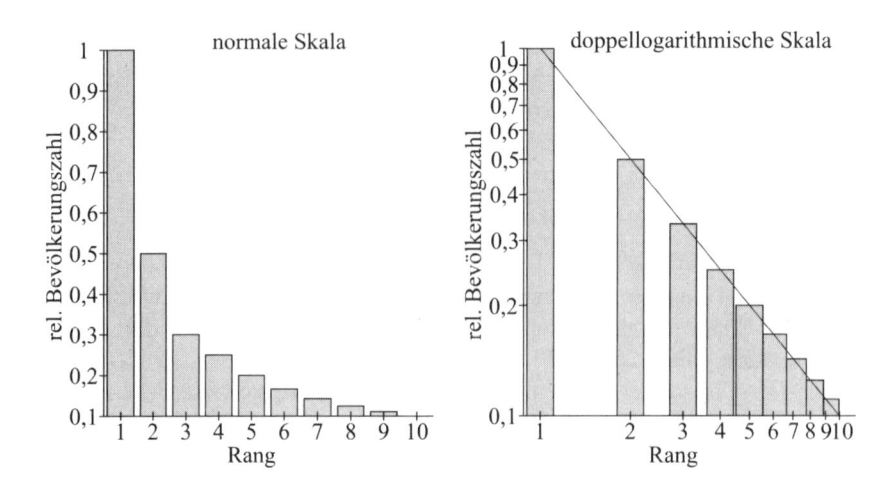

Abbildung 7.5: Die Größenverteilung der „Rank Size Rule".

Siedlungen. Dabei ist es durchaus mit der „Rank Size Rule" vereinbar, wenn alle großen Städte in einem Teil des Siedlungssystems konzentriert sind und alle kleinen in einem anderen.

Logarithmieren wir (7.1), so erhalten wir folgenden linearen Zusammenhang, der auch in Abb. 7.5b dargestellt ist (siehe auch Herbert und Thomas 1990, S. 64).

$$\log P_r = \log P_1 - \log r \ . \tag{7.2}$$

Diese Gleichung kann als Basis für eine Schätzfunktion verwendet werden, die es uns erlaubt, den Zusammenhang zwischen dem Rang einer Stadt und ihrer Größe regressionsanalytisch zu ermitteln. Schätzen wir die Parameter α und β in der Funktion

$$\log P_r = \alpha - \beta \log r \ , \tag{7.3}$$

so bestätigt sich die Hypothese der „Rank Size Rule", wenn sich statistisch α nicht von $\log P_1$ und β nicht von 1 unterscheidet. Für eine empirische Analyse der Größenverteilung in verschiedenen Ländern siehe etwa Berry (1961).

Wie Richardson (1973) argumentiert, besteht kein Grund dafür, den Parameter β a priori auf den Wert 1 festzulegen. Bei anderen Werten von β ergeben sich andere Verteilungsmuster der Stadtgrößen. Bei $\beta = \infty$ sind alle Bewohner in einer einzigen Stadt konzentriert, bei $\beta = 0$ sind alle Städte gleich groß. Zugleich zeigt Richardson auch, daß die „Rank Size Rule" nur eine von vielen Möglichkeiten der Größenverteilung von Siedlungen darstellt.

Tabelle 7.2: „Rank Size Rule" und Gebietsabgrenzung.

Stadt	Bevölkerung	Verhältnis zur größten Stadt	
1	100.000	1	–
2	50.000	1/2	1
3	33.333	1/3	2/3
4	25.000	1/4	1/2

Die „Rank Size Rule" formuliert zwar eine Hypothese über die Größenverteilung von Städten in einem Stadtsystem, liefert aber keinerlei *Begründung* für diese Hypothese. Sie hat vor allem deskriptiven Wert. Vor allem in der Form von Gleichung (7.3) erlaubt sie uns, die Stadtsysteme verschiedener Länder oder das Stadtsystem eines Landes über die Zeit zu vergleichen. Dabei zeigt sich, daß die Hypothese der „Rank Size Rule" für manche Länder recht gut zutrifft, daß andere Länder aber, wie z.B. Österreich oder Dänemark, durch eine überproportional große dominierende Stadt charakterisiert sind. Trotz des raschen städtischen Wachstums der letzten 200 Jahre sind über die Zeit betrachtet die Größenrelationen der Stadtsysteme innerhalb der einzelnen Länder sehr stabil. Typischerweise verschiebt sich die gesamte „Rank Size"-Kurve nach oben, d.h. die Städte wachsen annähernd proportional.[4]

Die empirische Anwendung der „Rank Size Rule" stößt allerdings auf einige Probleme. An erster Stelle ist hier das Problem der *Abgrenzung* von Städten zu nennen. Bevölkerungszahlen liegen üblicherweise für administrative Einheiten vor, die das Ergebnis politischer Prozesse und der historischen Entwicklung sind und daher nur selten mit dem Einflußbereich einer Stadt übereinstimmen. Damit können sich allein daraus, ob in einem Land die administrativen Abgrenzungen häufig an die faktischen Gegebenheiten angepaßt werden oder nicht, beträchtliche Unterschiede in der Größenverteilung ergeben. Damit eng verbunden ist die Frage, ob eine Siedlung im Umland einer größeren Stadt dieser zuzurechnen ist oder ob sie als eigene Einheit berücksichtigt werden soll.

Weiters stellt sich bei der empirischen Umsetzung der „Rank Size Rule" die Frage, für welches Gebiet die Größenverteilung betrachtet werden soll. Da die die Siedlungssysteme betreffenden Einflüsse normalerweise nicht an den Landesgrenzen enden, erscheint es nicht sehr sinnvoll, das Siedlungssystem eines Landes zu betrachten. Vor allem dann nicht, wenn es sich um

---

[4] Auf den niedrigeren Rängen kommt es dabei häufig zu Umschichtungen innerhalb der Größenverteilung dadurch, daß einige Städte überproportional wachsen, andere unterproportional.

besonders kleine Länder handelt. Beschränken wir uns auf das Siedlungssystem eines Landes, so werden wir einerseits einige untergeordnete Siedlungen ausschließen, die mit dem Siedlungssystem des betrachteten Landes in Verbindung stehen, aber jenseits der Grenze liegen, andererseits laufen wir auch Gefahr, am oberen Ende des Städtesystems abzuschneiden. Beispielsweise ist Wien zwar eindeutig die höchstrangige Stadt in Österreich, im europäischen Maßstab ist sie jedoch nur eine in einem System von Millionenstädten. Wie aus Gleichung (7.1) zu sehen ist, können sich je nach der räumlichen Ebene unterschiedliche Größenrelationen ergeben. Tabelle 7.2 zeigt zum Beispiel vier Städte, deren Bevölkerungszahlen genau den Relationen der „Rank Size Rule" entsprechen. Diese Relationen sind in der dritten Spalte dargestellt. Schließen wir aus irgendeinem Grund die größte Stadt aus, beispielsweise weil sie im Ausland liegt, so entsprechen die Größenverhältnisse der verbleibenden drei Städte *nicht* mehr der „Rank Size Rule".

7.2.2 Theorien der Stadtsysteme

Neuere Theorien zu städtischen Systemen gehen mit einem wesentlich umfassenderen Verständnis an das Thema heran als die Theorie der zentralen Orte. Sie verstehen Stadtsysteme als „a set of interrelated subsystems nesting in a complex hierarchy of increasing scale upward from individual urban areas to a national urban system" (Bourne 1975, S. 11) und schließen neben ökonomischen Prozessen auch soziale, demographische und geographische Zusammenhänge mit ein. Auch auf ökonomischem Gebiet beschränken sich diese Theorien nicht mehr nur auf Absatzbeziehungen zwischen Produzenten und Konsumenten, sondern berücksichtigen auch andere Beziehungen, insbesondere Kommunikationsbeziehungen und den Fluß von Information (Goddard 1975).

Im Gegensatz zur Zentrale-Orte-Theorie rückt bei den Theorien der Stadtsysteme der dynamische Aspekt in den Vordergrund. Sie stellen damit ein Verbindungsglied zwischen den Theorien der räumlichen Struktur und den Regionalentwicklungstheorien dar. Das zentralörtliche System bildet das räumliche Gerüst, in dem sich Entwicklungsprozesse artikulieren. Innovationen, Wachstumsimpulse u. dgl. treten weder an allen Stellen im Raum gleichzeitig auf, noch breiten sie sich gleichmäßig im Raum aus, wird argumentiert, sondern sie pflanzen sich durch die städtische Hierarchie fort. Nicht die physische Distanz ist entscheidend, sondern die *hierarchische Distanz*, also die Zahl der Stufen in der zentralörtlichen Hierarchie, die zwei Städte trennt. Abbildung 7.6 zeigt den Unterschied zwischen der physischen Distanz und der hierarchischen Distanz in einer zentralörtlichen Struktur. Dabei ist zu beachten, daß die hierarchische Distanz sowohl Elemente des Ranges im Sinn der Zentrale-Orte-Theorie als auch Elemente der physi-

7.2 Städtesysteme und Stadtentwicklung 161

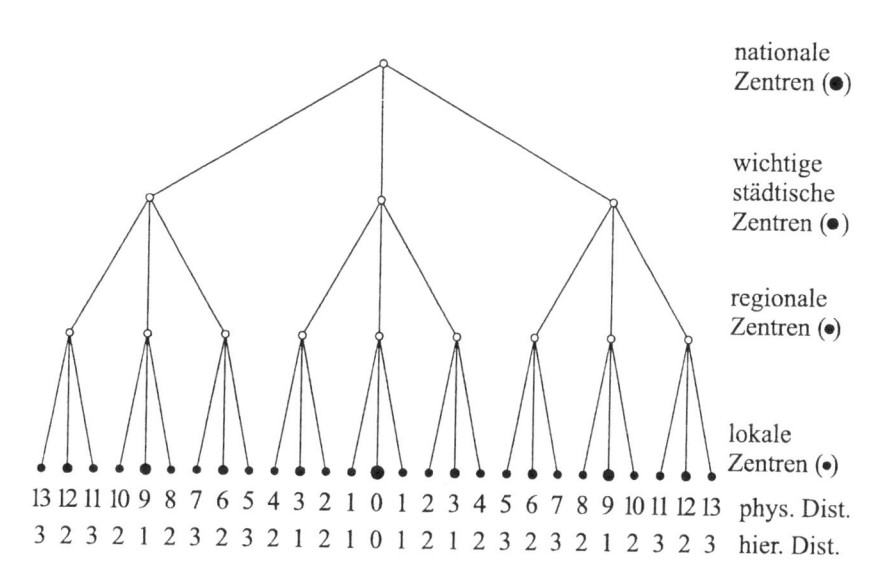

```
                                    nationale
                                    Zentren (●)

                                    wichtige
                                    städtische
                                    Zentren (●)

                                    regionale
                                    Zentren (●)

                                    lokale
                                    Zentren (●)
13 12 11 10 9 8 7 6 5 4 3 2 1 0 1 2 3 4 5 6 7 8 9 10 11 12 13   phys. Dist.
 3  2  3  2 1 2 3 2 3 2 1 2 1 0 1 2 1 2 3 2 3 2 1 2  3  2  3    hier. Dist.
```

Abbildung 7.6: Physische Distanz und hierarchische Distanz (Bourne 1975, S. 22).

schen Distanz beinhaltet. Die Orte des niedrigsten Ranges im Umkreis des nationalen Zentrums sind gegenüber anderen Orten gleichen Ranges wegen ihrer geringen physischen Distanz zum Zentrum im Vorteil. Sie weisen damit die gleiche hierarchische Entfernung vom nationalen Zentrum auf, wie die Städte der zweithöchsten Zentralitätsstufe.

Für die räumliche Ausbreitung von Innovationen, Entwicklungsimpulsen etc. ergibt sich damit ein komplexes Bild, das sich aus der Überlagerung verschiedener Ebenen des städtischen Systems ergibt. Bourne (1975) spricht von mindestens drei Ebenen, die wir im europäischen Kontext als europäisches Stadtsystem, nationales Stadtsystem und regionales Stadtsystem bezeichnen könnten.[5] Abbildung 7.7 zeigt die drei angeführten Ebenen für eine europäische Metropole. Auf den Ebenen laufen in verschiedenen Bereichen unterschiedliche Prozesse ab, die untereinander und über die räumlichen Ebenen in Verbindung stehen. Tabelle 7.3 führt einige Beispiele an.

Da nach der Theorie der Stadtsysteme die Verbindungen zwischen den Städten des städtischen Systems vielfältiger Art sind, können die Städte ihre Position zum Teil aktiv gestalten. Sie können Kooperationen mit anderen Städten eingehen, bestimmte Funktionen versuchen zu stärken, andere zurückzudrängen. Ähnlich wie in Löschs Version der Zentrale-Orte-Theorie

---

[5] Aus heutiger Sicht sollte wahrscheinlich noch die Ebene „Globales Stadtsystem" vorangestellt werden.

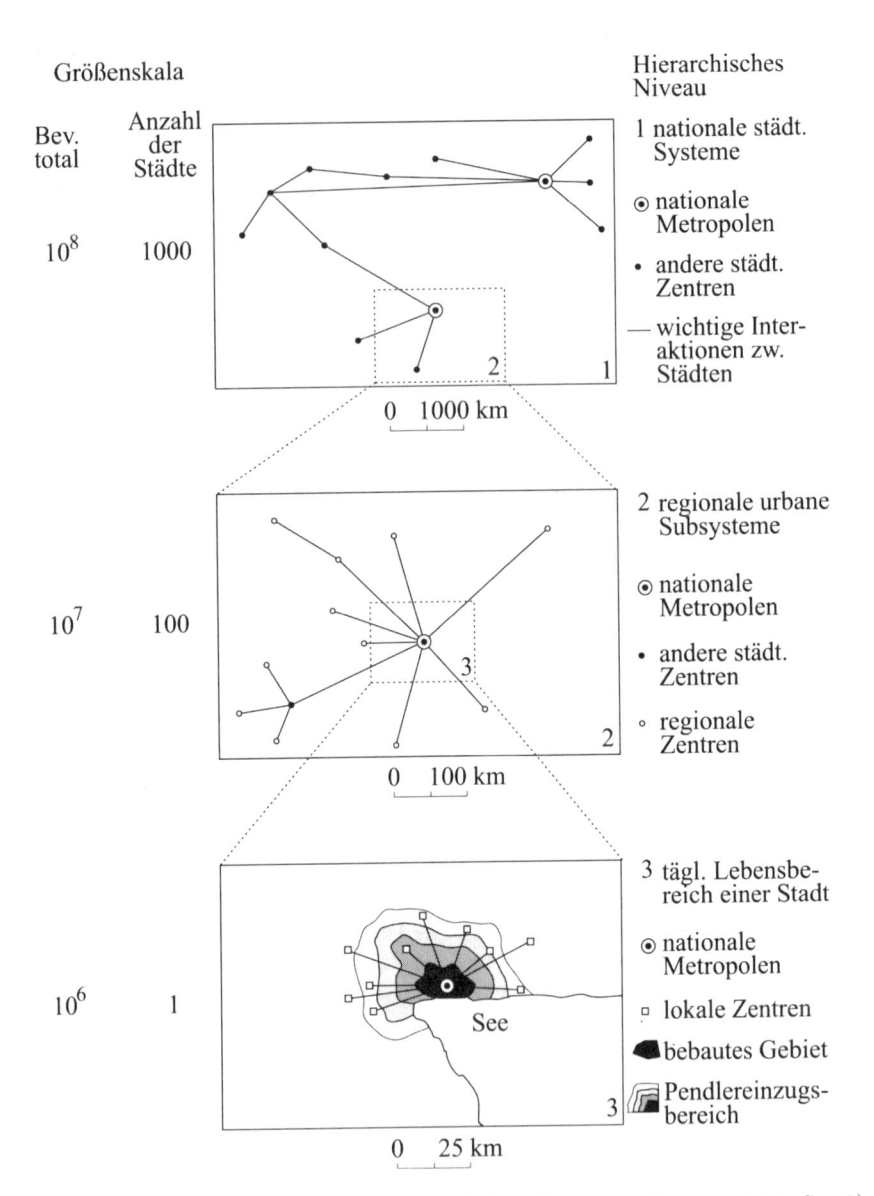

Abbildung 7.7: Die Ebenen des räumlichen Systems (Bourne 1975, S. 13).

können sich die Städte damit im städtischen System spezialisieren. Außerdem können sie in gewissem Umfang ihre hierarchische Distanz zu anderen Städten verändern. Die Theorien der Stadtsysteme erlauben damit wesent-

Tabelle 7.3: Interaktionen auf verschiedenen räumlichen Ebenen.

Ebene	Wirtschaft	Bevölkerung	Transport
europäisch	multinationale Unternehmen	Gastarbeiterwanderung	Flugzeug
national	multiregionale Unternehmen	interregionale Wanderung	Bahn
regional	Nahversorgungsunternehmen	Pendeln	Straßenbahn U-Bahn

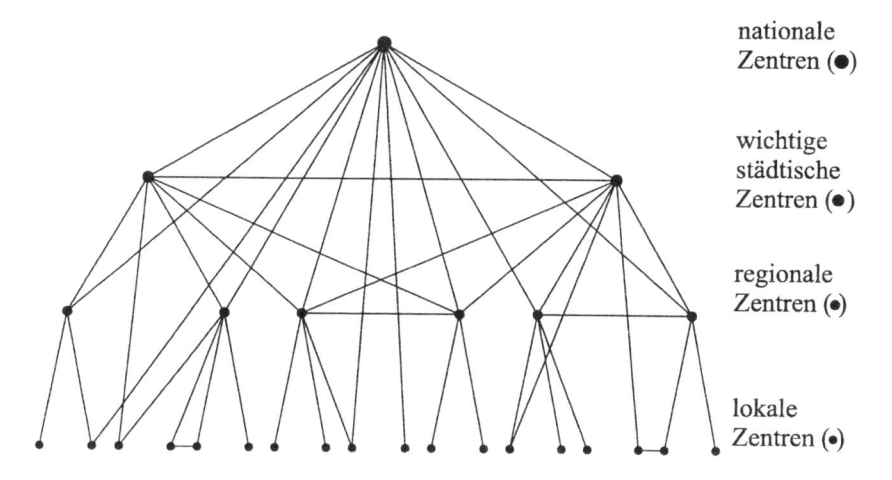

Abbildung 7.8: Multidimensionale Beziehungen in einem städtischen System (Bourne 1975, S. 22).

lich flexiblere Strukturen als die Zentrale Orte-Theorie (siehe Abb. 7.8).

7.3 Zusammenfassung

In diesem Kapitel beschäftigen wir uns mit den Interdependenzen zwischen Siedlungen und Städten und untersuchen, wie diese Interdependenzen zur Herausbildung eines Systems von Städten führen.

In Abschnitt 7.1 haben wir die Theorie der zentralen Orte dargestellt, wie sie vor allem von Christaller und Lösch entwickelt wurde. Ausgangspunkt ist die Beobachtung, daß jedes Gut eine charakteristische „obere" und „untere Grenze der Reichweite" aufweist, die sich aus den Produktionsbedingungen, den Transportkosten und dem Nachfrageverhalten der Konsumenten ergeben. Da jeder Produzent eine bestimmte Mindestabsatzmenge (untere Reichweitengrenze) benötigt, um ohne Verlust produzieren zu können, können die Produzenten nicht beliebig nahe aneinander rücken. Dadurch entstehen für jedes Gut charakteristische Marktgebiete. Aus der Kombination dieser Marktgebiete entstehen räumliche Strukturen von Produktionsstandorten (Siedlungssysteme). Bei Christaller stehen die einzelnen Siedlungen in einer stabilen hierarchischen Struktur mit verschiedenen „Zentralitätsstufen", die durch „hierarchische Grenzgüter" bestimmt sind. Dabei bietet jeder zentrale Ort die Güter seiner und aller niedrigeren Zentralitätsstufen an. In der Version von Lösch entstehen aus der Überlagerung der Marktnetze Gebiete mit hoher und Gebiete mit niedriger Siedlungsdichte. Dabei ist auch eine Spezialisierung der Produktionsstandorte möglich.

In Abschnitt 7.2 haben wir einige andere Theorien diskutiert, die Aussagen über die Größenverteilung von Städten machen. Die „Rank Size Rule" (Abschnitt 7.2.1) postuliert einen sehr einfachen Zusammenhang zwischen der Größe einer Stadt und ihrer Position im Städtesystem. Bei genauerer Betrachtung erweist sie sich allerdings als Ad-hoc-Formulierung ohne ausreichende theoretische Basis, die auch bei der empirischen Umsetzung konzeptuelle Probleme aufwirft. Die Theorie der Stadtsysteme (Abschnitt 7.2.2) greift auf die Grundkonzepte der Zentrale-Orte-Theorie zurück und verbindet sie mit neueren Überlegungen über die räumliche Ausbreitung von Innovationen und Informationen. Dabei wird deutlich, daß sich Städte auf ein und derselben Zentralitätsstufe dadurch unterscheiden, daß sie über verschieden viele Zwischenstufen mit dem höchstrangigen Zentrum des Systems verbunden sind. Dieser Abstand vom höchstrangigen Zentrum wird als „hierarchische Distanz" bezeichnet.

7.4 Übungsaufgaben und Kontrollfragen

1. Diskutieren Sie kritisch die Annahmen, von denen die Zentrale-Orte-Theorie ausgeht. Wie wirken sich Veränderungen bei einzelnen Annahmen auf die obere und untere Grenze der Reichweite eines Gutes aus?
2. Wodurch kommen die obere und die untere Grenze der Reichweite eines Gutes zustande? Wie wirkt sich
   - eine Verringerung der Transportrate,
   - eine Zunahme der Bevölkerungsdichte

   auf sie aus?
3. Was versteht man unter „hierarchischen Grenzgütern"? Wodurch unterscheiden sie sich von den sonstigen Gütern? An welchen Standorten wird das hierarchische Grenzgut der zweiten Hierarchiestufe angeboten?
4. Wählen Sie in Abb. 7.3 einige Raumpunkte beliebig aus und erläutern Sie, wo ein dort angesiedelter Konsument Güter der verschiedenen Hierarchiestufen kaufen wird.
5. Wodurch unterscheidet sich die Christallersche Version der Zentrale-Orte-Theorie von jener von August Lösch?
6. Welche Faktoren, die die räumliche Verteilung von Siedlungen beeinflussen können, sind aus der Zentrale-Orte-Theorie ausgeklammert? Welche Probleme stellen sich, wenn wir das Zentrale-Orte-Konzept im Zeitablauf betrachten?
7. Kritisieren Sie die Vorstellung der „Rank Size Rule" des Siedlungssystems.
8. Erläutern Sie den Unterschied zwischen der „physischen Distanz" und der „hierarchischen Distanz" in einem zentralörtlichen System.
9. Vergleichen Sie die Zentrale-Orte-Theorie Christallers mit den neueren Theorien der Stadtsysteme. Wo liegen die wichtigsten Gemeinsamkeiten, wo die markantesten Unterschiede?

Kapitel 8
Phasenmodelle der Stadtentwicklung

Während Zentrale-Orte-Theorie, Theorie der Stadtsysteme und „Rank Size Rule" die Zusammenhänge zwischen verschiedenen Städten hervorheben, legen die Stadtstrukturtheorien (siehe Abschnitt 6.2) das Hauptaugenmerk auf die Verflechtungen innerhalb der Städte. Die Phasenmodelle der Stadtentwicklung, die wir in diesem Kapitel diskutieren wollen, verwenden Elemente beider dieser theoretischen Strömungen und stellen sie in einen dynamischen Zusammenhang.

Durch ihre Betonung der Dynamik nehmen die Phasenmodelle ähnlich wie die Theorie der Stadtsysteme eine Zwischenposition zwischen den Struktur- und Entwicklungstheorien ein. Die Vorstellung von Regionalentwicklung, die in den Phasenmodellen zum Ausdruck kommt, hat große Ähnlichkeit mit den Stufentheorien, wie wir sie im zweiten Band, Regionalentwicklung und Regionalpolitik, diskutieren werden. Das Phasenmodell der Stadtentwicklung (vgl. van den Berg et al. 1982, Vanhove und Klaassen 1987) zeigt auch Ähnlichkeiten mit der Produktzyklustheorie (vgl. Abschnitt 4.2) und greift auch auf einige der dort diskutierten Argumente zurück. Ähnlich der Produktzyklustheorie geht auch das Phasenmodell von einer geordneten Abfolge von Entwicklungsphasen aus. Einen wichtigen Impuls stellt auch für das Phasenmodell der Stadtentwicklung der Prozeß der Innovation dar, wobei neben technischen Innovationen auch sozialen Innovationen große Bedeutung beigemessen wird (Matthiessen und Strohmayer 1992).

8.1 Die räumliche Struktur des Phasenmodells

Die grundsätzliche räumliche Struktur des Phasenmodells ist in Abb. 8.1 dargestellt. Das Phasenmodell berücksichtigt einerseits mehrere Städte und ihre Position in der zentralörtlichen Hierarchie, andererseits differenziert es auch jede Stadt in einen inneren und einen äußeren Bereich, die üblicherweise als *Kern* und *Ring* bezeichnet werden. Kern und Ring gemeinsam bilden die *funktionale Stadtregion* („Functional Urban Region", FUR). Anders als die Zentrale-Orte-Theorie, die das gesamte Siedlungssystem in ihr Schema einbezieht, beschränkt sich das Phasenmodell auf die Groß- und Mittelstädte. Die Gebiete außerhalb dieses Systems werden zum *ländlichen Hinterland* zusammengefaßt.

Die Bezeichnung funktionale Stadtregion deutet schon darauf hin, daß

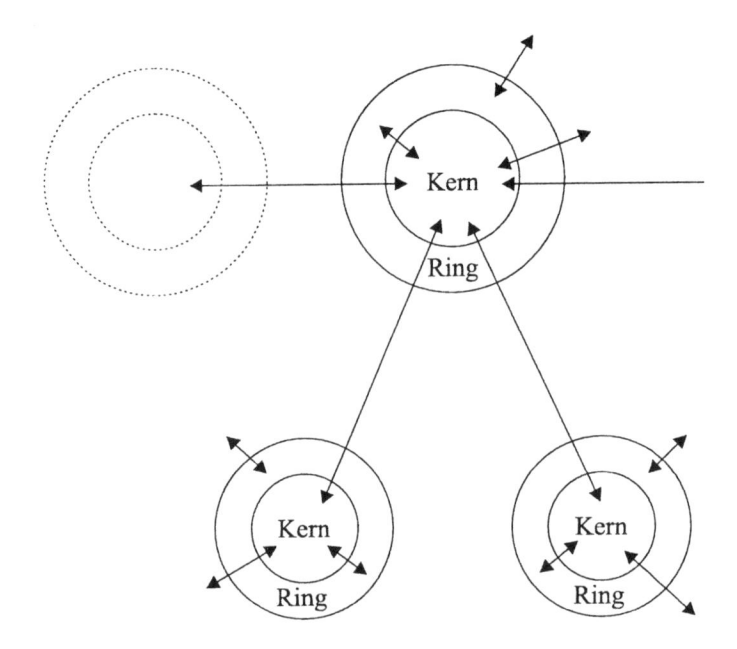

Abbildung 8.1: Die räumliche Struktur des Phasenmodells.

das Phasenmodell von einem explizit funktionalen Stadtkonzept ausgeht. Zur Stadt werden also alle jene Gebiete gezählt, die wirtschaftlich eng mit ihr verbunden sind, egal zu welcher administrativen Einheit sie zählen. In empirischen Anwendungen wird oft das Pendlerkriterium zur Abgrenzung herangezogen. Zur funktionalen Stadtregion werden dabei alle jene Gemeinden gezählt, aus denen beispielsweise mehr als 10% oder 15% der wohnhaft Beschäftigten in die Kernstadt pendeln. Unter den heutigen Gegebenheiten reicht die FUR damit meist weit über die Stadt in ihren administrativen Grenzen hinaus (vgl. Abb. 1.3 auf S. 5).

Wesentlich problematischer ist die Abgrenzung zwischen Kern und Ring. Unter dem Kern wird üblicherweise das hoch verdichtete Gebiet einer Stadt verstanden, also wesentlich mehr als etwa der „Central Business District" der Stadtökonomik (siehe Abschnitt 6.2). Empirische Anwendungen greifen manchmal ziemlich pragmatisch auf die administrativ abgegrenzte Stadt zurück und setzen sie mit dem Kern gleich. Der Ring ist als Residuum definiert, also als jener Teil der FUR, der außerhalb des Kerns liegt.

Die recht unscharfe Abgrenzung von Kern und Ring stellt ein grundlegendes Problem des Phasenmodells der Stadtentwicklung dar. Da die Entwicklungsphasen, wie wir sehen werden, über Wachstumsunterschiede zwischen Kern und Ring definiert werden, setzt sich diese Unschärfe durch das gesamte Modell fort und wurde in der Literatur auch heftig kritisiert (siehe etwa Coombes et al. 1989). Die Unschärfe der räumlichen Konzeption erschwert die Identifikation der Entwicklungsphasen einer Stadt. Dennoch ist relativ unbestritten, daß das Phasenmodell einen Entwicklungstrend beschreibt, der die Städte Nordamerikas, West- und Mitteleuropas in den letzten Jahrzehnten geprägt hat.

8.2 Die Entwicklungsphasen

Durch die Analyse der Entwicklung von Städten seit dem Ende des zweiten Weltkriegs haben die Vertreter des Phasenmodells induktiv drei Entwicklungsphasen identifiziert (van den Berg et al. 1982):

1. Urbanisierung,
2. Suburbanisierung,
3. Desurbanisierung.

Jede dieser Phasen ist gekennzeichnet durch eine typische räumliche Struktur und Verteilung der Veränderung von Bevölkerung und Beschäftigung, durch typische Probleme, Ziele und Instrumente der Politik, typische wirtschaftliche Entwicklungen etc. Tabelle 8.1 stellt die wichtigsten Charakteristika der Entwicklungsphasen in einer Übersicht zusammen.

8.2.1 Die Urbanisierungsphase

Der Beginn der *Urbanisierungsphase* wird als Resultat des Übergangs von einer Agrar- zu einer Industriegesellschaft gesehen. Wegen Agglomerationsvorteilen und der Konzentration von Arbeitskräften und Nachfrage siedeln sich die ersten Industriebetriebe in den bereits bestehenden Städten an. Wegen der Entwicklung der Dampfmaschine sind die Industriebetriebe nicht mehr an die Verfügbarkeit von Wasserkraft gebunden und können daher die Standortvorteile der Städte nutzen. Sie nehmen den Bevölkerungsüberschuß der ländlichen Regionen auf und es kommt zu starken Wanderungsströmen von den ländlichen Gebieten in die Städte. Da öffentliche Verkehrsmittel fehlen, die Arbeitszeiten lang und die Einkommen niedrig sind, wachsen die Städte vor allem durch eine Erhöhung der Nutzungsdichte. Dem Mangel an Wohnraum wird durch den Bau schlecht ausgestatteter Zinskasernen mit kleinen Wohneinheiten begegnet. Wegen des sprunghaft steigenden Bedarfs liegt das Augenmerk nicht auf Qualität, die sich die Masse der Bewohner ohnedies nicht leisten könnte, sondern auf Quantität.

Dies gilt nicht nur für den Wohnbau, sondern für die gesamte physische wie soziale Infrastruktur. Die Städte müssen innerhalb kurzer Zeit das öffentliche Verkehrsnetz, Ver- und Entsorgungseinrichtungen, Gesundheitseinrichtungen, Schulen etc. ausbauen oder vielfach erst neu errichten. Die

Tabelle 8.1: Typische Entwicklungen, Probleme und Instrumente in den Stadtentwicklungsphasen.

	Urbanisierung	Suburbanisierung	Desurbanisierung
Entwicklungstendenzen	Zuwachs und Verdichtung im Kern	sinkende Dichte im Kern, Zuwachs im Ring	sinkende Dichte im Kern, Stagnation im Ring, Bevölkerungsverlagerung in Mittelstädte
Problembereiche	Wohnungsnot, mangelnde Infrastruktur, hohe Mieten, schlechte Wohnqualität	Verkehrsprobleme Finanzierung von Infrastruktur, Verlust von Industriearbeitsplätzen	Finanzierung von Infrastruktur, soziale Segregation, Deindustrialisierung
Instrumente	Förderung des Wohnbaus, öffentlicher Verkehr, Infrastrukturausbau	Straßenbau, Stadterweiterung, Entwicklung von Verkehrsverbunden	Stadterneuerung, Reduktion städtischer Dienstleistungen, Ausbau von Grünflächen, Fußgängerzonen

bestehenden Einrichtungen sind den steigenden Anforderungen durch die höhere Bevölkerungszahl nicht mehr gewachsen.

Durch die hohen Investitionserfordernisse, die hohe räumliche Konzentration der Nachfrage und steigende Masseneinkommen wegen des Produktivitätsfortschritts durch die Industrialisierung steigt die Industrieproduktion in den Städten stark an. Die räumliche Konzentration führt dazu, daß die Nachfrage für viele neue Güter ausreicht, um sie gewinnbringend zu produzieren – ihre untere Grenze der Reichweite wird überschritten (siehe Kap. 7). Dies erlaubt weitere Spezialisierung und damit einen weiteren Produktivitätsfortschritt.

Der Ausbau der öffentlichen Verkehrsmittel, die steigenden Einkommen und die hohen Dichten im Stadtzentrum führen dazu, daß die Stadt vor allem am Rand weiter wächst. Industriebetriebe mit hohem Flächenbedarf finden nur mehr dort die erforderlichen Freiflächen. Die Stadtbewohner fragen bei höheren Einkommen größere Wohnflächen nach (siehe Abschnitt 6.2),

8.2 Die Entwicklungsphasen

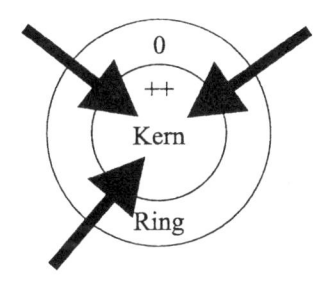

Abbildung 8.2: Die Urbanisierungsphase.

wodurch die Bevölkerungsdichte im Zentrum zu sinken beginnt. Zugleich beginnen sich erste, besonders agglomerationssensible Funktionen (Spezialhandel, Büros, Dienstleistungen) im Stadtzentrum anzusiedeln und die Wohn- und Industrienutzung zu verdrängen. Alle diese Prozesse spielen sich im wesentlichen innerhalb des Kerns der Stadt, wie wir ihn oben beschrieben haben, ab. Der Zustrom von außen, der vom Umstrukturierungsprozeß in der Landwirtschaft[1] verursacht wird, trägt weiter zu einem raschen Wachstum der Städte, genauer der Stadtkerne, bei. Obwohl es auch in der Urbanisierungsphase zu Umverteilung der Bevölkerung und wirtschaftlicher Aktivitäten innerhalb der Stadtregion (FUR) kommt, ist sie geprägt vom starken Zustrom aus den ländlichen Gebieten und vom Wachstum vor allem des Kerns. Abbildung 8.2 stellt diese Situation schematisch dar.

8.2.2 Die Suburbanisierungsphase

Die Umverteilung der Bevölkerung von den Stadtteilen mit hoher Siedlungsdichte in jene mit niedriger, die oben bereits erwähnt wurde, verstärkt sich und wird schließlich zu einem Umverteilungsprozeß zwischen Kern und Ring (siehe Abb. 8.3). Der Ausbau der Verkehrswege ermöglicht es den Bewohnern, innerhalb vertretbarer Zeit das Stadtzentrum zu erreichen. Sie können sich daher in größerer Entfernung vom Stadtzentrum ansiedeln, wo größere Wohnflächen zu niedrigerem Preis verfügbar sind (vgl. Kap. 6). Besonders durch die Verbreitung des Autos und den Straßenausbau wird dieser Prozeß verstärkt. Da der Umstrukturierungsprozeß der Landwirtschaft relativ an Bedeutung verliert, beginnt die innerstädtische Umverteilung gegenüber dem Zustrom von außen zu überwiegen. Zwar wächst die Stadtregion auch weiterhin, vor allem aber nun im Ring und auf Kosten des Kerns.

---

[1] Dieser Umstrukturierungsprozeß hat zwei wichtige Komponenten, nämlich erstens den Rückgang des Anteils der Landwirtschaft an der Gesamtproduktion und zweitens die Mechanisierung der Landwirtschaft.

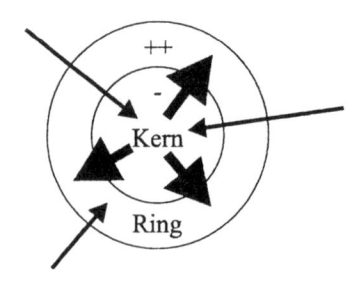

Abbildung 8.3: Die Suburbanisierungsphase.

Dem Auto kommt in dieser Phase des Stadtentwicklungsprozesses besondere Bedeutung zu. Erst seine Verbreitung als Massenverkehrsmittel und der Ausbau der Straßen ermöglicht es den Bewohnern der Stadt, sich im Ring anzusiedeln und dennoch die Vorteile der Stadt – Agglomerationsvorteile, Versorgungslage, Größe der Märkte – zu nutzen. Ähnliches gilt auch für Industriebetriebe. Jene, die größere Grundstücksflächen benötigen und nicht überwiegend auf die Agglomerationsvorteile des Kerns angewiesen sind, werden sich ebenfalls im Ring ansiedeln. Außerdem sind infolge der Bevölkerungsentwicklung im Ring nun auch einerseits Arbeitskräfte verfügbar und ist andererseits Nachfrage zu befriedigen. Die Suburbanisierung der Bevölkerung und der Betriebe gehen Hand in Hand vor sich. Es läßt sich nicht sagen, wer von beiden wem an den Stadtrand folgt.

Die größere Fläche der Stadt führt im allgemeinen dazu, daß längere Fahrtstrecken zurückgelegt werden. Damit steigt die Verkehrsbelastung und der Bedarf an Verkehrsflächen. Die in die Fläche wachsende Stadt kann nur schwer mit liniengebundenen öffentlichen Verkehrsmitteln versorgt werden, sodaß ein immer größerer Teil des Verkehrsaufkommens auf den Individualverkehr entfällt. Dieser ist allerdings wesentlich flächenintensiver und verursacht pro Personenkilometer[2] mehr Lärm und Abgase als der öffentliche Verkehr. Durch die Zunahme des Individualverkehrs und seiner negativen externen Effekte (siehe Kap. 5) sinkt die Wohnqualität weiter Teile der Stadt, wodurch noch mehr Menschen in den Ring abwandern.

Die Ausgaben für die Verkehrsinfrastruktur bedeuten eine starke Belastung für das Budget der Stadt. Da zugleich vor allem die einkommensstarken Bevölkerungsschichten in den Ring abwandern, geraten die Städte in der Suburbanisierungsphase häufig in Finanzierungskrisen. Dies gilt besonders für Städte in solchen Ländern, wo eine enge Kopplung zwischen lokalem

---

[2]Ein Personenkilometer ist ein Kilometer, den eine Person zurücklegt. Fährt ein Autobus mit 30 Fahrgästen einen Kilometer, so erbringt er eine Leistung von 30 Personenkilometer.

Steueraufkommen und lokalen Steuereinnahmen besteht.[3] Ein Charakteristikum der Suburbanisierungsphase ist, daß die Bevölkerungszahl im Kern stagniert oder schrumpft, während sie im Ring stark zunimmt. Da Kern und Ring meist verschiedene administrative Einheiten darstellen, müssen die Kernstädte häufig hochrangige Versorgungseinrichtungen für eine wachsende Bevölkerung (Kern + Ring) aus dem Steueraufkommen einer schrumpfenden Bevölkerung (Kern) finanzieren.

8.2.3 Die Desurbanisierungsphase

In der Desurbanisierungsphase verstärken sich die negativen Tendenzen der suburbanisierenden Stadt. Die chronische Finanzkrise zieht den Verfall der städtischen Versorgungseinrichtungen und der Infrastruktur nach sich. Die verstopften Straßen lassen die Erreichbarkeit des Kerns sinken, sodaß er einen Teil seiner Standortvorteile verliert. Im Ring sind infolge des Zustroms in der Suburbanisierungsphase die Nutzungsdichte und die Bodenpreise gestiegen. Der Ring bietet nur mehr wenig von den früheren Standortvorteilen – niedrige Bodenpreise, Freiflächen, Grünraum –, erreicht aber auch nicht die Agglomerationsvorteile des Kerns. Hauptkonkurrenten der Stadt um Bevölkerung und Wirtschaft werden damit die Mittelstädte im weiteren Umkreis. Sie bieten niedrigere Bodenpreise als der Kern der großen Städte und mehr Agglomerationsvorteile als der Ring. Außerdem sind in den Mittelstädten viele Aktivitäten – Wohnen, Arbeiten, Erholung, Einkaufen etc. – mit geringerem Aufwand erreichbar als in der großen Stadt, die überdies durch schnelle Verkehrsmittel wie Autobahnen und Schnellzugsverbindungen auch aus den Mittelstädten relativ gut erreichbar ist.

In der Desurbanisierungsphase kommt es damit nicht mehr nur zu einer Umverteilung von Bevölkerung und wirtschaftlichen Aktivitäten innerhalb der Stadt, sondern innerhalb des Städtesystems (siehe Abb. 8.4). Die gesamte Stadtregion verliert zugunsten der Mittelstädte. Während die Mittelstädte nun ihre Urbanisierungsphase erleben, stagniert der Ring und geht der Aktivitätenverlust im Kern weiter.

Für die Stadtpolitik ist die Desurbanisierungsphase mit einigen schwierigen Problemen verbunden. Neben den Kapazitätsengpässen im Verkehrssystem treten in anderen Bereichen Überkapazitäten auf, die die bereitgestellten Leistungen verteuern. Wegen des Verlustes an Arbeitsplätzen und der Verschlechterung der Sozialstruktur infolge der Abwanderung der Einkommensstarken, Gebildeten, Jungen aus dem Stadtkern kommt es zu Arbeitslosigkeit. Zwar stagnieren nun die Bodenpreise, wegen der ungünstigen Wirtschafts- und Sozialstruktur führt dies allerdings „nicht zu einer Zuwanderung sondern zu einem Rückgang der Investitionen und damit zu weiter

---

[3]In Österreich besteht keine derartige enge Kopplung. Hier werden die meisten Steuern vom Bund erhoben und im Finanzausgleich auf die lokale Ebene umverteilt.

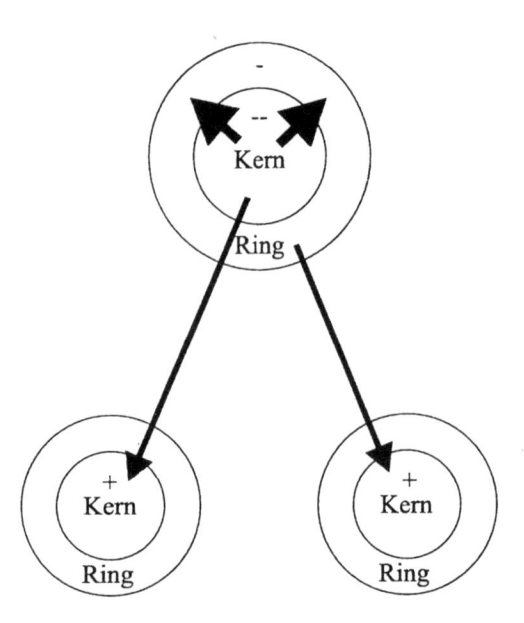

Abbildung 8.4: Die Desurbanisierungsphase.

um sich greifendem Verfall" (Maier, 1986). Private Investoren finden sich in der Situation des „Prisoner's Dilemma" (siehe Kap. 5), weil der Mangel an Investitionen in einem Gebiet auch ihre eigene Investition unrentabel macht.

8.2.4 Verfall oder Reurbanisierung?

Damit stellt sich die Frage, ob die Städte nach der Desurbanisierungsphase weiter verfallen, oder ob sie sich regenerieren und erneut an Attraktivität gewinnen können. Die letztere Möglichkeit würde bedeuten, daß die Stadt quasi wieder an den Anfang des Prozesses zurückkehrt und erneut in eine „Urbanisierungsphase" eintritt. Diese Hypothese wird in der Literatur häufig vertreten (vgl. van den Berg et al. 1982, 1987).

Theoretische Überlegungen und empirische Evidenz zeigen allerdings, daß die „Reurbanisierungsphase" keinesfalls eine Wiederholung der Urbanisierungsphase darstellt. Dadurch, daß die Stadt alle Entwicklungsphasen durchlaufen hat, steht ein möglicher Wachstumsprozeß am Ende der Desurbanisierungsphase vor völlig anderen strukturellen Voraussetzungen als am Beginn der Urbanisierung. Es besteht nicht mehr das große Reservoir an ländlicher Bevölkerung wie am Anfang des Urbanisierungsprozesses, vielmehr ist das gesamte Bevölkerungspotential nun stark städtisch geprägt.

Das natürliche Wachstum der Bevölkerung ist insbesondere in den entwickelten Volkswirtschaften Europas sehr gering. Ein Reurbanisierungsprozeß kann daher nur als Bevölkerungsumverteilung zwischen Städten stattfinden. Da die Mobilität der Bevölkerung, der Güter und Dienste sowie der Unternehmen im Zuge des Entwicklungsprozesses stark zugenommen hat, stehen die weiteren Entwicklungsprozesse der Städte in engem Zusammenhang. Die großen Städte Europas konkurrieren heute untereinander um wichtige wirtschaftliche Aktivitäten und sind sich dieser Konkurrenzsituation auch weitgehend bewußt. Sie versuchen, sich durch die Betonung ihrer Besonderheiten und Eigenarten von ihren Mitbewerbern abzuheben und sich so komparative Vorteile zu verschaffen. Zum Teil greifen Stadtverwaltungen dazu auch auf die Methoden des Marketing zurück („Citymarketing").

Zwar können viele Städte durch Verkehrsberuhigungsmaßnahmen, Ausbau öffentlicher Verkehrsmittel, Errichtung von Grünflächen und Fußgängerbereichen etc. an Attraktivität als Wohnstandort gewinnen, viele der Gründe, die in der Suburbanisierungs- und Desurbanisierungsphase dazu geführt haben, daß viele Stadtbewohner der Stadt den Rücken gekehrt haben, sind aber am Anfang einer möglichen Reurbanisierungsphase noch immer aktuell. Durch den wachsenden Pro-Kopf-Bedarf an Wohnfläche (einerseits durch höhere Durchschnittseinkommen, andererseits infolge abnehmender Familiengrößen) ist zentral gelegener Wohnraum weiterhin knapp und teuer. Die Verkehrs- und Umweltprobleme sind keineswegs gelöst. Aufgrund der hohen Mobilität, die sie sich im Zuge des Entwicklungsprozesses erworben haben, können die Stadtbewohner ihre Wohnstandorte innerhalb der funktionalen Stadtregion relativ ungehindert wählen. Eine Zuwanderung in den Kern der Stadt wird daher sehr selektiv erfolgen und kann nur jene Bevölkerungsgruppen erfassen, die eine besondere Präferenz für das Wohnen im Stadtzentrum aufweisen. Vor allem werden dies junge, kinderlose Personen sein, die eine Karriere in einer stark von positiven Agglomerationseffekten geprägten Tätigkeit (z.B. hochwertige Banktätigkeiten, Management, Informationsverarbeitung) verfolgen. Andere Bevölkerungsgruppen werden daneben weiterhin aus dem Kern der Stadt abwandern oder von den neu zuwandernden Gruppen verdrängt werden. Der Reurbanisierungsprozeß läßt daher eine weitere soziale Segregation in der Stadt erwarten.

8.3 Die Verschiebung der Entwicklungsphasen

Wir haben die Entwicklungsphasen vor allem als Stufen eines Entwicklungsprozesses dargestellt, den eine bestimmte Stadt durchläuft. Im Zusammenhang mit der Desurbanisierungsphase haben wir darauf hingewiesen, daß eine Umverteilung von Bevölkerung und Aktivitäten von der Großstadt zu den Mittelstädten in ihrem weiteren Umkreis erfolgt, sodaß die Mittelstädte eine Wachstumsphase ähnlich der Urbanisierungsphase der Großstadt erleben. Durch diesen Zusammenhang diffundiert der Entwicklungsprozeß von der Großstadt zu den Mittelstädten und letztlich wahrscheinlich durch das gesamte städtische System. Dabei ist klar, daß die Entwicklungsphasen auf anderen Ebenen des städtischen Systems nicht nach den genau gleichen Mustern ablaufen können, wie wir sie beschrieben haben. Der Grund liegt darin, daß einige wichtige Motoren des Prozesses, wie die Industrialisierung, die Entwicklung der Massenverkehrsmittel, der Einkommenszuwachs, in den übrigen Teilen des Stadtsystems nicht erst in der entsprechenden Entwicklungsphase wirksam werden.

Die europaweite empirische Analyse der Stadtentwicklung auf der Grundlage der Hypothesen des Phasenmodells hat einen interessanten Zusammenhang gezeigt. Die städtischen Entwicklungsphasen scheinen sich in Europa ähnlich auszubreiten wie die Industrialisierung. Während in den fünfziger und sechziger Jahren Suburbanisierung im wesentlichen auf Großbritannien und Belgien beschränkt war, hat sie Anfang der siebziger Jahre auf Mitteleuropa übergegriffen. Die Länder Südosteuropas erlebten zu dieser Zeit noch einen starken Urbanisierungsschub, während die Länder im Nordwesten des Kontinents und in Skandinavien sich mit den Problemen der Desurbanisierungsphase herumschlagen mußten.

In den späten siebziger Jahren verloren fast alle größeren Städte Westeuropas mit Ausnahme jener auf der iberischen Halbinsel an Bevölkerung. „Urban Decline" war zu einem praktisch europaweiten Phänomen geworden. Anfang der achtziger Jahre erlebten einzelne Städte erste Anzeichen einer möglichen Reurbanisierung. Auch dieser neue Trend begann wiederum im Nordwesten, in den Benelux-Staaten, Skandinavien und Nordfrankreich. Infolge der stärkeren Interdependenz des europäischen städtischen Systems hat der Reurbanisierungsprozeß und die damit verbundene Umkehr des Bevölkerungsverlustes am Anfang der neunziger Jahre fast alle Länder West- und Mitteleuropas erreicht. Da die Reurbanisierung vor allem einen Umverteilungsprozeß innerhalb des städtischen Systems darstellt, existieren innerhalb der einzelnen Länder nun wachsende und schrumpfende Städte nebeneinander. Die Reurbanisierung zeigt auch hierin ihren selektiven Charakter.

8.4 Zusammenfassung

In diesem Abschnitt haben wir uns mit einigen Überlegungen der Phasenmodelle der Stadtentwicklung auseinandergesetzt. Diese Modelle postulieren, daß Städte Entwicklungsphasen ähnlich dem Produktzyklus durchlaufen. Diese Phasen werden üblicherweise durch entsprechende Bevölkerungsveränderungen charakterisiert. In der Urbanisierungsphase, die eng mit der Industrialisierung verbunden ist, wachsen die Städte sehr rasch und erreichen hohe Siedlungsdichten. In der Suburbanisierungsphase breitet sich die

Stadt räumlich stärker aus und das Bevölkerungswachstum ereignet sich vor allem im Stadtumland, im Ring.

In der Desurbanisierungsphase nehmen die inneren Probleme der Stadt überhand und die Bevölkerung beginnt zunehmend von den größeren Städten in Mittelstädte abzuwandern. Die Interdependenzen innerhalb des städtischen Systems gewinnen mehr und mehr an Bedeutung. Dies zeigt sich auch in der Reurbanisierungsphase, die für einige Städte wiederum ein sozial selektives Bevölkerungswachstum mit sich bringt.

8.5 Übungsaufgaben und Kontrollfragen

1. *Vergleichen Sie die räumliche Struktur des Phasenmodells der Stadtentwicklung mit jener der Zentrale-Orte-Theorie und jener der Theorie der Stadtsysteme.*
2. *Welche Probleme treten im Zusammenhang mit der funktionalen Stadtregion und ihrer Teilgebiete auf?*
3. *Charakterisieren Sie die wichtigsten Entwicklungsprozesse, die zur Urbanisierungsphase führen.*
4. *Beschreiben Sie einige wesentliche Merkmale der Suburbanisierungsphase.*
5. *Welche Probleme treten für die Stadtverwaltung in der Desurbanisierungsphase typischerweise auf?*
6. *Vergleichen Sie die Urbanisierungs- und die Reurbanisierungsphase der Stadtentwicklung.*

Literatur

Aglietta, M., 1979. *A Theory of Capitalist Regulation*, London: New Left Books.

Aiginger, K., G. Tichy, 1985. *Die Größe der Kleinen. Die überraschenden Erfolge kleiner und mittlerer Unternehmungen in den achtziger Jahren*, Wien, Signum.

Aldrich, H.E., 1979. *Organizations and Environments*, Englewood Cliffs: Prentice Hall.

Alonso, W., 1964. *Location and Land Use*, Cambridge: Harvard University Press.

Alonso, W., 1971. The Economics of Urban Size, *Papers of the Regional Science Association*, Nr. 26, S. 67-83.

Alonso, W., 1975. Standorttheorie, in: Barnbock, J. (Hrsg.): *Materialien zur Ökonomie der Standortplanung*, Braunschweig: Vieweg.

Altzinger, W., G. Maier, J. Fidrmuc, 1998. Cross-Border Development in the Vienna/Bratislava Region: A Review, in: Graute, U. (Hrsg.): *Sustainable Development for Central and Eastern Europe: Spatial Development in the European Context*, Berlin: Springer.

Amin, A., A. Malmberg, P. Maskell, 1991. Structural Change and the Geography of Production in Europe, *RURE Working Paper*, WG/1.

Arrow, K.J., 1951. *Social Choice and Individual Values*, New York: Wiley.

Averitt, R.T., 1968. *The Dual Economy: The Dynamics of American Industry*, New York: Norton.

Aydalot, P., D. Keeble, 1988. High Technology Industry and Innovative Environments in Europe: an Overview, in: Aydalot, P., D. Keeble (Hrsg.): *High Technology Industry and Innovative Environments: The European Experience*, London: Routledge.

Bachtler, J., R. Downes, G. Gorzelak (Hrsg.), 2000. *Transition, Cohesion and Regional Policy in Central and Eastern Europe*, Aldershot: Ashgate.

Bade, F.J., 1979. Funktionale Aspekte der regionalen Wirtschaftsstruktur, *Raumforschung und Raumordnung*, Jg. 37, S. 253-268.

Beckmann, H.J., J.-F. Thisse, 1986. The Location of Production Activities, in: *Handbook of Regional and Urban Economics*, vol. 1, Amsterdam: Elsevier Science Publishers B.V.

Bergman, E., G. Maier, F. Tödtling (Hrsg.), 1991. *Regions Reconsidered: Economic Networks, Innovation and Local Development in Industrialized Countries*, London: Mansell.
Berry, B.J.L., 1961. City Size Distributions and Economic Development, *Economic Development and Cultural Change*, Jg. 9, S. 573-587.
Bobek, H., M. Fesl, 1978. *Das System der zentralen Orte Österreichs: eine empirische Untersuchung*, Wien: Böhlau.
Böventer, E. von, J. Hampe, 1988. *Ökonomische Grundlagen der Stadtplanung: Eine Einführung in die Stadtökonomie*, Hannover: Verlag der Akademie für Raumforschung und Landesplanung.
Bourne, L.S., 1975. *Urban Systems: Strategies for Regulation: A Comparison of Policies in Britain, Sweden, Australia, and Canada*, Oxford: Clarendon Press.
Boyce, R.R., A.F. Williams, 1979. *The Bases of Economic Geography*, Eastbourne: Holt, Rinehart and Winston Ltd.
Breheney, M.J., R. MacQuaid, 1987. HTUK: The Development of the UK's Major Centre of High Technology Industry, in: Breheney, M.J., R. MacQuaid (Hrsg.): *The Development of High Technology Industry: An International Survey*, London: Croom Helm.
Brown, A.A., E. Neuberger, (Hrsg.), 1977. *Internal Migration: A Comparative Perspective*, New York: Academic Press.
Brusco, S., 1986. Small Firms and Industrial Districts: The Experience of Italy, in: Keeble, D., E. Wever (Hrsg.): *New Firms and Regional Development in Europe*, London: Croom Helm.
Button, K.J., 1976. *Urban Economics: Theory and Policy*, London: Macmillan.
Camagni, R., 1988. Functional Integration and Locational Shifts in New Technology Industry, in: Aydalot, P., D. Keeble (Hrsg.): *High Technology Industry and Innovative Environments: The European Experience*, London: Routledge.
Camagni, R., 1991. *Space, Networks and Technical Change: An Evolutionary Approach*, GREMI, London: Belhaven.
Carlino, G.A., 1978. *Economies of Scale in Manufacturing Location*, Leiden: Martinus Nijhoff.
Castells, M., 1989. *The Informational City: Information Technology, Economic Restructuring, and the Urban-Regional Process*, Oxford: Blackwell.
Chapman, K., R. Walker, 1988. *Industrial Location: Principles and Policies*, Oxford: Blackwell.
Chinitz, B., 1961. Contrasts in Agglomeration: New York and Pittsburgh, *American Economic Revue*, Papers and Proceedings Supplement.
Clark, C., 1945. The Economic Function of a City in Relation to Its Size, *Econometrica*.

Cooke, P., 1988. Flexible Integration, Scope Economies, and Strategic Alliances: Social and Spatial Meditations, *Environment and Planning D: Society and Space*, Jg. 6, S. 281-300.

Coombes, M., R. Dalla Longa, S. Raybould, 1989. Counterurbanisation in Britain and Italy: A Comparative Critique of the Concept, Causation and Evidence. *Progress in Planning*, Jg. 32, S. 1-70.

Deiters, J., 1978. *Zur empirischen Überprüfbarkeit der Theorie der zentralen Orte: Fallstudie Westerwald*, Arbeiten zur Rheinischen Landeskunde, Bonn.

Dendrinos, D.S., 1990. *Chaos and Socio-Spatial Dynamics*, New York: Springer.

Doeringer, P.B., M.J. Piore, 1971. *Internal Labour Markets and Manpower Analysis*, Lexington: Lexington Books.

Dunn, E.S. jr., 1954. The Equilibrium of Land-Use Patterns in Agriculture, *Southern Economic Journal*, Jg. 21, S. 173-187.

Erickson, R.A., Th.R. Leinbach, 1979. Characteristics of Branch Plants Attracted to Nonmetropolitain Areas, in: Lonsdale, R.E., H.L. Seyler (Hrsg.): *Nonmetropolitain Industrialization*, London: Wiley.

Ewers, H.J., M. Fritsch, 1987. Die räumliche Verbreitung von computergestützten Techniken in der Bundesrepublik Deutschland, *Diskussionspapier 120*, Wirtschaftswissenschaftliche Dokumentation, TU Berlin.

Ewers, H.J., M. Fritsch, J. Kleine, 1984. Regionale Entwicklung durch Förderung kleiner und mittlerer Unternehmen, *Schriftenreihe 06 Raumordnung des Bundesministers für Raumordnung, Bauwesen und Städtebau*, Bonn.

Ewers, H.J., R. Wettmann, J. Kleine, N. Krist und F.J. Bade, 1980. Innovationsorientierte Regionalpolitik, *Schriftenreihe des Bundesministers für Raumordnung, Bauwesen und Städtebau*, Nr. 6.042, Bonn-Bad Godesberg.

Fesl, M., H. Bobek, 1983. *Zentrale Orte Österreichs II*, Wien: Verlag der österreichischen Akademie der Wissenschaften.

Freeman, C., 1986, The Role of Technical Change in National Economic Development. In: Amin, A., J.B. Goddard (Hrsg.): *Technological Change, Industrial Restructuring and Regional Development*, London: Allen & Unwin.

Frey, R.L., 1978. Infrastruktur, in: Albers, W., et al. (Hrsg.), *Handwörterbuch der Wirtschaftswissenschaften*, Bd. 4, S. 200-214, Stuttgart: G. Fischer, Tübingen: Mohr, Göttingen: Vandenhoek und Ruprecht.

Friedrichs, J. (Hrsg.), 1985. *Stadtentwicklungen in West- und Osteuropa*, Berlin: de Gruyter.

Fröbel, F., J. Heinrichs, O. Kreye, 1977. *Die neue internationale Arbeitsteilung*, Reinbek bei Hamburg: Rowohlt.

Fröbel, F., J. Heinrichs, O. Kreye, 1986. *Umbruch in der Weltwirtschaft*, Reinbek bei Hamburg: Rowohlt.

Furlong, W.H., G.A. Slotsve, 1983. "Will That Be Pickup or Delivery?" An Alternative Spatial Pricing Strategy, *Bell Journal of Economics*, Jg. 14, S. 221-274.

Fürst, D., K. Zimmermann, 1973. *Standortwahl industrieller Unternehmen: Ergebnisse einer Unternehmensbefragung*, Köln: Gesellschaft für Regionale Strukturentwicklung.

Garofoli, G. 1991. Local Networks, Innovation and Policies in Italian Industrial Districts, in: Bergman, E., G. Maier, F. Tödtling (Hrsg.): *Regions Reconsidered. Economic Networks, Innovation, and Local Development in Industrial Countries*, London: Mansell.

Glatz, H., H. Moser, 1988. Innovationsorientierte Regionalpolitik – eine Strategie für alte Industriegebiete? *Wirtschaft und Gesellschaft* Nr. 2/88, S. 197-226.

Glatz, H., H. Moser, 1989, Ausländische Direktinvestitionen in der österreichischen Industrie – Auswirkungen auf Beschäftigung, Wachstum und Wettbewerbsfähigkeit. Campus Forschung Bd. 588, Frankfurt: Campus.

Gleick, J., 1987. *Chaos: Making a New Science*, New York: Viking.

Goddard, J.B., 1975. Organizational Information Flows and the Urban System, in: Swain, H., R.D. MacKinnon (Hrsg.): *Issues in the Management of Urban Systems*, Laxenburg: International Institute for Applied Systems Analysis.

Grabher, G., 1988. *De-Industrialisierung oder Neo-Industrialisierung? Innovationsprozesse und Innovationspolitik in traditionellen Industrieregionen*, Wissenschaftszentrum Berlin für Sozialforschung, Berlin: Edition Sigma.

Grabher, G., 1991. Rebuilding Cathedrals in the Desert: New Patterns of Cooperation between Large and Small Firms in the Coal, Iron and Steel Complex of the German Ruhr Area, in: Bergman, E.M., G. Maier, F. Tödtling (Hrsg.): *Regions Reconsidered: Networks, Innovation, and Local Development in Industrialized Countries*, London: Mansell.

Gravelle, H., R. Rees, 1981. *Microeconomics*, London: Longman.

Green, H.A.J., 1976. *Consumer Theory*, revised edition, London: Macmillan.

Greenhut, M.L., 1956. *Plant Location and Practice*, Chapel Hill, N.C.: University of North Carolina Press.

Greenhut, M.L., G. Norman, C.-S. Hung, 1987. *The Economics of Imperfect Competition. A Spatial Approach*, Cambridge: Cambridge University Press.

Greenwood, M., 1975. Research on Internal Migration in the United States: A Survey, *Journal of Economic Literature*, No. 8, S. 397-433.

Greenwood, M., 1985. Human Migration: Theory, Models, and Empirical Studies, *Jounal of Regional Science*, Jg. 25, No. 4, S. 521-544.

Hall, P., 1985. The Geography of the Fifth Kontratieff, in: Hall, P., A. Markusen (Hrsg.): *Silicon Landscapes*. London: Allen & Unwin.

Hall, P., 1988. *Cities of Tomorrow*, Oxford: Basil Blackwell.

Hall, P., A. Markusen (Hrsg.), 1985. *Silicon Landscapes*, London: Longman.

Hansen, N., 1972. Criteria for a Growth Centre Policy, in: Kuklinsky, A. (Hrsg.): *Growth Poles and Growth Centres in Regional Planning*, The Hague: Mouton.

Harvey, D., 1990. *Growth Centres in Regional Planning*, The Hague: Mouton.

Healey, M.J., B.W. Ilbery, 1990. *Location and Change: Perspectives of Economic Geography*, New York: Oxford University Press.

Heinritz, G., 1979. *Zentralität und zentrale Orte*, Stuttgart: B.G. Teubner.

Herbert, D.T., C.J. Thomas, 1990. *Cities in Space: City as Place*, London: David Fulton Publishers.

Hey, J.D., P.J. Lambert (Hrsg.), 1987. *Surveys in the Economics of Uncertainty*, Oxford: Blackwell.

Hinder, A., 1979. Modelle, in: Jöhr, W.A. (Hrsg.): *Einführung in die Wissenschaftstheorie für Nationalökonomen*, Band 1, St. Gallen: Verlag Wilhelm Surbir, S. 65-82.

Hirsch, S., 1967. *Location of Industry and International Competitiveness*, Oxford: Clarendon Press.

Hirsch, W.Z., 1959. Expenditure Implications of Metropolitan Growth and Consolidation, *Review of Economics and Statistics*, Jg. 41.

Holms, J., 1986. The Organization and Locational Structure of Production Subcontracting, in: Scott, A.J., M. Storper (Hrsg.): *Production, Work, Territory – The Geographical Anatomy of Industrial Capitalism*, Winchester: Allen & Unwin.

Hoover, E.M., 1948. *The Location of Economic Activity*, New York: McGraw-Hill.

Hoover, E.M., 1971. *An Introduction to Regional Economics*, New York: Knopf.

Hotelling, H., 1929. Stability in Competition, *Economic Journal*, Jg. 39, S. 41-57.

Howells, J., 1984. The Location of Research and Development: Some Observations and Evidence from Britain, *Regional Studies*, Vol. 18, S. 13-29.

Hymer, St., 1972. *Multinationale Unternehmen und das Gesetz der ungleichen Entwicklung*, in: Senghaas, D. (Hrsg.): *Imperialismus und strukturelle Gewalt – Analysen über abhängige Reproduktion*, Frankfurt am Main: Suhrkamp.

Johansson, B., 1991. Economic Networks and Self Organization, in: Bergman, E.M., G. Maier, F. Tödtling (Hrsg.): *Regions Reconsidered: Networks, Innovation, and Local Development in Industrialized Countries*, London: Mansell.

Johnson, D.B., 1987. The West Edmonton Mall – from Super-regional to Mega-regional Shopping Centre, *International Journal of Retailing*, Jg. 2, S. 53-69.

Johnson, J.H., J. Salt, 1990. *Labour Migration. The Internal Geographical Mobility of Labour in the Developed World*, London: David Fulton Publishers.

Kaniak, J., 1982. Tendenzen der Veränderung zentralörtlicher Strukturen in peripheren Gebieten Österreichs 1959-1977, *IIR-Forschung*, Nr. 5, Interdisziplinäres Institut für Raumordnung, Stadt- und Regionalentwicklung, Wirtschaftsuniversität Wien.

Keeble, D., E. Wever (Hrsg.), 1986. *New Firms and Regional Development in Europe*. London: Croom Helm.

Klaus G., M. Buhr (Hrsg.), 1975. *Philosophisches Wörterbuch*, 11. Auflage, Leipzig.

Leinfellner, W., 1965. *Einführung in die Erkenntnis- und Wissenschaftstheorie*, Mannheim: Bibliographisches Institut.

Lipietz, A., 1986. New Tendencies in the International Division of Labor: Regimes of Accumulation and Modes of Regulation, in: Scott, A.J., M. Storper (Hrsg.): *Production, Work, Territory: The Geographical Anatomy of Industrial Capitalism*, London: Allen & Unwin.

Lippman, S.A., J.J. McCall, 1979. *Studies in the Economics of Search*, Amsterdam: North Holland.

Lösch, A., 1938. The Nature of Economic Regions, *Southern Economic Journal*, Jg. 5, S. 71-78.

Lösch, A., 1962. *Die räumliche Ordnung der Wirtschaft*, 3. Auflage, Stuttgart: G. Fischer.

Luce, R.D., H. Raiffa, 1957. *Games and Decisions: Introduction and Critical Survey*, New York: Wiley.

Luger, M., H. Goldstein, 1989. *Research Parks as Public Investment – A Critical Assessment*, IIR-Discussion, Nr. 41, Interdisziplinäres Institut für Raumordnung, Stadt- und Regionalentwicklung, Wirtschaftsuniversität Wien.

Luger, M., H. Goldstein, 1991. *Technology in the Garden: Research Parks and Regional Economic Development*, Chapel Hill, N.C.: The University of North Carolina Press.

Lynch, K., 1981. *A Theory of Good City Form*, Cambridge, Mass.: MIT Press.

Maier, G., 1986. *Analyse der Bevölkerungsdynamik in städtischen Agglomerationen mithilfe eines mikroökonomischen Migrationsansatzes und*

eine empirisch-ökonometrische Fallstudie, unveröffentlichte Dissertation, Wirtschaftsuniversität Wien.
Maier, G., 1995. *Spatial Search: Structure, Complexity, and Implications*, Heidelberg: Physica.
Maier, G., F. Tödtling, 1985. International Division of Labor and Industrial Change in Austrian Regions, in: Muegge, H., W. Stöhr (Hrsg.): *International Economic Restructuring and the Regional Community*, Vienna: UNIDO.
Maier, G., F. Tödtling, 1987. International Division of Labor and Industrial Change in Austrian Regions, in: Muegge, H., W. Stöhr (Hrsg.): *International Economic Restructuring and the Regional Community*, Aldershot: Gower.
Maier, G., P. Weiss, 1991. Segmentation, Mobility, and the Spatial Distribution of Activities, *Labour*, Jg. 5, S. 3-22.
Maillat, D., 1988. Small and Medium Sized Enterprises, Innovation and Territorial Development, *Paper presented at the European Summer Institute of the RSA*, Arco, Juli 1988.
Maillat, D., 1991. The Innovation Process and the Role of the Milieu, in: Bergman E., G. Maier, F. Tödtling (Hrsg.): *Regions Reconsidered. Economic Networks, Innovation, and Local Development in Industrialized Countries*, London: Mansell.
Malecki, E.J., 1980. Corporate Organisation of R&D and the Location of Technological Activities, *Regional Studies*, Jg. 14, S. 219-234.
Malecki, E.J., 1983. Technology and Regional Development: A Survey, *International Regional Science Review*, No. 50/3, 1984, S. 262-269.
Malmberg, B., 1990. The Effects of External Ownership: A Study of Linkages and Branch Plant Location. *Geografiska Regionstudier*, Nr. 24, Uppsala.
Malsch, Th., R. Seltz (Hrsg.), 1987. *Die neuen Produktionskonzepte auf dem Prüfstand – Beiträge zur Entwicklung der Industriearbeit*, WZB Arbeitspolitik, Berlin: Edition Sigma.
March, J.G., H.A. Simon, 1958. *Organizations*, New York: Wiley.
Markusen, A.R., 1985. *Profit Cycles, Oligopoly and Regional Development*, Cambridge, Mass.: MIT Press.
Marshall, A., 1920. *Principles of Economics*, London: Macmillan.
Marshall, M., 1987. *Long Waves of Regional Development*, London: Macmillan.
Massey, D., 1979. In What Sense A Regional Problem? *Regional Studies*, Jg. 13, S. 223-243.
Massey, D., 1984. *Spatial Divisions of Labor: Social Structures and the Geography of Production*, London: Macmillan.
Massey, D., R. Meegan, 1982. *The Anatomy of Job Loss*, London: Methuen.

Matthiessen, C.W., P. Strohmayer, 1992. *Innovation and Population Dynamics as a Multilevel Process*, Aldershot: Gower.
McDermott, Ph., M. Taylor, 1982. *Industrial Organisation and Location*, Cambridge: Cambridge University Press.
Medvedkov, O., 1990. *Soviet Urbanization*, London: Routledge.
Mishan, E.J., 1982. *Cost-Benefit Analysis*, 3rd edition, London: Allen & Unwin.
Morrill, R.L., 1970. *The Spatial Organization of Society*, Belmont: Wadsworth.
Moseley, M., 1974. *Growth Centres in Spatial Planning*, Oxford: Pergamon.
Nelson, R.R., S.G. Winter, 1982. *An Evolutionary Theory of Economic Change*, Cambridge: Harvard University Press.
Norton, R.D., J. Rees, 1979. The Product Cycle and the Spatial Decentralisation of American Manufacturing, *Regional Studies*, Jg. 13, S. 141-151.
Nowotny, E., 1987. *Der öffentliche Sektor, Einführung in die Finanzwissenschaft*, Berlin: Springer.
Noyelle, Th., Th.M. Stanback, 1984. *The Economic Transformation of American Cities*, LandMark Studies, Totowa: Rowman & Allanheld.
Österreichische Raumordnungskonferenz, 1989. Volkswirtschaftliche Gesamtrechnung nach Bezirken, *Schriftenreihe der Österreichischen Raumordnungskonferenz*, Nr. 72, Wien.
Österreichische Raumordnungskonferenz, 1990. Sechster Raumordnungsbericht, *Schriftenreihe der Österreichischen Raumordnungskonferenz*, Nr. 85, Wien.
Österreichische Raumordnungskonferenz, 1996. Achter Raumordnungsbericht, *Schriftenreihe der Österreichischen Raumordnungskonferenz*, Nr. 128, Wien.
Opp, K.-D., 1973. *Methodologie der Sozialwissenschaften: Einführung in Probleme ihrer Theorienbildung*, Reinbek bei Hamburg: Rowohlt.
Perrin, J.C., 1988. New Technologies, Local Synergies and Regional Policies in Europe, in: Aydalot, P., D. Keeble (Hrsg.): *High Technology Industry and Innovative Environments: The European Experience*, London: Routledge.
Petrakos, G., G. Maier, G. Gorzelak (Hrsg.), 2000. *Integration and Transition in Europe: the Economic Geography of Interaction*, London: Routledge.
Phlips, L., 1983. *The Economics of Price Discrimination*, Cambridge: Cambridge University Press.
Phlips, L., 1989. *The Economics of Imperfect Information*, Cambridge: Cambridge University Press.
Porter, M.E., 1983. *Wettbewerbsstrategie – Methoden zur Analyse von Branchen und Konkurrenten*, Frankfurt: Campus.

Pred, A., 1972. *Behaviour and Location: Foundations for a Geographic and Dynamic Theory: Part 1*, Lund: Lund Studies in Geography B, Nr. 27, University of Lund.

Pred, A., 1977. *City-Systems in Advanced Economics*, London: Hutchinson.

Richardson, H.W., 1973. Theory of the Distribution of City Sizes: Review and Prospects, *Regional Studies*, Jg. 7, S. 239-251.

Richardson, H.W., 1977. *The New Urban Economics: And Alternatives*, London: Pion.

Sabel, C., M. Piore, 1984. *The Second Industrial Divide*, New York: Basic Books.

Samuelson, P.A., 1983. Thünen at Two Hundred, *Journal of Economic Literature*, Jg. 21, S. 1468-1488.

Schackmann-Fallis, K.P., 1985. *Externe Abhängigkeit und regionale Entwicklung*, Berlin: Quorum Verlag.

Schätzl, L., 1988. *Wirtschaftsgeographie 1*, 3. Auflage, Paderborn: Schöningh.

Schmenner, R.W., 1982. *Making Business Location Decisions*, Englewood Cliffs: Prentice Hall.

Schofield, J.A., 1987. *Cost-Benefit Analysis in Urban and Regional Planning*, London: Allen & Unwin.

Schumpeter, J., 1935. *Theorie der wirtschaftlichen Entwicklung: eine Untersuchung über Unternehmergewinn, Kapital, Kredit, Zins und den Konjunkturzyklus*, München und Leipzig, Duncker & Humblot (erste Auflage: 1911).

Schwarz, G., 1979. Theorie, in Jöhr, W.A., *Einführung in die Wissenschaftstheorie für Nationalökonomen*, Band 1, St. Gallen: Verlag Wilhelm Surbir, S. 83-98.

Scott, A., 1982. Locational Patterns and Dynamics of Industrial Activity in the Modern Metropolis. *Urban Studies*, Jg. 19, S. 111-142.

Scott, A.J., 1988. *New Industrial Spaces: Flexible Production Organization and Regional Development*, London: Pion.

Seiffert, H., 1972. *Einführung in die Wissenschaftstheorie 2*, 4. Auflage, München: Beck.

Sheppard, E., G. Maier, F. Tödtling, 1989. Economic Restructuring and the Geography of Corporate Control: Austria 1973-1981, *Economic Geography*, Jg. 66, S. 1-21.

Shutt, J., R. Whittington, 1987. Fragmentation Strategies and the Rise of Small Units: Cases from the North West, *Regional Studies*, Jg. 21, S. 13-23.

Smith, D.M., 1971. *Industrial Location*, New York: Wiley.

Stanback, Th.M., T.J. Noyelle, 1982. *Cities in Transition – Changing Job Structures in Atlanta, Denver, Buffalo, Phoenix, Columbus, Nashville, Charlotte*, LandMark Studies, Totowa: Allanheld, Osmun & Co. Publishers.

Steward, J.Q., 1947. Empirical Mathematical Rules Concerning the Distribution and Equilibrium of Population, *Geographical Review*, Jg. 37, S. 461-485.

Stiglbauer, K., 1985. Grundzüge der räumlichen Entwicklung in der Republik Österreich, in: Bodzenta, E., H. Seidel, K. Stiglbauer (Hrsg.): *Österreich im Wandel: Gesellschaft, Wirtschaft, Raum*, Wien: Springer.

Stillwell, J., P. Congdon, 1991. *Modelling Migration: Macro and Micro Perspectives*, London: Belhaven Press.

Stöhr, W.B., 1982. Regionale Wirtschaftspolitik, in: Abele, H., E. Nowotny, S. Schleicher, G. Winckler (Hrsg.): *Handbuch der österreichischen Wirtschaftspolitik*, Wien: Manz.

Stöhr, W.B., 1985. Selective Self-Reliance and Endogenous Regional Development: Preconditions and Constraints, in: Nohlen D., R.O. Schultze (Hrsg.): *Ungleiche Entwicklung und Regionalpolitik in Südeuropa; Italien, Spanien, Portugal*, Bochum: Brockmeyer.

Stöhr, W.B., 1987. Regional Innovative Complexes, *Papers of the Regional Science Association*, Nr. 59

Stöhr, W.B., R. Pöninghaus, 1991. The Effect of New Technological and Organisational Infrastructure on Urban and Regional Development: The Case of the Japanese Technopolis Policy, *IIR-Discussion*, Nr. 45, Interdisziplinäres Institut für Raumordnung, Stadt- und Regionalentwicklung, Wirtschaftsuniversität Wien.

Storey, D.J., 1982. *Entrepreneurship and the New Firm*, London: Croom Helm.

Storper, M., 1986. Technology and New Regional Growth Complexes: The Economics of Discontinuous Spatial Development, in: Nijkamp, P. (Hrsg.): *Technological Change and Spatial Dynamics*, Berlin: Springer.

Storper, M., R. Walker, 1983. The Theory of Labour and the Theory of Location, *International Journal of Urban and Regional Research*, No. 7, S. 1-43.

Storper, M., R. Walker, 1984. The Spatial Division of Labour: Labour and the Location of Industries, in: Sawers, L., W.K. Tabb, (Hrsg.): *Sunbelt/Snowbelt: Urban Development and Regional Restructuring*, Oxford: Oxford University Press.

Storper, M., R. Walker, 1989. *The Capitalist Imperative: Territory, Technology and Industrial Growth*, Oxford: Blackwell.

Suarez-Villa, L., 1983. Dynamics of Manufacturing and the Theory of Location, unpublished paper, University of California, Irvine.
Sweeney, G., 1987. *Innovation, Entrepreneurs and Regional Development*, New York: St. Martin's Press.
Taylor, M., 1987. Technological Change and the Business Enterprise, in: Brotchie, J.F., P. Hall, P.W. Newton (Hrsg.): *The Spatial Impact of Technological Change*, London: Croom Helm.
Taylor, M., N. Thrift, 1983. Business Organization, Segmentation and Location, *Regional Studies*, Jg. 17, S. 445-465.
Thünen, J.H. von, 1826. *Der isolierte Staat in Beziehung auf Landwirtschaft und Nationalökonomie*, Hamburg.
Thompson, W.R., 1969. The Economic Base of Urban Policies, in: Chamberlain, N.W. (Hrsg.): *Contemporary Economic Issues*, Homewood: Irwin.
Thwaites, A., R. Oakey, 1985. *The Regional Economic Impact of Technological Change*, London: Francis Pinter.
Tichy, G., 1985. Is the Product Cycle Obsolete? *Research Memorandum 8502*, Nationalökonomische Institute, Universität Graz.
Tichy, G., 1987. A Sketch of a Probabilistic Modification of the Product Cycle Hypothesis to Explain the Problems of Old Industrial Areas. In: Muegge, H., W.B. Stöhr (Hrsg.): *International Economic Restructuring and the Regional Community*, Aldershot: Gower.
Tödtling, F., 1983. *Organisatorischer Status von Betrieben und Arbeitsplatzqualität in peripheren und entwicklungsschwachen Gebieten Österreichs*, Wien: Verband der wissenschaftlichen Gesellschaften Österreichs.
Tödtling, F., 1990. *Räumliche Differenzierung betrieblicher Innovation - Erklärungsansätze und empirische Befunde für österreichische Regionen*, Berlin: Edition Sigma.
Tödtling F., H. Tödtling-Schönhofer, 1990. Innovations- und Technologietransferzentren als Instrumente einer regionalen Industriepolitik, *Schriftenreihe der Österreichischen Raumordnungskonferenz*, Nr. 81, Wien.
Törnqvist, G., A. Pred, 1973. *System of Cities and Information Flows*, Lund Studies in Geography, Series B, Nr. 38.
Utterback, J.M., 1979. The Dynamics of Product and Process Innovation in Industry, In: Hill, Ch.T., J.M. Utterback (Hrsg.): *Technological Innovation for a Dynamic Economy*, New York: Pergamon Press.
van den Berg, L., L.S. Burns, L.H. Klaassen, 1987. *Spatial Cycles*, Aldershot: Gower.
van den Berg, L., R. Drewett, L.H. Klaassen, A. Rossi, C.H.T. Vijverberg, 1982. *Urban Europe: A Study of Growth and Decline*, Oxford: Pergamon Press.

Vanhove, N., L.H. Klaassen, 1987. *Regional Policy: A European Approach*, Aldershot: Avebury.

Vernon, R., 1966. International Investment and International Trade in the Product Cycle, *Quarterly Journal of Economics*, Jg. 80.

Walker, R., 1985. Class, Division of Labour and Employment in Space, in: Gregory D., J. Urry (Hrsg.): *Social Relations and Spatial Structures*, London: Macmillan.

Watts, H.D., 1980. *The Large Industrial Enterprise: Some Spatial Perspectives*, London: Croom Helm.

Watts, H.D., 1981. *The Branch Plant Economy*, London: Longman.

Watts, H.D., 1987. *Industrial Geography*, Harlow: Longman.

Watts, H.D., H.A. Stafford, 1986. Plant Closure and the Multiplant Firm: Some Conceptual Issues, *Progress in Human Geography*, Jg. 10, S. 206-227.

Webber, M.J., 1972. *Impact of Uncertainty on Location*, Cambridge, Mass.: MIT Press.

Weber, A., 1909. *Über den Standort der Industrien*, Tübingen.

Westaway, J., 1974. The Spatial Hierarchy of Business Organisations and its Implications for the British Urban System. *Regional Studies*, Jg. 8, S. 145-155.

White, P., 1984. *The West European City: A Social Geography*, London: Longman.

Whitehand, J.W.R., 1987. *The Changing Face of Cities: A Study of Development Cycles and Urban Form*, Oxford: Blackwell

Whittington, R.C., 1984. Regional Bias in New Firm Foundation in the United Kingdom, *Regional Studies*, Jg. 18, S. 253-255.

Williamson, O., 1985. *The Economic Institutions of Capitalism*, New York: The Free Press.

Zagare, F.C., 1984. *Game Theory: Concepts and Applications*, Quantitative Applications in the Social Sciences, Nr. 41, Beverly Hills, Calif.: Sage.

Zimmermann, H., K.-D. Henke, 1987. *Einführung in die Finanzwissenschaft*, München: Vahlen.

Zipf, G.K., 1949. *Human Behavior and the Principle of Least Effort*, Reading: Addison Wesley.

Namen- und Sachverzeichnis

Abfolge der Nutzungszonen, 132
Abgaben, 12
Abgrenzung von Städten, 159
Absatzmarkt, 21, 48, 50, 103
Abwanderung, 7
Ab-Werk-Preis, 61, 62
Agglomeration, 6, 39, 91
  Agglomerationseffekte, 9, 108, 141, 154, 156
  Agglomerationsfaktoren, 40
  Agglomerationsvorteile, 27, 43, 86, 169
Aglietta, M., 81
Agrargebiete, 155
Aiginger K., 83
Aldrich, H.E., 30
Alonso W., 133, 134
alte Industriegebiete, 38, 78, 84, 92, 113
Alterungsprozeß, 88
Altzinger, W., 78
Amin, A., 82
Anstieg des Einkommens, 140
Arbeitskräfte, 23, 41
Arbeitslosigkeit, 7
Arbeitsteilung, 75, 77
Arrow, K., 119
Außenhandelspolitik, 14
Auswahlmechanismus, 139
Autobahnen, 13
Autohändler, 107
Automatisierung, 91
Automobil, 171
Automobilindustrie, 39, 106, 111
Automobil-Zulieferindustrie, 107
Averitt, R.T., 74
Aydalot, P., 83, 97

Bachtler, J., 78
Bade, F.J., 75, 77
Baden-Württemberg, 86, 97
Ballungoptimum, 114
Bauwirtschaft, 56, 105
Beckmann, H.J., 61, 62, 67
behaviouristische Standorttheorie, 8, 18, 28
Bekleidungsindustrie, 39
Bergbau, 39, 104
Bergman, E.M., 85, 99
Berry, B.J.L., 158
Beschaffungsmarkt, 21, 48, 50, 103
Betriebe, 13
Betriebsverlagerung, 35
Bevölkerungsdichte, 1
Biotechnik, 40
Bobek, H., 155
bodenintensive Branchen, 39
Bodennutzungstheorie, 9
Bodenpreise, 114, 131, 136, 140
Bodenqualität, 133
Bourne, L.S., 160, 161, 162, 163
Boutiquen, 107
Böventer, E.v., 140
Boyce, R.R., 106
Brasilia, 142
Brasilien, 78
Breheney, M.J., 97
Brown, A.A., 11
Brusco, S., 84, 85
Budgetrestriktion, 133
Bund, 12, 14
Bundesländer, 14
Burgenland, 1
Button, K.J., 142

Camagni, R., 85, 86, 93
Carlino, G.A., 106, 111, 114
Castells, M., 82, 87, 97
central business district, 133, 168
Chaostheorie, 141
Chapman, K., 75, 76
chemische Industrie, 39, 40
Chinitz, B., 113
Christaller, W., 145
CIF-Preis, 47
Citymarketing, 175
composite commodity theorem, 134
Computernetze, 108
Congdon, P., 11
Cooke, P., 85, 86
Coombes, M., 169

deduktive Vorgangsweise, 16, 126, 157
Deiters, J., 151
Dekonzentrationsprozesse, 120
Dendrinos, D.S., 141
Desintegration, 85
Desurbanisierung, 169
Detroit, 106
Dienste, 23
Dienstleistung, 2, 4, 9, 43, 56, 84
Differenzierung der Bodennutzung, 125
diseconomies of scale, 111
disperse und konzentrierte Standortmuster, 103, 104
divisionale Struktur, 81
Doeringer, P.B., 74
Drittes Italien, 86
Drogeriewaren, 104
Dunn, E.S., 126
Durchschnittskosten, 58, 120, 127

economies of scale, 110
effektiver Preis, 47, 145
Effizienz, 115
Einbetriebsunternehmen, 10

Einführungsphase, 88
einheitliche Ab-Werk-Preise, 145
einheitlicher Konsumentenpreis, 64
Einkommen, 25
Eisenbahn, 53, 87
Eisen- und Stahlindustrie, 111
Elektrizitätsgesellschaften, 13
Elektroindustrie, 39, 104
Elektronikindustrie, 40
endogene Regionalentwicklung, 114
Energiewesen, 39
Entwicklung neuer Materialien, 40
Erickson, R.A., 88
Erziehungswesen, 105
Europäische Gemeinschaft, 78
Ewers, H.J., 42, 43, 82
externe Effekte, 111, 116, 119

Faktor Arbeit, 38
Faktorentgelte, 25
Faktorproportionen, 88
Fesl, M., 155
Finanzierungskrisen, 172
Fixkosten, 52
Flexibilität, 86
flexible Technologie, 91
Flughäfen, 40, 107
Flugzeug, 53
Fluß von Information, 160
FoB-Preis, 47
Fordismus, 37, 81, 85
Forschungseinrichtungen, 112
Forschung und Entwicklung, 30, 74
Frankfurt, 6
Freeman, C., 87
freier Marktzugang, 67
Fremdenverkehr, 4, 39, 104, 105, 112
Fremdenverkehrsgebiete, 155

Frey, R.L., 117
Friedrichs, J., 6
Frischhaltetechnologien, 132
Fritsch, M., 42
Fröbel, F., 78
funktionale räumliche
    Arbeitsteilung, 76
funktionale Stadtregion, 167
functional urban region, 167
Furlong, W.H., 65
Fürst, D., 35
F&E, 30, 74

Gänserndorf, 6
Garofoli, G., 85, 86
Geldpolitik, 14
Gemeinden, 12, 14
Gewinnbeitrag, 65
Gewinnmaximierung, 36, 48
Glatz, H., 78
Gleick, J., 141
Goddard, J.B., 160
Goldstein, H., 97, 98
Grabher, G., 79, 86, 112
Grad der Lokalisierung, 40
Gravelle, H., 19, 57, 111, 115, 116
Graz, 6, 78
Green, H.A.J., 134
Greenhut, M.L., 67, 69, 113, 154
Greenwood, M., 11
Grenze des Marktgebiets, 61, 65
Grenzerlös, 58, 63, 121
Grenzkonsument, 63
Grenzkosten, 58, 63, 121
Grenzproduzent, 58
Grenzregionen, 7
Großhandel, 39
Großunternehmen, 73, 75, 85
Gründerzentren, 84
Gründungsphase, 83
Güssing, 6
Güter, 23

Hall, P., 97, 142

Hampe, J., 140
Hansen, N., 114
Harvey, D., 81
Haushalte, 10
Headquarter, 77, 79
Healey, M.J., 79, 81, 83, 84, 97, 109
Heinritz, G., 151
Hencke, K.-D., 117
Herbert, D.T., 158
Heuristiken, 28
Hey, J.D., 29
hierarchische Distanz, 160
hierarchische Grenzgüter, 150
Hirsch, S., 88
Hochtechnologiebetriebe, 97
Holding-Struktur, 81
Holms, J., 82, 85
Holzindustrie, 39, 104
homogene Ebene, 145
homogene Fläche, 69
homogene Räume, 4
Hoover, E.M., 43, 85, 104
Hotelling, H., 104
Howells, J., 78
Hymer, St., 75, 77
Hypothese, 17

Ilbery, B.W., 79, 81, 83, 84, 97, 109
Indifferenzflächen, 135
Indifferenzkurven, 134
Individualverkehr, 172
induktive Vorgangsweise, 17, 157
Industrie, 4, 9, 43
    Industriegebiete, 155
    Industriegesellschaft, 169
    Industrieökonomie, 88
Information, 26, 27
    Informationsdichte, 23
    Informationssuche, 83
    Informationsverarbeitung, 113

Infrastruktur, 12, 27, 38, 39, 40, 77, 107, 117, 141
inkrementale Neuerungen, 87
Innovation, 23, 40, 42, 74, 88, 160, 167
Instrumentenindustrie, 40
Interdependenzen, 141
  zwischen Standortentscheidungen, 108
  zwischen Wirtschaftssubjekten, 125
internationale Arbeitsteilung, 39
International Standard Industrial Classification, 14
interne Effekte, 110
Investitionsanreize, 118
ISDN, 108
Isodapanen, 54
isolierter Staat, 126
Isotimen, 49, 53

Johansson, B., 112
Johnson, D.B., 109
Johnson, J.H., 11

Kapazitätsplanung, 32
Kapital, 40
kapitalintensive Branchen, 39
Kaufkraft, 155
Keeble, D., 82, 83, 97
Kernräume, 153
Klaassen, L.H., 120
Klein- und Mittelbetriebe, 41
Kleinunternehmen, 73, 75, 82
Know-how, 39
Kommunikationsbeziehungen, 160
Kommunikationsnetz, 75
Konkurrenzbedingungen, 132, 145
Konkurrenz der Nutzungsarten, 131
Konkurrenzpreis, 57
Konkurrenz um Ressourcen, 104

Konkurrenzverhältnisse, 116
Konservierung, 132
Konsumentenpreis, 61
Konsumtheorie, 136
Kontroll- und Abhängigkeitsstrukturen, 78
Konzentrationsprozeß, 92, 120
Kooperationen, 161
Kosten-Nutzen-Analyse, 119, 120
Krisen der Gesamtwirtschaft, 37

Lagerente, 58, 126, 127, 133, 137
Lagerentenkurve, 129
Lambert, P.J., 29
Land, 12
Landwirtschaft, 2, 39, 41, 43, 104
Langfristigkeit, 25
Lebensmittel, 104
Lederverarbeitung, 39
Leinbach, Th.R., 88
Leoben, 111
Linz, 6, 78
Lipietz, A., 81
Lippman, S.A., 29
LKW, 53
lokales Milieu, 75
Lokalisationseffekte, 111, 116, 154
Lokalisationsnachteile, 112
Lokalisationsvorteile, 111
London, 6
Lösch, A., 145, 153
Luce, R.D., 117
Luftverschmutzung, 114
Luger, M., 97, 98
Lüneburger Heide, 7
Lynch, K., 142

MacQuaid, R., 97
Madrid, 142
Maier, G., 79, 81, 105, 107, 174
Maillat, D., 84, 86, 99
Malecki, E.J., 43, 78
Malmberg, B., 75, 79

Malsch, Th., 82
March, J.G., 27
Marketing, 30
Marktforschung, 74
Marktgebiet, 67
Marktgebietsgrenzen, 151
Marktkräfte, 125
Marktpotential, 23, 33
Marktpreis, 47
Marktprinzip, 151
Marktunvollkommenheiten, 69
Marktversagen, 116
Markusen, A., 88, 92, 95, 97
Marshall, A., 85
Marshall, M., 97
Maschinenbau, 40
Massey, D., 37, 38, 78, 79, 92, 93
Matrix-Organisation, 81
McCall, J.J., 29
McDermott, Ph., 75
Medvedkov, O., 6
Meegan, R., 37, 92, 38
Mehrbetriebsunternehmen, 10, 14, 30, 32, 75
Mehrkernstruktur, 142
Mehrzweckmaschinen, 91
Meinungsforschungsinstitute, 106
M4-Corridor, 97
Midlands, 7
Migration, 11
mikroökonomische Theorie, 47, 133
Mikroprozessor, 82, 87
Milieu, 83, 96
Mindestanforderungen an die Standortfaktoren, 29
Mishan, E.J., 119
Mittelstädte, 173
Mobilität, 26, 30, 35, 40, 41
Monopol, 60, 74, 88, 113, 116, 119
Monopolgewinn, 67
Monopson, 61

Morill, R.L., 156
Moseley, M., 114
Moser, H., 78
multinationale Unternehmen, 14
multiregionale Unternehmen, 14
Muß-Kriterien, 35

Nachahmung, 29
Nachfragestruktur, 155
Nahrungsmittelindustrie, 39, 56, 104
natürliche Ressourcen, 23, 40
Nelson, R.R., 28
Neoklassik, 8, 26, 36, 43
neoklassische Standorttheorie, 17
Netz räumlicher Beziehungen, 12
Netzwerkbeziehungen, 74
Netzwerke, 37, 98, 112
Neuberger, E., 11
New Delhi, 142
New Urban Economics, 133, 140
New York, 6, 142
Nicht-Ausschließbarkeit, 116
Nicht-Rivalität, 116
Niederösterreich, 1
North Carolina, 98
Norton, R.D., 88
Nowotny, E., 117
Noyelle, T.J., 43, 106
Nullgewinn, 137
Nutzenmaximierung, 133

Oakey, R., 42, 44
obere Grenze der Reichweite, 146
öffentliche Güter, 116
öffentliche Hand, 12
öffentliche Verkehrsmittel, 172
Oligopol, 74, 113
Oligopolisierung, 92
optimale Stadtgröße, 120
Organisation, 87
Ostblock, 78
Österreich, 94

Österreichische
  Raumordnungskonferenz, 5,
  6, 8, 14

Papierherstellung, 39
Papierindustrie, 84
Pareto-Kriterium, 115, 117
Pareto-Optimum, 115
Paris, 142
Pendelentfernung, 140
Pendelwanderung, 11
periphere Regionen, 79, 153
Perrin, J.C., 98, 99
Phänomenologie und
  Hermeneutik, 18
Phasenmodell der
  Stadtentwicklung, 18
Phlips, L., 69
Piore, M.J., 74, 81
Planungsgemeinschaft Ost, 14
Pöninghaus, R., 98
Porter, M.E., 88
Postfordismus, 37
potentieller Gewinn, 127
Pred, A., 28, 30, 31, 43, 77
Preisdiskriminierung, 8, 65
Preisgestaltung, 69
Preiskegel, 49
Preistrichter, 48
primärer Arbeitmarkt, 74
Prisoner's Dilemma, 117, 174
private Haushalte, 14
Produktinnovationen, 94
Produktionsfaktoren, 50, 59, 95
Produktionsfunktion, 56
Produktionsintensität, 59
Produktionskosten, 128
Produktionstechnik, 48
Produktionstechnologie, 155
Produktzyklustheorie, 87, 92, 96,
  99, 167
Produzentendienste, 40, 98, 103,
  107, 112

Profit Center, 34
Prozeß der
  Standortentscheidung, 32
Prozeßinnovationen, 94

Qualifikation, 39

radiale Stadt, 142
radikale Innovationen, 87
Raiffa, H., 117
Rank Size Rule, 157
Rationalität, 26
  der Standortentscheidung, 30
räumliche Arbeitsteilung, 85
räumliche Differenzierung von
  Standortbedingungen, 38
räumliche Konzentration, 106
räumliche Preisdiskriminierung,
  61
räumliches Monopol, 8, 60, 104
Rechtsvorschriften, 21
Redundanz, 86
Rees, J., 88
Rees, R., 57, 111, 115, 116
Regionalentwicklung, 7
Regionalentwicklungstheorien,
  157
Regionalpolitik, 7
Regulationstheorie, 37, 81
Reichweite der Güter, 23
Reichweiten, 39
Reifephase, 91
Rentengebot, 137
Reorganisationsstrategien, 38
Research Triangle Park, 98
Ressourcen, 30
ressourcenintensive Branchen, 39
Reurbanisierungsphase, 174
Richardson, H.W., 133, 140, 158
Route 128, 97
Ruhrgebiet, 7

Sabel, C., 81
Salt, J., 11

Salzburg, 6
Samuelson, P.A., 125, 126
San Francisco, 97
satisficing behaviour, 27
Sättigungsphase, 88
Schackmann-Fallis, K.P., 75, 79
Schätzfunktion, 158
Schätzl, L., 128, 150
Schmenner, R.W., 28, 30, 32, 35
Schofield, J.A., 116, 119
Schrumpfungsphase, 88, 92
Schuhgeschäfte, 107
Schulen, 12
Schulwesen, 38
Schumpeter, J., 95
Schweizer Jura, 86, 97
Schwellenländer, 39, 78
Scott, A.J., 37, 85, 86
sechseckige Marktgebiete, 148
Segregation, 141, 175
sekundärer Arbeitsmarkt, 74
Selektionswirkung des Marktes, 36
Seltz, R., 82
Sheppard, E., 81
Shutt, J., 82, 85
Siedlungsdichte, 147
Silicon Glen, 97
Silicon Valley, 97
Simon, H.A., 27
Singapur, 78
Skalenerträge, 110
Skalennachteile, 111
Skalenvorteile, 91, 110
Slotove, G.A., 65
Smith, D.M., 105
Sophia Antipolis, 97
sozioökonomische Struktur, 155
Spezialisierung, 77, 103, 154, 162, 170
  der Produktionsstruktur, 2
Spieltheorie, 117
Staat, 10, 12, 118

staatliche Eingriffe, 118
staatliche Förderungen, 92
Stadtentwicklungsphasen, 9
Städtesystem, 145
Stadtstrukturtheorie, 133
Stadtsysteme, 9
Stafford, H.A., 92
Stahlindustrie, 84
Stanback, Th.M., 43, 106
Standortentscheidung, 28, 32, 38, 73
Standortlehre, 21
standörtliche Spezialisierung, 32
Standortnetz, 73
Standortplanung, 35
Standortverlagerungen, 69
Standortwahl, 22, 95
Steigung der Lagerentenfunktion, 129
Steuergesetze, 21
Steuern, 12
Steward, J.Q., 157
Stillwell, J., 11
Stöhr, W.B., 14, 98, 99, 114
Storey, D.J., 82, 83, 84
Storper, M., 37, 87, 92, 93, 94, 95, 96
Straßenausbau, 171
Stückerlös, 47, 58, 62, 128
Stückkosten, 88
Stufentheorien, 167
Stufenweise Standort-
  entscheidung, 29
Suarez-Villa, L., 88
Suburbanisierung, 169, 172
Südkorea, 78
Sweeney, G., 83
Synergie, 99
System der zentralen Orte, 150
System von
  Produktionsstandorten, 154

Taiwan, 78

Taylor, M., 74, 75, 79
technischer Fortschritt, 40, 42
Technologie, 32, 39, 87, 88
Technologie-Parks, 98
Technologische Revolutionen, 87
Technopolen, 98
Telefongesellschaften, 13
Textilindustrie, 84, 104
Theater, 106, 111, 113
Theorie, 15
  der Marktnetze, 153
  der zentralen Orte, 17, 146
Thisse, J.-F., 61, 62, 67
Thomas, C.J., 158
Thompson, W.R., 88
Thrift, N., 74
Thünensche Ringe, 129
Thünen, J.H.v., 9, 56
Thwaites, A., 42, 43
Tichy, G., 83, 88, 92
Tiefkühlen, 132
Tirol, 6
Tödtling, F., 42, 43, 75, 77, 78, 79, 81, 84, 92, 94, 97, 99, 105
Tödtling-Schönhofer, H., 84, 97
Topographie, 156
Törnqvist, G., 43
Transport, 75
Transportkosten, 8, 23, 27, 43, 47, 50, 55, 60, 61, 64, 69, 127, 128, 145, 155
transportkostenminimaler Standort, 50
Transportmittel, 53
Transportrate, 147
Transportwesen, 39
Trittbrettfahrerverhalten, 117

Ubiquitäten, 56
Umstrukturierung, 37
Umweltprobleme, 105
Universitäten, 12, 40, 106
Unmöglichkeitstheorem, 119

Unsicherheit, 25
untere Grenze der Reichweite, 146, 170
Unternehmen, 9
  Unternehmensfunktionen, 75
  Unternehmensnetzwerke, 85
  Unternehmensplanung, 74
unvollkommene Konkurrenz, 69
Urbanisationseffekte, 111, 116, 119
Urbanisationsnachteile, 113
Urbanisationsvorteile, 112
Urbanisierung, 169
Utterback, J.M., 88

Vanhove, N., 120
Veränderung der Nutzungsart, 141
Verkehr, 9
Verkehrsinfrastruktur, 112
Verkehrsnetz, 133
Verkehrsprinzip, 151
Verkehrsstau, 114
Verkehrssystem, 156
Verlagerung eines Standortes, 30
Vernon, R., 88
Versorgungsprinzip, 151
Verteilungsgerechtigkeit, 115
Verwaltungsprinzip, 151
vollkommene Konkurrenz, 60
Vorarlberg, 5, 78
Vorprodukte, 103

Wachstumsimpulse, 160
Wachstumsphase, 91
Wachstumspolkonzept, 114
Währungspolitik, 14
Walker, R., 37, 75, 76, 87, 92, 93, 96
Wanderung, 11
Washington, 142
Watts, H.D., 75, 79, 92
Webber, M.J., 113
Weber, A., 50

Weiss, P., 79, 107
Wertschöpfung, 6
West Edmonton Mall, 108
Westaway, J., 75, 77
Wever, E., 82, 83
White, P., 6
Whitehand, J.W.R., 6
Whittington, R.C., 82, 84, 85
Wien, 1, 6, 78
Williams, A.F., 106
Williamson, O., 85
Winter, S.G., 28
wirtschaftlicher Strukturwandel, 43
Wohlfahrtsökonomik, 115
Wohngemeinschaften, 15
wohnhaft Beschäftigte, 1
Wohnungswesen, 9
Wunsch-Kriterien, 35

Zagare, F.C., 117
Zentrale-Orte-Theorie, 17, 146
Zentralität, 150
Zentralitätsstufe, 161
Zentrum-Peripherie-Muster, 93
Zimmermann, H., 117
Zimmermann, K., 35
Zipf, G.K., 157
zufriedenstellende Lösung, 29
zufriedenstellender Standort, 29
Zuordnungsfaktor, 151
zusammengesetztes Gut, 134
Zweigwerk, 30

SpringerWirtschaft

Gabriele Tondl

Convergence after Divergence?
Regional Growth in Europe

2001. XXII, 347 Seiten. 60 Abbildungen.
Text: englisch
Broschiert DM 181,90, öS 1309,–, ab 1. Jan. 2002 EUR 92,02
(Unverbindliche Preisempfehlung)
Dieser Euro-Preis ist empfohlen für Deutschland und enthält 7 % Mwst.
ISBN 3-211-83672-1

Als Expertin für Europäische Integration analysiert die Autorin regionales Wachstum in der EU aus einer gesamteuropäischen Perspektive und nähert sich dabei der wirtschaftlichen Entwicklung der verschiedenen Regionen der EU sowohl theoretisch als auch empirisch.

Der Widerspruch der Erhaltung der Individualität und Vielfalt der Regionen im Gegensatz zur Integration in die Europäische Gemeinschaft wird anhand verschiedenster ökonomischer Determinanten für Wachstum (Kapital, Subventionen, Technologie, Humankapital ua.) untersucht, wobei auch die EU-Regionalpolitik bzw. die bisher erreichten Ergebnisse und Erfahrungen der Entwicklungs- und Förderprogramme der EU in den einzelnen Ländern (insb. Hilfestellung entwicklungs- und strukturschwachen Regionen) analysiert und Zukunftsperspektiven aufgezeigt werden.

SpringerWienNewYork

A-1201 Wien, Sachsenplatz 4–6, P.O. Box 89, Fax +43.1.330 24 26, e-mail: books@springer.at, www.springer.at
D-69126 Heidelberg, Haberstraße 7, Fax +49.6221.345-229, e-mail: orders@springer.de
USA, Secaucus, NJ 07096-2485, P.O. Box 2485, Fax +1.201.348-4505, e-mail: orders@springer-ny.com
EBS, Japan, Tokyo 113, 3–13, Hongo 3-chome, Bunkyo-ku, Fax +81.3.38 18 08 64, e-mail: orders@svt-ebs.co.jp

SpringerPreviewWirtschaft

Gerhard Fink,
Sylvia Meierewert

Interkulturelles Management

Österreichische Perspektiven

2001. X, 258 Seiten. Zahlreiche Abbildungen.
Broschiert DM 108,–, öS 758,–, ab 1. Jan. 2002 EUR 55,–
ISBN 3-211-83713-2
Schriftenreihe des Forschungsinstituts für Europafragen der Wirtschaftsuniversität Wien / Research Institute for European Affairs Publication Series
Erscheint voraussichtlich Oktober 2001.

Die Unkenntnis oder Nichtbeachtung von in anderen Regionen geltenden Gebräuchen und Gewohnheiten können Anbahnung und Abschluss von Geschäften vereiteln. Um sich daher auf dem internationalen Parkett sicher bewegen zu können, werden vermehrt interkulturelle Kompetenzen vom Manager des 21. Jahrhunderts gefordert.

Erstmals können nun managementrelevante Kulturstandards aus österreichischer Sicht verglichen werden.

Insgesamt 350 Manager aus Europa und China wurden interviewt, wobei diese Ergebnisse noch durch die Erfahrungen von internationalen Kulturforschern bereichert wurden.

Mit wissenschaftlichen Methoden aus Sprachwissenschaft, Sozialpsychologie und Soziologie wurde sicher gestellt, dass die für dieses Buch ausgewählten Situationen auf kulturellen Unterschieden beruhen.

Die Untersuchung zeichnet sich durch Aktualität und Relevanz für das Geschäftsleben aus und stellt die Ergebnisse differenziert dar. Damit unterscheidet sie sich wesentlich von bisher gängigen Kulturstudien in diesem Bereich.

SpringerWienNewYork

A-1201 Wien, Sachsenplatz 4–6, P.O. Box 89, Fax +43.1.330 24 26, e-mail: books@springer.at, www.springer.at
D-69126 Heidelberg, Haberstraße 7, Fax +49.6221.345-229, e-mail: orders@springer.de
USA, Secaucus, NJ 07096-2485, P.O. Box 2485, Fax +1.201.348-4505, e-mail: orders@springer-ny.com
EBS, Japan, Tokyo 113, 3–13, Hongo 3-chome, Bunkyo-ku, Fax +81.3.38 18 08 64, e-mail: orders@svt-ebs.co.jp

SpringerPreviewWirtschaft

Herbert Dawid et al.

Quantitative Models of Learning Organizations

2001. Etwa 200 Seiten. Text: englisch
Gebunden etwa DM 104,86, öS 755,70, ab 1. Jan. 2002 EUR 53,39
(Unverbindliche Preisempfehlung)
Dieser Euro-Preis ist empfohlen für Deutschland und enthält 7 % Mwst.
ISBN 3-211-83724-8
Interdisciplinary Studies in Economics and Management, Band 3
Erscheint voraussichtlich November 2001

In einem sich immer rascher ändernden Umfeld ist die Anpassung an neue Gegebenheiten eine der zentralen Aufgaben des Managements. Betroffen sind alle Bereiche eines Unternehmens von der Marktbeobachtung und Konkurrenzanalyse über die Produktentwicklung, die Kostenstruktur und Markteroberung bis hin zur Erhebung von Kundenwünschen bzw. Kundenbetreuung.

Eine der Grundvoraussetzungen für eine erfolgreiche Bewältigung dieser Herausforderungen ist ein rascher und umfassender Lernprozess auf der Basis der Gesamtheit des innerhalb des Unternehmens und des auf dem Markt gesammelten Wissens.

SpringerWienNewYork

A-1201 Wien, Sachsenplatz 4–6, P.O. Box 89, Fax +43.1.330 24 26, e-mail: books@springer.at, www.springer.at
D-69126 Heidelberg, Haberstraße 7, Fax +49.6221.345-229, e-mail: orders@springer.de
USA, Secaucus, NJ 07096-2485, P.O. Box 2485, Fax +1.201.348-4505, e-mail: orders@springer-ny.com
EBS, Japan, Tokyo 113, 3–13, Hongo 3-chome, Bunkyo-ku, Fax +81.3.38 18 08 64, e-mail: orders@svt-ebs.co.jp